메타버스와 × 법

그 물음표(?)와 느낌표(!)

이승민

박영사

일러두기

이 글에서는 회사 명칭 전후의 '주식회사', 'LLC' 등의 표기는 전부 생략하였고, 해외 기업인 경우에도 한글로 표시하되 맨 처음 등장하는 곳에는 영문 명칭을 괄호 안에 부기하였다. 그리고 서비스나 상품의 명칭에 대해서는 외따옴표를 부기하여 표기하였는데, 다만 비트코인과 이더리움처럼 잘 알려진 암호화폐는 가독성을 위해 외따옴표를 생략하였다.

예컨대 '페이스북'은 SNS 서비스를 지칭하며, 페이스북(Facebook)이라고만 표기한 것은 '페이스북'을 운영하는 회사, 즉 현재 메타(Meta)로 사명을 변경한 회사를 의미한다. 회사 명칭은 가급적 본래의 것을 사용하되, 에스케이텔레콤과 같은 경우에는 널리 알려진 대로 SK텔레콤으로 지칭하였다.

한편, 국내에서는 '암호화폐'(cryptocurrency)라는 용어 대신 '가상통화' 혹은 '가상자산'이라는 표현을 사용하는 경우도 많은데, 이 글에서는 기존의 사회적 용례를 감안하여 암호화폐라는 용어를 사용하였다. 그러나 필자의 이러한 용어 사용에 암호화폐의 화폐로서의 성격을 인정해야 한다는 주장이 내포되어 있는 것은 전혀 아니다.

현재 우리나라에서는 메타버스의 시대라고 해도 과언이 아닐 정도로 메타버스에 대한 각종 논의가 활황을 이루고 있다. 그간 지속적으로 발전하던 가상융합기술이 플랫폼 비즈니스와 결합하여 급성장하면서 메타버스도 글로벌 차원에서 발전하고 있지만, 아직 메타버스의 실체가 무엇인지도 정확히 드러나지 않은 상태에서 너무 앞서 나가고 있는 것 아닌가 하는 우려도 없지 않다.

사실 우리나라에서, 특히 ICT 분야에서 어떠한 유행이나 화두가 사회 전반을 지배하는 현상이 어제 오늘의 것은 아니다. 최근만 하더라도 5G, 온라인 플랫폼, 블록체인 등이 그러하였고, 메타버스가 그 바톤을 이어받았을 뿐이다. 게다가 메타버스라는 개념 자체가 상당히 포괄적이어서 가상융합기술을 바탕으로 한 플랫폼 서비스나 관련 콘텐츠가 모두 메타버스라는 용광로 속에서 용융될 수 있다는 점, 쉽게 말해 뭐든 가져다 붙이면 다 메타버스가 될 수 있다는 점이 메타버스 열풍을 가속화하는 것 같다.

물론, 메타버스의 경우에는 다르다고 할 수도 있다. 예전에 '세컨드 라이프'(Second Life)에 대한 기대가, 그리고 VR·AR에 대한 기대가 그랬던 것처럼 메타버스 또한 코로나19와 같은 특수한 상황에 기댄 일시적인 유행으로 사그라지는 것 아닌가 걱정되기도 하지만, 메타버스에서는 실감 기술뿐만 아니라 블록체인 등 다양한 기술이 접목되면서 현실세계를 모방한 단순한 가상공간을 제공하는 것을 넘어 가상공동체,

가상사회가 형성되고 이용자들이 폭넓은 활동을 할 수 있는 확장된 틀을 제공하고 있다는 점에서 그 지속 가능성에 대해 좀 더 긍정적인 예측이 가능하다. 우리 사회에서 하나의 현상으로 자리 잡은 메타버스가 본격적인 비즈니스의 단계로 접어들고 있는 것도 사실이다.

그러나 필자가 만나본 메타버스 기술·서비스의 선도 기업들도 우리가 꿈꾸는 메타버스가 도래하기까지는 최소 수년은 걸린다고 예측하고 있다. 필자의 생각으로는 지금 이 글을 필자의 아바타가 쓰는 정도는 되어야 진정한 가상세계라고 할 수 있을 것 같다. 여하튼 분명한 것은 아직은 기술·서비스 발전의 부작용을 논하기에는 제법 성급한 상황이라는 것이다.

하지만 가상과 현실을 넘나드는 메타버스 세계를 바라보면서 법과 정책을 다루는 사람들에게는 걱정이 앞서는 경우가 많은 것 같다. 메타버스가 그리는 미래에 대한 수많은 희망적인 전망과 긍정적인 기운 속에서도 법률가와 정책 입안자들은 곧바로 냉정하게 현실로 돌아와 부정적이고 듣기 거북한 이야기를 꺼내게 된다. 대체로 법적 분쟁을 다루는 것이 법률가의 역할이고, 최악의 상황을 가정하는 것이 법률가들의 기본적인 마인드셋이기 때문이라고 볼 수도 있고, 우리 국민들이 그 특유의 조급함으로 인해 어떤 부정적인 사회 현상에 대한 인내심이 부족하기 때문에 정책 입안자들이 선제적으로 대응하는 것으로 볼 수도 있다.

이러한 상황에서 어렵고, 지루하며, 일반 국민에게 그다지 반갑지 않은 법에 관해 책까지 낸다는 것은 상당한 도전이다. 또한, 필자보다 훨씬 더 훌륭한 전문가들도 아직 메타버스 관련 법서(法書)를 출간하지 않고 있는 상황에서 아직 부족한 필자가 메타버스와 법에 대한 어떤 서적을 발간하는 것에는 여러 모로 조심스러운 부분이 많다. 하물며 기술에 과문한 필자의 입장에서 메타버스에 대해 이야기를 꺼내는 것조차 부담스러운 측면이 있다. 게다가 이 책의 부제에 명시된 것처럼, 이 책의 내용 중 많은 것들이 물음표의 대상이다. 사실 메타버스 기술도 서비스도, 관련 법·제도도, 그리고 이 책 자체도 물음표의 연속이다.

다행인지 불행인지 얄팍한 지식에도 불구하고 필자는 다양한 기회에 메타버스에 관한 일부 법·제도의 설계와 정비에 관여하게 되었고, 그 과정에서 일정한 생각이 자리 잡게 되었다. 여기에 메타버스 관련 법·제도에 대해 조금 더 쉽게 설명함으로써 비법률가들도 이에 대한 이해를 넓힐 기회를 만드는 것이 좋겠다는 몇몇 지인들의 권유가 더해져 길지 않은 글을 출간하기에 이르렀다. 우려스럽고 섣부른 글이지만, 대단치 않은 내용이라 세간의 큰 이목을 끌지는 않으리라 생각하고 용기 내어 세상에 선을 보인다. 메타버스 관련 기술 및 서비스의 진화, 이를 둘러싼 다양한 법적·사회적 논의들의 발전 속도를 보면 이 글도 머지않아 낡은 유물에 그치게 될 것 같지만, 시간이 흘러 혹여 메타버스 관련 법·제도의 발전사(史)를 추적하고자 한다면 약간의 사료(史料) 정도는 될 수 있지 않을까 싶다. 누군가 이 글을 우연히 접하게 되었을 때 소중한 시간을 허비하실 것 같아 송구한 마음도 들지만, 그럼에도 불구하고 독자 입장에서 이 책에 자그마한 느낌표라도 표시할 부분이 있다면 상당한 영광일 것 같다.

이 책은 필자가 그간 메타버스와 관련하여 틈틈이 작성하였던 몇몇 글과 자료들을 모아 틀린 점과 부족한 점을 상당 부분 수정·보완하고, 전체적으로 정리·재구성한 것이다. 이 중 공표된 것으로는 ① 신산업규제법제리뷰, 제21-2호(2021. 10. 29.)에 게재한 "메타버스와 규제"와 ② 같은 저널 제22-2호(2022. 4. 30.)에 게재한 "메타버스 플랫폼과 규제의 탈(脫) 게임화", ③ 지디넷 코리아에 기고한 "메타버스 규제하는 메타버스산업 진흥법안"(2022. 1. 21.), ④ 이투데이에 기고한 "메타버스와 규제의 탈(脫) 게임화"(2022. 2. 23.)가 있고, 그 외에도 ① 2021 규제혁신법제포럼 제9차 세미나(2021. 7. 13.), ② 2021 가상융합경제 활성화 포럼 제1차 세미나(2021. 9. 8.) 및 콘퍼런스(2021. 12. 9.), ③ 한국모바일산업연합회(現 한국가상증강현실산업협회) DC상생협력위원회 세미나(2021. 9.

16.), ④ 메타콘 2021(2021. 10. 7.), ⑤ 한양대학교 인공지능대학원 특강 (2021. 11. 24.), ⑥ 법무법인(유) 율촌 게임 산업 웨비나(2021. 11. 25.), ⑦ 디지털 산업과 법·정책 연구회 제3회 세미나(2021. 12. 13.), ⑧ 2021 마이데이터 컨퍼런스(2021. 12. 17.), ⑨ 메타시대 디지털 시민사회 성장전략 추진단 제1분과 회의(2022. 2. 8.), ⑩ 한국인터넷기업협회 메타버스 정책세미나(2022. 3. 4.), ⑪ 국가전략기술 육성 및 메타버스(가상융합경제) 선도 법률 제정 공청회(2022. 3. 30.), ⑫ 한국인터넷법학회 춘계학술대회 (2022. 4. 29.), ⑬ 지능정보사회 이용자보호 민관협의회 2차 전체회의 (2022. 6. 17.), ⑭ 한국데이터법정책학회 특별 세미나(2022. 6. 17.), ⑮ 메타버스 경제 활성화 민관 TF 제1차 회의(2022. 7. 15.), ⑯ 한국통신학회 메타버스 콩그레스(2022. 7. 20.), 그리고 정보통신정책연구원의 내부 연구모임(2022. 3. 13.)을 비롯하여 필자가 참여 중인 여러 비공식 포럼·세미나에서의 발표·토론 자료들이 포함되어 있다. 잡다한 글들을 모으다 보니 내용들 사이의 연결성을 확보하기가 쉽지 않았지만 독자들이 좀 더 쉽게 다가갈 수 있도록 평이하게 쓰기 위해 노력하였다. 특히, 법률 전문가가 아닌 독자들을 위해 필요한 설명을 추가하면서도 가독성을 해치는 너무 복잡한 내용은 적절히 축약하거나 과감하게 생략하였다. 그럼에도 법률가의 글쓰기 버릇을 탈피하지 못해 여전히 읽기에 불편함이 많을 것 같다. 오로지 필자의 탓이다.

지면에 일일이 밝히지는 못하지만, 필자에게 다양한 경험과 독서, 숙고의 기회를 제공해 주시고, 통찰력 있는 의견과 수준 높은 토론을 통해 필자의 부족함을 깨닫게 해 준 여러 스승님들과 선후배·동료 제현들께 깊이 감사드린다. 그리고 필자의 연구 활동을 늘 적극적으로 지지하고 지원해 주는 소중한 가족들과 제자들에게도 큰 고마움을 전하지 않을 수 없다. 아울러 이 글의 초안을 꼼꼼히 읽고 소중한 의견을 제시해 준 오랜 친우 권나명에게 특별한 감사 인사를 전하고 싶다. 무엇보다 이 책의 출간을 결정해 주시고 발간에 이르기까지 수많은 지원을 아끼지 않으신 박영사 안종만·안상준 대표님, 조성호 이사님, 정연환 과장님과 편집을 맡아 많은 애를 써준 양수정 님께 깊은 감사의 말씀을 전한다.

2022년 8월

이 승 민

－ 가상세계가 아닌 현실세계에서,
아바타와 AI가 아닌 휴먼의 정신과 손으로 작성하다

목 차

제1장 논의의 기초

1. 메타버스 논의의 배경   5
2. 메타버스의 정의   7
3. 법적 측면에서 바라본 메타버스의 특징   9
4. 메타버스의 구성요소 – '메타버스 로드맵'의 미래 예측과 현재   13
       가. 개요 / 나. 가상세계 / 다. 거울세계 / 라. 증강현실 / 마. 라이프로깅 /
       바. 융합
5. 메타버스의 유형 분류   25

제2장 현실세계의 법, 가상세계의 법

1. 현실세계 법의 지배를 받는 가상세계   32
2. 현실세계의 법에 대한 도전   35
       가. 현실세계 법의 적용 / 나. 현실세계 법의 집행
3. 정리 – 가상세계의 법?   44

제3장 메타버스와 콘텐츠 규제, 그리고 규제의 탈(脫)게임화

1. 크리에이터의 세상과 콘텐츠 내용규제   48
   가. 콘텐츠의 의미 / 나. 칸막이식 규제 체계 / 다. 등급분류 / 라. 현행
   제도의 문제점
2. 규제의 탈(脫) 게임화   59
   가. 탈(脫) 게임화의 필요성 / 나. 게임 규제의 주요 내용 / 다. 탈(脫)
   게임화 방안(1)-게임형 메타버스와 비(非) 게임형 메타버스의 구별 /
   라. 탈(脫) 게임화 방안(2)-'탈(脫) 게임 가이드라인' 제정 / 마. 정리

제4장 메타버스 플랫폼을 지배하는 자

1. 플랫폼 사이의 경쟁, 그 승자는?   89
   가. 메타버스는 플랫폼 독점을 강화할 것인가, 완화할 것인가? /
   나. 메타버스 플랫폼의 독점과 대안?
2. 메타버스 플랫폼의 규제자   102
   가. 메타버스 안에서의 질서 유지-메타버스 이용규칙 / 나. 메타버스
   플랫폼 운영자의 영향력-심판(Referee)과 빅 브라더(Big Brother)
   사이의 어디쯤? / 다. 메타버스와 자율규제

제5장 메타버스와 블록체인 기술

1. 신기술 발전과 규제의 긴장관계
   - '기술은 중립적이지만 비즈니스는 중립적이지 않다'   134
2. 블록체인의 법적 한계   137
   가. 블록체인의 비가역성과 스마트 컨트랙트의 한계 / 나. 법과
   공권력의 승인이 필요한 공공 블록체인 / 다. 블록체인의 상호운용성

3. 암호화폐, DeFi, NFT, 그리고 탈중앙화 – 그 희망과 허상   142

가. 암호화폐 / 나. DeFi / 다. NFT / 라. 진정한 탈중앙화는 실현

가능한가?

4. 가상자산에 대한 규제   157

가. 자금세탁 규제 / 나. 가상자산 거래 규제

제6장 메타버스 관련 법안들

1. 메타버스 관련 제정법안   166

가. 「메타버스산업 진흥법안」 / 나. 「가상융합경제 발전 및 지원에

관한 법률안」 / 다. 「메타버스콘텐츠 진흥에 관한 법률안」

2. 메타버스 성범죄 방지 법안   182

가. 성폭력처벌법 개정안 / 나. 정보통신망법 개정안

제7장 마치며

마 치 며   193

책의 구성

이 책의 구성은 다음과 같다.

제1장에서는 논의의 기초로 메타버스 논의의 배경, 메타버스의 정의와 법적 측면에서의 특성에 대해 간략히 살펴보았고, 아울러 미국 가속화연구재단(Acceleration Studies Foundation)이 2007년에 발표한 '메타버스 로드맵'에서 밝힌 메타버스의 구성요소 4가지와 메타버스의 미래에 대한 예측을 지금의 시점에서 음미해 보았다.

제2장부터 제6장까지는 법에 관한 이야기들이 좀 더 상세하게 다루어져 있다. 제2장에서는 현실세계의 법이 가상세계에 미치는 영향, 그리고 가상세계가 현실세계의 법에 미치는 영향에 대해 시론적인 논의를 하였다. 제3장에서는 메타버스와 콘텐츠 규제에 대해 논하였는데, 특히 게임 규제가 메타버스에 미치는 영향과 문제점에 대해 상세히 분석하고, 우리나라의 콘텐츠 규제 체계에 드리워진 게임 규제의 과도한 장막을 걷어낼 필요성과 구체적인 방안에 대해 설명하였다.

제4장에서는 디지털 플랫폼의 성격을 띠는 메타버스에서 메타버스 플랫폼 서비스 제공자, 즉 메타버스 플랫폼 운영자에 대해 논의하고 있는데, 구체적으로는 메타버스 플랫폼 운영자들 사이의 경쟁, 메타버스 플랫폼 운영자와 이용자의 관계, 그리고 메타버스 플랫폼 운영자의 역할에 대해 법적 측면에서 논의하였다. 이에 관한 논의는 디지털 플랫폼에 대한 기존의 규제 논의와 맥이 닿아 있으며, 메타버스 환경이 메타버스 플랫폼 운영자에 대한 의존성을 높이고 메타버스 플랫폼 운영자의 시장 지위를 강화하는 측면이 있고, 메타버스 플랫폼 운영자의 더 큰 책임을 요구함에 따라 이들의 권한도 강화되는 역설이 발생할 수도 있음을 지적하였다. 아울러 메타버스와 관련하여 최근 논의 중인 자율규제에 대해서도 그 개념과 필요성, 유의사항을 중심으로 간략히 서술하였다.

제5장에서는 블록체인 기술과 그에 따라 발전 중인 암호화폐, DeFi, NFT 등이 메타버스에 미치는 영향에 대해 설명하였는데, 장밋빛 전망보다는 그 그늘에 좀 더 비중을 두고 서술하였다. 제6장에서는 현재 국회에 계류 중인 메타버스 관련 법안들에 대해 비판적 시각으로 살펴보았으며, 제7장은 전체적으로 이 글을 정리하면서 필자가 느낀 소회를 적어본 정도이다.

약 어 표

[법령 약어표]

「개인정보 보호법」: 개인정보법

「게임산업진흥에 관한 법률」: 게임산업법

「공공기관의 운영에 관한 법률」: 공공기관운영법

「교육환경 보호에 관한 법률」: 교육환경법

「데이터 산업진흥 및 이용촉진에 관한 기본법」: 데이터산업법

「독점규제 및 공정거래에 관한 법률」: 공정거래법

「문화산업진흥 기본법」: 문화산업법

「방송통신위원회의 설치 및 운영에 관한 법률」: 방통위법

「부정경쟁방지 및 영업비밀보호에 관한 법률」: 부정경쟁방지법

「사행행위 등 규제 및 처벌 특례법」: 사행행위규제법

「산업 디지털 전환 촉진법」: 산업디지털전환법

「산업융합 촉진법」: 산업융합법

「성폭력범죄의 처벌 등에 관한 특례법」: 성폭력처벌법

「신문 등의 진흥에 관한 법률」: 신문법

「신용정보의 이용 및 보호에 관한 법률」: 신용정보법

「아동·청소년의 성보호에 관한 법률」: 청소년성보호법

「약관의 규제에 관한 법률」: 약관규제법

「영화 및 비디오물의 진흥에 관한 법률」: 영화진흥법

「옥외광고물 등의 관리와 옥외광고산업 진흥에 관한 법률」: 옥외광고물법

「음악산업진흥에 관한 법률」: 음악산업법

「이러닝(전자학습)산업 발전 및 이러닝 활용 촉진에 관한 법률」: 이러닝산업법

「자본시장과 금융투자업에 관한 법률」: 자본시장법

「잡지 등 정기간행물의 진흥에 관한 법률」: 정기간행물법

「전자상거래 등에서의 소비자보호에 관한 법률」: 전자상거래법

「정보통신망 이용촉진 및 정보보호 등에 관한 법률」: 정보통신망법

「정보통신 진흥 및 융합 활성화 등에 관한 특별법」: 정보통신융합법

「청소년 보호법」: 청소년보호법

「출판문화산업 진흥법」: 출판법

「콘텐츠산업 진흥법」: 콘텐츠산업법

「특정 금융거래정보의 보고 및 이용 등에 관한 법률」: 특정금융정보법

 [기관명칭 약어표]

과학기술정보통신부 : 과기부

개인정보보호위원회: 개보위

게임물관리위원회: 게임위

금융위원회 : 금융위

문화체육관광부 : 문체부

미래창조과학부 : 미래부

방송통신위원회 : 방통위

방송통신심의위원회 : 방심위

산업통상자원부 : 산자부

식품의약품안전처 : 식약처

영상물등급위원회 : 영등위

청소년보호위원회 : 청보위

※본문에서만 약어를 사용하였고, 각주/참고문헌의 출처 표시,

법령 인용 시 본래 명칭을 그대로 사용함

메/타/버/스/와/법

제1장

논의의 기초

제1장

논의의 기초

법률가는 사회경제적 현상을 매우 어렵게 설명하는 경우가 종종 있다. 법은 사회규범과 달리 구속력과 강제력이 있기 때문에 최대한 정확하고 공평하게 적용·집행되어야 하고, 그렇기 위해서는 처음부터 정밀하게 설계되어야 하며, 이를 다루는 많은 법률가는 그에 관한 편집증 또는 강박증을 느끼게 된다. 그래서 법률가들은 여러 문제 상황들을 꼼꼼히 분석하면서도 그 결과나 결론에 대해 단정 짓는 것을 기피하고, 다양한 예외를 미리 유보하여 나중에 자신의 생각이 틀렸을 때 발생할 수 있는 책임을 피하기 위해 노력한다. 실제로 일반인들이 법률상담이나 법에 관한 문의를 하면 '사안에 따라 다르다', '기록을 보아야 알 수 있다'와 같은 속 터지는 답변을 들을 때가 많은데, 법률가로서는 그러한 속 터지는 답변이 습관이기도 하지만 틀리지 않기 위한 유일한 수단이어서 어쩔 수 없을 때도 있다.

메타버스에 대해서도 마찬가지이다. 친구에게 메타버스가 무엇인지 물어보면 '제페토(ZEPETO) 말하는 거야', '이프랜드(ifland) 써 봤냐?', '로

그림 1-1 | '제페토'

블록스(Roblox)가 메타버스야', '세컨드 라이프(Second Life)라고 10년도 더 전에 좀 뜨다가 망한 거 있어' 등의 대답이 훨씬 일반적일 것이고, 쉽게 와 닿는 대답일 것이다. 반면 메타버스에 관한 여러 법이나 법 문헌에서는 꽤나 관념적이고 추상적인 논의가 쏟아져서 독자를 어지럽게 한다. 그러한 논의를 왜 해야 하는지(법률가는 이를 흔히 '어떤 실익(實益)이 있는지'라고 표현한다), 논의들 사이에 무슨 차이가 있는지 파악하기도 쉽지 않다.

  그럼에도 불구하고 메타버스에 대한 법을 이야기하기 위해서는 기본적인 내용들을 짚고 넘어가지 않을 수 없다. 많은 법률서적의 서두를 장식하는 어떤 것의 개념 또는 정의, 기능, 특징, 유형 등에 관한 논의들이 그것이다. 이 책에서도 제1장에서는 우리나라에서 메타버스 논의가 일어나게 된 배경과 메타버스의 정의, 법적 측면에서 바라본 메타버스의 특징, 메타버스의 구성요소와 유형 분류에 대해 설명할 것인데,

이는 법에 관한 논의의 정밀성을 위한 기초작업으로서 일반적인 독자들이라면 제1장 전체를 그냥 넘어가거나 중간에 강조 표시된 단어·문장 정도만 확인하고 지나가도 큰 문제는 없을 것이다.

1. 메타버스 논의의 배경

주지하다시피 메타버스라는 용어 자체는 1992년에 출간된 소설 '스노우 크래쉬'(Snow Crash)에서 처음 사용된 것이다. 그러나 이 용어가 사회적으로 주목을 받게 된 것은 2007년에 미국 가속화연구재단(Acceleration Studies Foundation)에서 발표한 '메타버스 로드맵'(Metaverse Roadmap)[1]을 통해서였다. '메타버스 로드맵'에서는 당시의 기술 수준을 바탕으로 그로부터 10년 후의 기술발전에 따른 변화에 대해 예측했는데, 국내에서도 이에 관한 소개 및 분석이 일부 이루어지기는 했지만[2] 큰 이슈가 되지는 않았다.

그러나 2010년대 이후 VR·AR에 대한 관심과 연구가 지속되고, 관련 제품과 서비스가 다양하게 출시되면서 상황이 달라지고 있다. 과기부는 2021년 5월에 '확장가상세계(메타버스) 얼라이언스' 출범을 선언하였으며,[3] 현재도 정부 차원에서 '메타시대 디지털 시민사회 성장전략 추진단',[4] '메타버스 경제 활성화 민관 TF'[5] 등이 활동 중이다. 글로벌 차원에서도 페이스북(Facebook)이 사명을 메타(Meta)로 변경하면서 메타버스 기업이 될 것을 선포하고,[6] 국내에서도 다양한 기업, 학교, 연구기관들이 메타버스의 개발·적용 등에 앞 다투어 나서고 있다.

사실, 정부 차원에서 메타버스 관련 계획을 추진한 것이 최근의 일만은 아니다. 지난 2013년에도 구 미래부는 '창조경제 비타민 프로젝트'를 추진했고, 그 일환으로 정보통신기획평가원에서 "메타버스 기반 전시안내 시스템 개발"에 관한 연구를 진행한 바 있다. 다만, 이는 스마트 전시에 국한된 것이었고, 정보통신산업 전반에 대한 논의는 아니었다. 지금 논의 중인 메타버스와 보다 밀접하게 관련된 것은 정부가

2020년 말에 발표한 가상융합경제인데, 이는 XR(확장현실) 기술을 전제
로 하고 있다.

　　당시 정부는 "XR을 활용해 경제활동(일·여가·소통) 공간이 현실에서
가상융합공간까지 확장되어 새로운 경험과 경제적 가치를 창출"하는
것을 가상융합경제로 정의하면서, ① 확장현실을 현실 수준으로 몰입
감을 극대화하고, ② 인간 지식의 확장과 효과적 의사결정 지원으로
생산성을 증대하며, ③ 시·공간적 한계를 해소하여 경제주체의 경험을
확장하는 것을 그 특징으로 제시하였다.[7] 다만, 이러한 가상융합경제
개념은 체험경제(experience economy)가 고도화된 것인데, 메타버스는 이
용자들 사이의 관계 형성 및 생활의 토대가 되고 이를 바탕으로 경제
활동이 발생하기 때문에 체험경제이론만으로는 설명하는 데 한계가 있
다는 점에서 가상융합경제와는 달리 보아야 한다는 점이 지적되기도
하였다.[8]

　　이 밖에, 메타버스 얼라이언스에서는 6대 주력산업, 즉 제조·의료·
건설·교육·유통·국방산업 중심으로 확장현실 기반 메타버스 서비스
상용화를 지원하고, 확장현실과 융합된 산업용 솔루션 기업을 지원하
며, 산업 수요 중심의 확장현실 교육을 확대하여 메타버스 산업을 선도
할 수 있는 전문인력을 양성하겠다는 목표를 밝혔다.[9]

　　분명한 것은 메타버스가 갑자기 등장한 것이 아니라 정보통신기술,
특히 VR, XR 등 실감형 가상융합기술의 지속적 발전과 산업간 융·복
합의 결과물이라는 점이다. 메타버스는 그 자체가 궁극적인 목적이나 지
향점이 아닌 가상융합기술이 새로운 단계로 도약하는 과정 또는 그러한 과
정에서 발생한 현상으로 볼 수 있다. 이처럼 메타버스는 아직 생성 중에
있는 신기술·신산업에 관한 것이기 때문에 현 시점에서 규제를 논의
한다는 것은 상당히 섣부른 일이다. 그러나 메타버스가 신기술·신산업
에 속하기 때문에 이것이 기존의 법체계와 법규범에 어떠한 도전을 가
져오고 변화를 야기할 것인지가 궁금한 것도 사실이다.

2. 메타버스의 정의

메타버스에 대한 정의는 다양하다. 가장 널리 알려진 것은 '메타버스 로드맵'의 정의인데, 여기에서는 "1) 가상으로 향상된 물리적 현실, 2) 물리적으로 지속가능한 가상공간, 또는 양자의 융합. 단, 이용자는 이를 각각 경험할 수도 있음"이라고 하여 이를 가상공간의 측면에서 정의하고 있다.[10] 이외에도 메타버스는 "스마트폰, 컴퓨터, 인터넷 등 디지털 미디어에 담긴 새로운 세상, 디지털화된 지구",[11] "현실세계와 같은 사회적, 경제적 활동이 가능한 3차원 가상공간",[12] "현실의 나를 대리하는 아바타를 통해 일상 활동과 경제생활을 영위하는 3D 기반의 가상세계",[13] "가상과 현실이 상호작용하며 공진화하고 그 속에서 사회 · 경제 · 문화 활동이 이루어지면서 가치를 창출하는 3차원의 가상공간"[14] 등으로 정의되고 있는데, 이처럼 메타버스를 가상공간 또는 가상세계로 바라보는 것이 보편적이다. 실제로 기존의 가상세계에 대한 정의를 보면 메타버스에 대한 정의와 유사하다. 예를 들면, 가상세계는 "사용자들이 아바타를 만들어서 거주하고 상호작용하는 컴퓨터 기반의 시뮬레이션 환경으로, 게임, 의사소통, 상거래 등 다양한 문화, 예술, 사회, 경제 활동을 할 수 있는 공간"으로 정의되기도 하는데,[15] 이를 메타버스의 정의로 부른다고 하여도 그닥 이상할 것이 없다.

이처럼 메타버스를 가상공간 또는 가상세계로 바라본다면, 엄밀히 말하면 메타버스 그 자체와 메타버스라는 가상공간을 제공하는 서비스는 구별된다. 다만, 이러한 가상공간은 그 자체가 가상융합기술의 구현인데, 여기에서 용어의 혼선이 약간 있다. 예를 들면, 위에서 언급한 가상융합경제에 관한 정의에서 정부는 "XR을 활용해… 가상융합공간까지 확장되어"라는 표현을 사용하고 있는데, 여기서 XR은 기술을 의미한다. 반면, XR을 기존의 AR, VR, MR을 연계한 것으로 "인간과 기계 사이의 상호작용이 컴퓨터 기술 및 하드웨어를 통해 발생하는 곳으로서 현실 및 가상환경이 결합된 일체의 공간"으로 정의되는 경우도 있다.[16] 그러므로 맥락에 따라 그 의미에 주의할 필요가 있다.

참고로, 식약처의 「가상·증강현실(VR·AR) 기술이 적용된 의료기기의 허가·심사 가이드라인」(2018. 6.)에서는 AR, VR, MR을 기술의 하나로 정의하고 있다. 위 가이드라인에서 AR은 "현실에 가상의 영상 또는 유의미한 정보를 합성하여 사용자의 경험이 증강되도록 구현하는 기술"로, VR은 "현실과 유사한 가상의 허구적 환경이나 상황을 구현하고 이용자로 하여금 마치 실제 환경에서처럼 시각, 청각, 촉각 등으로 감지하고, 상호작용이 가능한 기술"로, MR은 "현실세계와 가상세계가 혼합된 상태로, 현실환경에 가상정보를 부가하거나 가상환경에 현실정보를 부가하여 사용자와 상호작용하는 기술"로 각기 정의되어 있다. 이 가이드라인은 국회가 제정한 법률도 아니고, 법률의 위임에 따라 제정된 법령도 아닌, 정부 스스로 정한 행정규칙이기는 하지만, 규범적 측면에서 가상융합기술에 대해 정의를 내린 최초의 사례로 의미가 있다.[17]

그림 1-2 | XR 기술

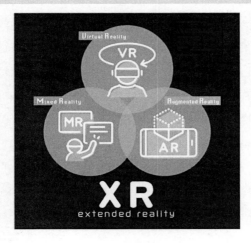

이와 별개로 법적으로 메타버스를 어떻게 정의할 것인지는 매우 어려운 문제이다. 현재 메타버스와 관련하여 국회에서 3개의 제정 법안이 발의되어 있는데, 여기에서는 ① 메타버스를 "가상융합서비스로서 가상융합기술 및 가상융합기기를 이용하여 가상의 존재가 활동할 수 있도록 구현된 가상의 공간 또는 가상과 현실이 결합한 공간"(「가상융합경제 발전 및 지원에 관한 법률안」 제2조 제5호: 가상융합세계), ② "컴퓨터프로그램 등 정보처리 기술·장치와 정보통신망을 이용하여 입체환경으로 구성된 가상사회에서 가상인물 등을 통하여 다양한 사회적·경제적·문화적 활동을 할 수 있도록 제작된 가상의 공간"(「메타버스산업 진흥법안」 제2조 제1호), ③ "정보통신 기술을 활용하여 이용자 및 사물 또는 둘 이상의 집단 간 상호작용이 가능하도록 하는 인터넷 홈페이지 및 이에 준하는 전자적 시스템"(「메타버스콘텐츠 진흥에 관한 법률안」 제2조 제1항 제1호)으로 각각 정의하고 있다. 그러나 이러한 법적 정의가 메타버스 자체를 모든 측면에서 한계지우는 것은 아니다. 법에서의 개념 정의는 그 법의 목적 달성을 위해 필요한 범위에 맞게 정해지기 때문이다.

3. 법적 측면에서 바라본 메타버스의 특징

그러므로 메타버스를 법적 측면에서 바라볼 때에는 위와 같은 법적 정의보다는 법적 논의의 전제가 되는 메타버스의 특징을 어떻게 포착할 것인지가 더 중요하다.

기존의 논의를 살펴보면, 가상세계는 ① 공용 스페이스(shared space), ② GUI(Graphical User Interface), ③ 즉시성(immediacy), ④ 상호작용성(interactivity), ⑤ 지속성(persistence), ⑥ 사회화(socialization)·커뮤니티(community)라는 특징을 지니며, 현실세계의 상부 또는 하부구조로 존재하는 것이 아닌 그 자체로 독립적으로 존재한다는 점에 그 특색이 있다는 설명이 있다.[18] 다른 견해에서는 ① 가상과 현실의 연결성(connectedness), ② 새로운 자아 형성, ③ 관계성 및 사회성 강화, ④ 투명성(거의 모든 것이 기록되고 자신에 대한 정보가 공유됨)이 가상세계의 특징으로 제시되기도 한다.[19] 가상세계에서는 '세컨드 라이프'에서 드러난 것처럼 이용자의 '호모 데우스'(Homo Deus)적인 속성, 즉 창조주로서 신이 되고자 하는 인간의 욕망을 충족시켜 준다거나,[20] 그 자체가 하나의 사회를 구성하기 때문에 자체 화폐 시스템('세컨드 라이프'의 '린든 달러'(Linden Dollar), '로블록스'의 '로벅스'(Robux)를 예로 들 수 있다)을 보유하기도 한다는 특징도 지적된다.[21] 그러나 자체 화폐 시스템도 메타버스 활성화에 큰 도움을 줄 수는 있지만, 자체 화폐 시스템이 없어도 메타버스를 만들 수 있기 때문에 이를 메타버스의 필수적 요소나 특징이라고 보기는 어렵다.

법적인 측면에서도 메타버스에 있어 가장 주목해야 할 특징은 아마도 그것이 가상공간이라는 점, 특히 단순한 가상공간이 아니라 디지털 기술로 현실세계에 가깝게 구현된 가상공간이라는 점일 것이다. 상상 속으로나 그렸던 가상세계가 오감으로 느낄 수 있는 준(準) 현실이 된다는 것이다. 여기서 디지털 기술, 특히 가상융합기술의 현재와 미래, 그리고 이에 대한 법적 관점과 규율이 메타버스와 밀접한 연관을 갖게 될 것임을 짐작할 수 있다.

한편, 이용 측면에서 간과할 수 없는 메타버스의 중요한 특징은 메타버스는 가상사회라는 점이다. 이용자들은 메타버스라는 가상공간에서 사전에 예측하기 어려운 다양한 활동을 할 수 있으며, 이를 통해 가상의 공동체, 사회, 나아가 일정한 세계를 형성할 수 있다. 메타버스 이용자들은 디지털 공간 속에서 다양한 디지털 재화와 서비스를 창출하고 제공할 수 있으며, 이들은 기존의 SNS, 게임 등과 달리 열린 생태계(오픈 생태계)에서 프로슈머(prosumer)로서 능동적으로 활동하고 광범위한 상호작용을 할 것이다. 메타버스의 이러한 특징은 메타버스 이용자의 자유로운 활동 보장과 더불어 메타버스 내 질서 유지가 메타버스에 대한 법적 규율에 있어 중요한 목표가 될 것임을 시사한다.

또한, 많은 이용자들이 활용하거나 그럴 가능성이 있는 기술은 비즈니스로 연결되기 마련이다. 그런데 메타버스는 대체로 플랫폼 비즈니스의 속성을 지닌다. 여기서 '플랫폼이란 무엇인가?'라는 의문이 제기될 수 있는데, 이에 관한 다양한 논의는 지면 관계상 생략하고, 주요한 견해 몇 가지만 살펴보기로 한다. 예컨대, 플랫폼은 경영학적 측면에서 "공통된 목적을 위해, 또는 공통된 자원을 공유하기 위하여 개인과 조직을 연결하는 것"으로 정의되기도 하고,[22] 법적 측면에서는 디지털 플랫폼이 "하나 또는 그 이상의 이용자 집단과 상업적으로 상호작용을 하는 웹사이트, 응용프로그램, 기타 디지털 공간"으로 정의되거나,[23] 온라인 플랫폼이 "인터넷 서비스를 통해 상호작용하는 둘 또는 그 이상의 별도의 독립적인 이용자군(회사, 개인 불문) 사이의 상호작용을 촉진하는 디지털 서비스"로 정의되는데,[24] 이러한 정의에 의하면 메타버스도 디지털 플랫폼 혹은 온라인 플랫폼으로 볼 수 있다. 다만, 게임의 경우에는 주의를 요한다. MMORPG 게임이나 '로블록스'와 같은 샌드박스형 게임이 '게임형 메타버스'로 분류되는 경우가 많은데,[25] 여기서 MMORPG 게임과 같은 경우에는 그 플랫폼으로서의 성격은 다소 약하다. 이에 관해서는 아래 5.항과 제3장 2. 다.항에서 보다 상세히 논할 것이다.

한편, 플랫폼이 비즈니스적으로 성공하려면 네트워크 효과가 필수적이다. 그러려면 이용자가 많아야 한다. 흔히 말하는 '임계규모'(critical mass)를 달성해야 하는 것이다. 이를 위한 전략은 다양할 것인데, 이용자들에게 창조의 기쁨, 상호작용과 소통을 통한 유대감, 놀이와 오락 또는 유희를 통한 즐거움 등을 제공하는 것 등을 생각해 볼 수 있지만, 이용자들에게 경제적 유인을 제공하는 것도 매우 유효한 전략일 수 있다. 그러므로 메타버스라는 가상공간 혹은 가상사회에서는 경제활동이 가능한 경우가 많다. '로블록스'가 대표적인데, 제3장에서 살펴보겠지만 우리나라에서는 게임 속 경제활동은 법적으로 금지되어 있기 때문에 P2E(Play to Earn) 게임은 허용되기 어려워 많은 논란을 낳고 있다.

또 하나 강조할 점은 메타버스는 글로벌 시장환경에서 발전하고 있다는 점이다. 글로벌 시장환경이 조성된 것은 이미 한참 전의 일이지만, 디지털 시장과 온라인 서비스는 이를 급격히 가속화하고 있다. 이러한 시장환경 변화는 법체계에도 많은 영향을 준다. 국경을 넘나드는 서비스 앞에서 특정 국가만의 법 집행은 커다란 도전에 직면하기 때문이다. 그렇기 때문에 한편으로는 법 집행의 실효성을 고민해야 하고, 다른 측면에서는 글로벌 스탠다드에 맞는 규제완화를 고민해야 한다. 메타버스는 이러한 현상을 가속화시키는 요인이 될 수밖에 없다.

요컨대, 법적 측면에서 메타버스의 주목할 특징은 ① 디지털 기술을 바탕으로 현실세계에 가깝게 창출된 가상공간이라는 점, ② 그러한 가상공간 내에서 이용자들이 사전에 예측하기 어려운 다양한 활동을 할 수 있고 가상공동체, 가상사회, 가상세계를 형성할 수 있다는 점, ③ 이러한 가상의 공동체·사회·세계는 대체로 디지털 플랫폼의 성격을 지니고, ④ 그것이 글로벌 차원에서 형성된다는 점이다. 이상과 같은 메타버스의 특징 내지 특수성은 이하에서 살펴볼 메타버스에 대한 규제나 다양한 법적 쟁점에 관한 논의의 기초가 되고, 동시에 그 외연 또는 한계를 구성한다.

다만, 최근 들어 큰 화두가 되고 있는데 블록체인과 이를 바탕으로 발전하고 있는 암호화폐, NFT, DeFi(탈중앙 금융) 등은 메타버스의 필수 요소라고 할 수는 없다. 블록체인과 이를 바탕으로 한 다양한 기술 및 서비스가 메타버스의 발전의 동력이 되기는 하겠지만, 이러한 요소들 없이 메타버스를 만들지 못하는 것도 아니고 가상사회를 구성하지 못하는 것도 아니다. 그러므로 메타버스에 관한 법적 논의에서는 블록체인 및 이를 바탕으로 한 기술·서비스가 활용되는 경우와 그렇지 않은 경우를 구분하여 생각할 필요가 있다.

4. 메타버스의 구성요소 - '메타버스 로드맵'의 미래 예측과 현재

가. 개요

'메타버스 로드맵'에서는 메타버스의 구성요소로 가상세계(Virtual Worlds), 거울세계(Mirror Worlds), 증강현실(Augmented Reality), 라이프로깅(Lifelogging)을 들고 있다. 이는 그에 관한 기술이 내향적(Intimate)인지 아니면 외부적(External)인지, 모의(Simulation)에 해당하는지 아니면 증강(Augmentation)에 해당하는지를 기준으로 분류한 것이다.[26] '메타버스 로드맵'에서는 이를 바탕으로 기술 발전에 따른 장래의 변화에 대해 예측하고 있는데, 2007년 당시의 예측이 현재 어느 정도 구현되었는지 살펴보는 것은 꽤나 흥미로운 일이다. 지금의 메타버스에서도 이러한 장래에 대한 예측과 전망을 바탕으로 각종 투자와 법·정책 등의 설계가 진행되고 있기 때문이다.

그림 1-3 | 메타버스의 구성요소

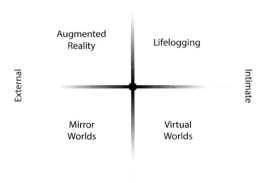

(출처: '메타버스 로드맵', p. 5)

여기서 내향적이라는 것은 개인 또는 사물의 자아 내지 본성(identity)
이라는 내면에 초점을 맞추고 있다는 의미이며, 메타버스 측면에서는
이용자 또는 일정한 지능을 갖춘 사물이 아바타나 디지털 프로필을 통
해, 또는 어떤 시스템에 행위자로 직접 등장하여 해당 환경에 자신의
대리인 내지 기관(agency)을 갖게 되는 기술을 의미한다.27) 반면, 어떤
기술이 외부적이라는 것은 바깥세계에 초점을 맞추고 있다는 뜻이며,
메타버스 측면에서는 이용자 주변의 세계에 대한 정보를 제공하거나
이용자 주변의 세계를 통제할 수 있도록 해주는 기술을 의미한다.28)
결국, 내향적 기술은 이용자가 메타버스 안으로 들어오도록 해주는 것
이고(아바타를 떠올려 보면 쉽게 이해된다), 외부적 기술은 이용자가 자기 주
변의 현실세계를 더 잘 활용할 수 있도록 해주는 것으로 볼 수 있다.
　　한편, 모의 기술은 현실을 모방하여, 또는 현실과 병렬적으로 완전히
새로운 환경을 제공해주는 것으로서, 메타버스 측면에서는 상호작용의
공간으로 모의 세계(simulated world)를 제공해주는 기술을 의미한다.29)
그리고 증강 기술은 기존의 현실세계에 새로운 가능성을 더해주는 것
으로서, 메타버스 측면에서는 우리의 인식에 새로운 통제 체계(control
system) 및 정보를 더해주는 기술을 의미한다.30)
　　이에 따라 가상세계는 내향적인 모의 기술(Intimate/Simulation), 거울세계는
외부적인 모의 기술(External/Simulation), 증강현실은 외부적인 증강 기술
(External/Augmentation), 라이프로깅은 내향적인 증강 기술(Intimate/Augmentation)
에 해당한다.31)

나. 가상세계

　　'메타버스 로드맵'에서는 가상세계를 물리적 세계, 즉 현실세계의 공동
체의 사회·경제적 삶을 강화하는 것으로서, 아바타(이용자의 인격이 화체된
것)가 그 핵심요소라고 설명하고 있다.32) 이와 같은 가상세계는 메타버
스의 구성요소들 중 다양성과 규모 면에서 성장 속도가 가장 빠르다.33)
　　'메타버스 로드맵'에서 예측한 가상세계의 발전 시나리오는 상당히

흥미롭다. 여기에서는 가상세계의 발전이 고도화되는 경우(stronger version)와 제한적인 경우(limited version)를 나누어 예측하고 있다. 우선, 가상세계가 고도화되는 경우, ① 엔터테인먼트, 작업, 교육, 쇼핑, 만남, 이메일, 운영체제(OS)에 이르기까지 대부분의 디지털 상호작용을 포섭하게 되고, ② 가상세계에서 성장한 청년들은 가상세계에서 더 부유하고 이국적인 삶을 살게 될 것이고, 가상세계가 현실세계보다 더 많은 가능성을 열어주고, 더 창의적이고 현실적인 공간으로 인식될 것이며, ③ 가상세계의 상호운용성에 따라 디지털 환경에서 현실세계보다 훨씬 넓은 경험을 할 수 있고, 현실세계만큼의 소셜 네트워크 형성이 가능해질 것이고, ④ '네티즌'을 대신할 '메타버선'(Metaversan)이 등장할 것으로 보고 있다.34)

반면, 가상세계가 제한적으로만 발전할 경우에는 ① 가상세계는 일부 사회적 · 직업적 상호작용에 활용되거나, TV, 콘솔 게임, PC에 연결되어 제한된 기능을 하는 인터페이스로 활용될 것이며, ② 현실세계의 사람들 대부분이 가상세계의 영향을 받지 않을 것이고, ③ 문화적 소통, 경제적 장벽이 가상세계 발전의 주된 장애물이 될 것이며, ④ 복수의 생태계가 등장하기보다는 전통적인 대형 미디어 기업에 의해 장악될 것으로 보고 있다.35)

이 외에도, 가상세계에서는 ① 대화형 인터페이스(Conversational Interface)가 발달하여 아바타가 기초적인 대화 지능을 갖게 되어 비서, 에이전트, 고객 지원에 활용되고, 개인들은 자신의 디지털 트윈(digital twin)과 24시간 소통하면서 자신의 대중적 인격(public persona)과 현재 상태를 확인하게 될 수도 있을 것이며, ② '세컨드 라이프', '마이스페이스'(Myspace)에서처럼 가상세계에서 성, 인종, 신분, 에티켓, 집단적 가치 · 목표에 대한 사회규범이 창조적으로 변화할 수 있기 때문에, 참여자의 급증과 더불어 긍정적이든 와해적이든 사회 변화를 야기하게 될 것이라는 관측도 제시되었다.36)

그림 1-4 | 디지털 트윈

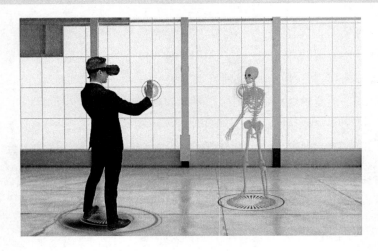

　현재 시점에서 볼 때, '메타버스 로드맵'의 위와 같은 미래 예측은 상당히 날카로운 측면이 있다. 물론, 현재의 기술 발전이 고도화된 가상세계의 정도까지는 이르지 못했지만, 가까운 미래에 그러한 정도에 이를 것이라 예측하여도 무리는 아닐 것이다. 이미 다양한 메타버스에서 아바타는 활성화되고 있으며, 이처럼 아바타를 통한 복수의 인격을 보유하는 것, 즉 '멀티 페르소나'(multi persona)는 보편적인 현상으로 자리잡을 것으로 생각된다.

다. 거울세계

　거울세계는 정보적으로 강화된 가상세계, 또는 물리적 세계를 반영한 것을 의미하며, '메타버스 로드맵'에서는 1967년에 캐나다 정부가 만든 위치정보시스템인 'Canadian GIS'를 최초의 거울세계로 소개하고 있다.[37] 최근에는 거울세계를 "실제 세계의 모습, 정보, 구조 등을 가져가서 복사하듯이 만들어 낸 메타버스"로서 현실세계에 효율성과 확

장성을 더해 만들어지는 것으로도 설명하기도 하는데, '디지털 트윈'과의 연관성이 특히 강조된다.[38]

초기의 거울세계는 아마존(Amazon)의 '블락 뷰'(Block View)와 같이 온라인 전화번호부인 '옐로우 페이지'(Yellow Pages)를 보완하기 위한 수단으로 개발되었으나, 이후에는 쇼핑, 관광, 길안내, 각종 비즈니스와 리서치 등 다양한 용도로 활용될 수 있는 개방형 표준(open standard)으로서 더 큰 의미를 갖게 되었고, 구글(Google)의 '구글 어스'(Google Earth)는 개방형 표준임과 동시에 대중적 플랫폼으로서의 모습을 보여준 것으로 분석된다.[39] '메타버스 로드맵'에서는 향후 개방형 표준과 오픈소스가 거울세계 서비스를 지배하는 데 있어 중요한 요소가 될 것이라는 점도 언급하고 있다.[40] 여기서 개방형 표준이나 오픈 소스가 거울세계와 관련하여 논의되었다는 점도 흥미롭지만, 개방형 안드로이드 OS로 세계적 빅 테크 기업으로 성장한 구글이 독점적 디지털 플랫폼으로서 각종 비판과 규제의 대상이 되고 있다는 점도 아이러니하다.

'메타버스 로드맵'의 거울세계 발전 시나리오에서는 ① 거울세계 기술을 통해 영상원격회의, 무선주파수 식별(RFID)과 센서 기술의 결합을 통한 위치추적시스템 등이 출현하고, ② 길찾기, 교육, 거래, 물류·마케팅·금융을 비롯한 사업 분석에 유용하게 활용될 것이며, ③ 거울세계가 가상세계에 구현된다면 SNS나 엔터테인먼트 측면에서도 유용한 플랫폼이 될 수 있고, 여기서 3D 기술 발전에 따라 3D 아바타들과 특정 장소에서 만나 대화하는 것도 가능할 것으로 보았는데,[41] 이와 같은 기술 및 현상은 '메타버스 로드맵'의 예측 이상으로 현실화되고 있다. 위와 같은 거울세계는 현재 '에어비앤비'(Airbnb)나 '배달의민족'과 같은 숙박공유·배달 플랫폼에서 활용되고 있고,[42] '업랜드'(Upland)나 '디센트럴랜드'(Decentraland)와 같은 가상 부동산 거래 서비스에서도 널리 활용되고 있다.[43]

주목할 것은 '메타버스 로드맵'에서 지적한 거울세계의 문제점 및 그

에 대한 해결책이다. '메타버스 로드맵'에서는 ① 거울세계 기술 발전
에 따라 정보수집능력이 증대되면 개인정보 보호 측면에서 문제가 발
생할 수 있고, ② 거울세계에서는 데이터 입력, 시뮬레이션의 고도화
및 정확성이 중요하기 때문에 유용한 새로운 정보에 대한 접근을 통제
하려는 경향이 나타나고, 국가나 특정 기업이 이와 같은 정보를 지배도
구로 사용할 우려가 있으며, ③ 개인이 거울세계 관련 기술을 남용할
우려 등이 제기될 수 있음을 지적하고 있다.[44] 그러면서 위와 같은 문
제점들을 해결하기 위해 정보의 개방과 정보에 대한 동등 접근권 확보,
거울세계 관련 기술의 투명성과 책임성 강화를 제안하고 있는데,[45] 다
만 여러 우려에도 불구하고 거울세계는 시민의 자유, 사회적 가치를 보
호하고 자아를 구현하는 데 긍정적으로 작용할 것이라는 희망적인 전
망을 결론으로 제시하고 있다.[46]

이상과 같은 문제점과 해결방안에 관한 논의는 현 시점에서도 유효
한 것들인데, 다만 거울세계 측면에서 국한되어서가 아닌 메타버스 전
반에 걸쳐 제기되는 우려사항이다. 특히 최근에는 개인정보와 관련한
우려가 제기되고 있는데, 예컨대 메타버스 환경에서 흔히 사용되는
HMD, VR글래스 등 기기를 통해 생체정보나 뇌파처리 정보에 대한 수
집이 가능할 수 있고, 메타버스 내 아바타의 이용 과정에서 각종 위치
정보나 행태정보가 무단으로 수집될 수 있다는 점이 지적되고 있다.[47]

라. 증강현실

증강현실은 위치 – 인식체계(location – aware system)를 사용하여 개인
에게 외부의 물리적 세계를 강화시켜 주고, 세계에 대한 일상적 인식에
네트워크화된 정보를 더해주는 것,[48] 달리 표현하면 "현실세계의 모습
위에 가상의 물체를 덧씌워서 보여주는 기술"을 의미한다.[49]

이처럼 증강현실은 가상공간이라기보다는 기술에 가까운 개념인데,
'메타버스 로드맵' 공표 이후에도 꾸준히 발전하고 있다. 증강현실을 활

용한 최근의 예로는 '마스'(MARS)와 같은 디지털 여행가이드 시스템,50) '스트리트 뮤지엄'(Street Museum)과 같은 전시 서비스,51) '포켓몬 고'(Pokémon GO)와 같은 게임이 있지만, 이 외에도 증강현실은 산업 현장에서도 널리 활용 중이다. 예를 들면, 에어버스(Airbus)나 보잉(Boeing)에서 항공기 제작 공정에 증강현실 기술을 활용한 '스마트팩토리'(Smart Factory)를 통해 작업 정확도와 생산성을 향상시키고 있으며,52) BMW, 록히드 마틴(Lockheed Martin)의 경우에도 증강현실을 제품 제조와 관리에 적용하고 있다.53)

넓게 보면 호주의 '아트시리즈 호텔'이 2011년에 기획한 '스틸 뱅크시'(Steal Banksy), 즉 호텔에 숨겨져 있는 유명 화가 뱅크시의 작품을 고객이 훔치면 이를 무료로 주는 게임도 증강현실에 속한다는 견해도 있다.54) 즉, 증강현실이라고 하여 반드시 렌즈, 모바일 앱 등 고도의 기술이 필요한 것은 아니며, 현실에 무엇인가를 덧씌워서 사람들의 감각, 경험, 생각을 증강하거나 다른 곳으로 이끌면 증강현실에 해당한다는 것이다.55)

그림 1-5 | '포켓몬 고'

  증강현실의 발전과 관련하여, '메타버스 로드맵'에서는 증강현실 운
영체제와 표준은 핸드폰을 통해 도입될 가능성이 있으며, 가상 데이터
가 급증함에 따라 정보 과부하가 보편적인 문제가 될 수 있다고 예측
하였다.56) 아울러 단기적으로는 ① 증강현실 기기를 통해 이용자는 자
신의 관심사와 가치를 스스로 조직하여 증진시키고, 어떤 대상에 자신
의 의견을 덧붙이고 표현하는 것을 가능하게 해 줄 것이며, ② '참여형
웹'(participatory web)과 '스마트 태그 기반 네트워크'(smart tag-based
networks)에 따라 식당, 상점, 서비스 등에 대한 이용자들의 추천 기능이
구현될 것이고, ③ 약속, 배달 등 '시간형 프로세스'(time-based process)
가 이용자의 시각적 인터페이스에 작은 위젯으로 표현될 수 있을 것이
라고 전망하였다.57) 또한, 장기적으로는 ① 증강현실을 통해 서로 다른
사람들이 동일한 장소에서 다양한 경험을 하게 될 수 있지만, ② 극단
적인 경우에는 다른 사람을 착각에 빠뜨리거나 공격하는 용도로 사용될
수 있고, ③ 자기몰입, 고립화 또는 중독의 새로운 형태로서, 불쾌한 현
실을 회피하고 기존의 편견과 욕구를 고수하는 '포템킨 빌리지'(Potemkin
Village)와 같은 정보장막(information façade)으로 활용될 수 있으며, ④ 미
디어 서비스, 종교단체, 소프트웨어 회사 등이 '필터 마켓'(filter market)에
서 경쟁하게 될 수 있으므로, 증강현실 기술이 개인을 통제하는 것이 아
닌 개인의 능력을 강화하는데 이용될 수 있도록 하기 위해서는 정치·경
제적 다원주의가 필요하다는 점을 강조하고 있다.58)
  한편, 조금 다른 시각에서는 증강현실 서비스의 발전 시나리오를 ①
사용자 확산 단계(개방성 및 오픈소스 정착, 제작자 권리 인정, 수익 분배, 데이터베
이스 통합 및 유용한 정보만을 검색할 수 있는 기술 개발), ② 사용자 몰입 보장
및 음성기술 확장 단계, ③ 정보성이 강한 서비스에 게임성(유희적 요소)
추가 및 맞춤형 정보 제공 단계로 분석하기도 한다.59)
  증강현실에 관한 '메타버스 로드맵'의 예측은 현재의 증강현실 발전
상황과는 다소 거리가 있다. 그러나 여기서 우려했던 문제점들, 특히

정보장막이나 '필터 버블'(filter bubble)과 같은 문제점은 OTT나 SNS를 비롯한 각종 디지털 매체물에서 드러나고 있으며, 이처럼 기술이 개인의 삶과 사회에 미치는 영향에 대한 통찰은 지금도 곱씹어볼 대목이다.

마. 라이프로깅

'메타버스 로드맵'에 따르면, 라이프로깅은 사물 및 이용자의 기억, 관찰, 의사소통, 행동 모형 등을 강화하여 사물 및 이용자의 내재적·내면적 상태나 인생사를 기록·보고하는 기술을 의미하며, 비행기록장치, 네트워크화·현지화된 무기(networked and localizable weapons)와 같은 '사물 라이프로그'(Object Lifelogs)와 개인의 삶을 기록하는 '이용자 라이프로그'(User Lifelogs)로 세분된다.[60] 각종 SNS가 이용자 라이프로그의 대표적인 예인데, '호라이즌 월드'(Horizon Worlds), '이프랜드' 등 현재 출시 중인 많은 메타버스 서비스들이 SNS를 출발점으로 삼고 있다.

이처럼 '메타버스 로드맵'은 라이프로깅을 기술의 측면에서 접근하였

그림 1-6 | '호라이즌 월드'

는데, 국내에서는 이를 "자신의 삶에 관한 다양한 경험과 정보를 기록하여 저장하고 때로는 공유하는 활동"으로 정의하면서,[61] 이용자가 자신의 실제 모습·삶 중 타인에게 보이고 싶지 않은 것은 삭제하고 다듬어진 내용으로 게재하는 편집현상이 일어나고, 가상세계의 아바타를 통해 발생하는 것과 같은 멀티 페르소나 현상이 나타날 수 있다는 점에 그 특징이 있다고 설명되기도 한다.[62] 이 견해에서는 '나이키＋런'(Nike＋Run), '나이키 트레이닝 클럽'(Nike Training Club)과 같은 모바일 앱을 비롯하여 근래에 유행하는 '브이로그'(Vlog)도 라이프로깅으로 분류하고 있다.[63]

'메타버스 로드맵'의 라이프로깅 발전 시나리오를 살펴보면, ① 사람들이 라이프로깅 적응에 어려움을 겪으면서, 보다 단순했던 과거의 삶에 대해 향수를 느끼는 기성세대와 라이프로깅을 잘 활용하는 '라이프로깅 어답터'(lifelogging adopter)가 분화될 것이고, ② 과거의 잘못이 기록·저장되어 지나간 것은 그냥 잊혀지도록 하기 어렵게 되는 단점(즉, 완벽한 기억이 항상 이상적인 것은 아님)이 있는 반면, 개인들이 자신들의 잘못을 인정하고 생각·행동의 변화에 좀 더 열린 자세를 갖게 된다는 장점도 있으며, ③ 가상세계와 달리, 라이프로깅은 타인의 삶을 살게 해 주지는 않지만, 타인의 시선으로 세계를 바라볼 수 있게 해줌으로써 어떤 장소나 사건에 대해 다양한 시각을 접할 수 있게 해 주고, 이를 통해 법 집행의 정확도 향상, 교육, 훈련, 상담, 자신과 사회에 대한 자각, 갈등 해소 등에 도움이 될 수 있다는 점에서 '위로부터의 감시'(surveillance: "watching from above")가 아닌 '아래로부터의 감시'(sousveillance: "watching from below")가 가능하게 된다.[64]

그리고 기술적인 측면에서는 사물·상징·얼굴에 대한 인식이 가능한 시각적 인공지능(visual AI)이 10−20년 내에 등장하여 이용자가 이를 통해 친구나 친지들을 인식하고, 자신의 개인적 네트워크에 담긴 사회적 기억을 이들과 공유하면서 어떤 사람 또는 사물에 대한 평판을 공유하는 평판 네트워크(reputation network)를 형성할 수 있을 것이며, 다만 이를 통해 잘못되거나 유해한 정보가 확산된다면 그에 대한 책임이 문제될 가능성이 있다고 하였다.65) 이 밖에도, '메타버스 로드맵'에서는 거울세계, 증강현실, 라이프로깅은 공적 투명성은 물론, 이용자의 동의를 전제로 사적 투명성도 강화할 것이지만, 해킹이나 시스템 조작 시도 역시 불가피하게 늘어날 것이므로 보안, 개인정보 보호, 사기 예방, 시민의 자유 보호 등이 중요한 문제가 될 것으로 전망하였다.66)

현재의 기술 수준이 '메타버스 로드맵'의 예측을 전부 구현하는 단계에까지는 이르지 못한 것으로 보이지만, 그 많은 내용은 현재와 장래의 기회와 위기에 대해 큰 시사점을 준다. 특히, '디지털 박제'와 '잊힐 권리'(right to be forgotten: 제2장 참조), 감시사회와 감시 자본주의(surveillance capitalism: 거대 기술기업들이 온라인상에서 개인정보를 감시·수집하여 상업화하는 방식으로 창출한 경제 체제)67)로의 이행, 가짜뉴스와 정치적 양극화 등 현재 진행형인 사회 이슈들에 대한 '메타버스 로드맵'의 전망은 비교적 정확하다고 볼 수 있으며, 앞으로도 메타버스 발전에 있어 큰 장애물이 될 것으로 생각된다.

바. 융합

"1) 가상으로 향상된 물리적 현실, 2) 물리적으로 지속가능한 가상공간, 또는 양자의 융합. 단, 이용자는 이를 각각 경험할 수도 있음"이라는 메타버스의 정의에서 드러나는 것처럼, '메타버스 로드맵'에서 제시한 4가지 메타버스 구성요소들은 독립하여 존재하기보다는 서로 기술적으로 융합되어 있다. '메타버스 로드맵'에서 설명하고 있는 메타버스 유형별 시나리오 사이의 연결과 중첩에 대해 살펴보면, ① 거울세계와 가상세계 시나리오는 모방 및 몰입 기술을 통해 연결되고, ② 증강현실과 거울세계 시나리오는 인지 기술, 네트워크화된 기기, 사물의 지능화를 통해 연결되며, ③ 증강현실과 라이프로깅 시나리오는 인터페이스 기술 및 네트워크 발전을 통해 연결되고, ④ 라이프로깅과 가상세계 시나리오는 사람들 간, 또는 그 아바타 간의 끊임없는 상호작용을 가능케 해 주는 '디지털 자아'(digital identity)의 출현을 통해 연결된다.68)

  현재 발전 중인 메타버스 또한 '융합형 메타버스'(hybrid metaverse)라고 할 수 있다. 예컨대, '마인크래프트'(Minecraft)는 게임(가상세계)이지만 디지털 트윈과 같은 거울세계로서의 속성도 지니고 있고, 에픽 게임즈(Epic games)의 대표인 팀 스위니(Tim Sweeney)는 '포트나이트'(Fortnite)가 지금은 게임이지만 앞으로는 무엇이 될지 모르고 게임 이상의 것으로 만들겠다는 생각을 밝힌 바 있다.69) 또한, '모여봐요 동물의 숲'과 같은 게임에서는 이용자간 소통을 통한 라이프로깅 방식의 서비스도 제공하고 있고,70) '제페토'는 아바타, 마켓플레이스, SNS, 게임·이벤트 공간 등 가상세계, 거울세계, 라이프로깅의 성격을 모두 지니고 있다.

그림 1-7 | 증강현실과 거울세계

5. 메타버스의 유형 분류

'메타버스 로드맵'의 4가지 메타버스 구성요소에 대해서는 내향성과 외부성의 구분이 불분명하고, 라이프로깅이나 증강현실은 어떤 서비스 안의 요소기술 수준에 불과하여 각 구성요소 간 비중도 불균형적이라는 지적이 있다.[71] '메타버스 로드맵'에서도 증강현실과 라이프로깅은 기술로 설명되고 있고, 가상세계나 거울세계는 사이버 공간으로서의 특성이 강하기 때문에 이들을 같은 선상에서 바라보기 어려운 측면은 있다. 그러나 '메타버스 로드맵'이 메타버스의 구성요소들에 대해 설명한 것일 뿐, 메타버스의 유형을 적극적으로 분류하려던 것은 아니기 때문에 이를 너무 비판적으로 바라볼 필요는 없을 것 같다.

한편, 국내에서는 메타버스에 대한 여러 유형 분류가 시도되고 있다. 우선, 메타버스를 게임 기반, SNS 기반, 생활·산업 기반 메타버스로 분류하는 견해가 있는데, 여기서 생활·산업 기반 메타버스는 운동, 교육, 훈련 등을 목적으로 게임적 요소(성취, 레벨, 경쟁, 보상 등)를 접목하여 활동에 동기를 부여한 과도기적 형태의 메타버스를 의미하며, 운동 목적의 탁스(TACX)의 '스마트로라 인도어 사이클링', 닌텐도(Nintendo)의 '링피트'(RingFit)나 산업용으로 활용도가 높은 마이크로소프트(Microsoft)의 '홀로렌즈'(HoloLens)와 같은 기기들이 이를 위한 것들이다.[72]

또한, 메타버스의 핵심이라고 할 수 있는 가상세계를 게임형과 생활형으로 분류하기도 하는데, 이에 따르면 '월드 오브 워크래프트'(World of Warcraft)와 같은 게임형 가상세계는 '목적 지향적'(goal-oriented) 가상세계로서 표층적 목적 제시, 개발자의 스토리텔링, 내재화된 목표 달성이 중요하고, '세컨드 라이프'와 같은 생활형 가상세계는 '목적 개방적'(open ended) 가상세계로서 심층적 목적을 지향하고 사용자 스토리텔링이 중요하다고 한다.[73] 또 다른 견해에서는 가상세계를 유희를 중심으로 한 게임형 가상세계, 현실의 일상생활을 구현 내지 재현하는 생활

형 가상세계, 교육·전시·의료 등 목적을 지닌 파생형 가상세계로 분류하기도 한다.[74]

다만, '게임형 메타버스'라는 표현에는 주의를 요한다. 앞서 살펴본 것처럼, 메타버스는 플랫폼의 성격을 지니기 때문에 그 자체가 콘텐츠, 즉 어떤 표현물이나 매체물이라고 보기는 어렵다. 그런데 메타버스에 관한 논의에서 중요한 비중을 차지하고 있는 것은 게임물이며, 특히 MMORPG와 같이 가상공간이 형성되는 게임물이다. 이러한 경우는 가상공간 전체가 오락 목적으로 기획·제작된 영상 콘텐츠이고, 이용자들 또한 독립된 집단이라기보다는 전체적으로 동일한 콘텐츠를 향유하는 게이머이기 때문에 이들 간의 상호작용이 일반적인 플랫폼의 경우와 차이가 있으며, 이용자들의 활동 또한 그와 같은 오락 목적 내에서 이루어진다고 할 수 있어서 이는 여전히 게임물로 취급될 수 있다. 여기에 이용자들 사이의 커뮤니티 기능이 추가되더라도 이는 부수적인 것으로서 그 게임물로서의 성질이 달라지기 어렵다. 그러나 향후 가상융합기술의 발달로 게임물과 비(非)게임물의 경계가 계속 흐릿해질 것이고, 궁극적으로는 게임과 그렇지 않은 것의 구별 자체가 무의미해질 수도 있다.

그런데 불행히도 현행 법·제도 측면에서 게임형 메타버스와 그렇지 않은 메타버스는 구별 실익이 매우 크다. 제3장에서 살펴보겠지만, 국내에서는 게임 규제가 상당히 강하기 때문에, 어떠한 서비스에서 활용되는 콘텐츠가 게임에 해당하는지 여부는 해당 산업의 발전에 큰 영향을 미친다. 메타버스는 융·복합 가상공간이기 때문에 메타버스 내에서 활용되는 다양한 콘텐츠나 메타버스 내부의 다양한 활동들에 대해 게임 규제가 어디까지 적용되어야 하는지 논란이 되고 있고, 이때 해당 메타버스가 어떠한 목적과 유형으로 시작된 것인지는 게임 규제의 적용 여부를 결정하는 데 있어 의미가 없지 않다. 장기적으로는 게임 규제 자체의 근본적 개선이 필요하겠지만, 현재로서는 게임형 메타버스와 비게임형 메타버스의 구별이 가장 시급한 상황이라고 할 수 있는데,

이에 관한 자세한 논의는 제3장에서 다루기로 한다.

이 밖에, 최근에는 직방의 '소마'(Soma)와 메타의 '호라이즌 워크룸'(Horizon Workrooms)과 같은 가상오피스가 인기를 끌고 있는데,75) 이러한 경우는 단순한 생활형이나 소셜형 메타버스로 보기 어렵고, 산업을 위한 것이기는 하지만 교육·훈련 목적은 아니기 때문에 별도로 범주화할 필요가 있어 보인다. 메타버스가 고도로 발전하면 이와 같은 새로운 유형의 메타버스가 계속 늘어날 것으로 예상된다.

그림 1-8 | 메타버스의 산업적 활용

메/타/버/스/와/법

현실세계의 법,
가상세계의 법

현실세계의 법, 가상세계의 법

메타버스가 가상세계이기는 하지만, 메타버스 내에서 일어나는 많은 일들은 현실세계의 법에 의해 규율된다. 가상세계가 아무리 고도화되더라도 그것이 현실세계를 완전히 대체할 수는 없기 때문에 가상세계와 현실세계의 연결고리는 항상 존재할 수밖에 없다. 다만, 현실세계의 법이 가상세계의 발전으로 인하여 상당한 도전에 직면하게 되는 것은 분명하다. 그렇기 때문에 법적 측면에서는 가상세계·가상사회와 현실세계의 연결 정도 또는 간극을 어떻게 바라볼 것인지, 이들 간의 연결고리는 무엇인지 확인하는 것이 중요하다.

제2장에서는 메타버스 발전이 현실세계에 미치는 영향을 개략적으로만 살펴보려 한다. 보다 구체적인 법적 이슈들은 제3장 이하에서 다룰 것인데, 제3장에서는 메타버스와 콘텐츠 규제에 대해, 제4장에서는 메타버스 플랫폼을 둘러싼 법적 논의에 대해, 제5장에서는 메타버스와 블록체인 기술을 활용한 여러 서비스(암호화폐, NFT, DeFi 등)에 대해 각각 별도로 살펴볼 예정이다.

1. 현실세계 법의 지배를 받는 가상세계

새로운 기술의 발전은 기존의 법과 충돌을 일으키는 경우가 많다. 메타버스의 경우에도 그 제작 단계에서 당장 지적재산권이 문제된다. 가상세계라고는 하지만 현실세계를 모방하거나 현실세계를 바탕으로 구축되는 경우가 많기 때문이다. 예를 들면, 현실세계를 메타버스로 구현하는 과정에서 상표, 디자인, 건축물, 미술품 등에 대한 지식재산권이 문제될 수 있으며, 인물과 관련해서는 특히 딥페이크(deepfake) 기술 발달에 따라 퍼블리시티권, 초상권 등의 침해가 문제될 수 있다.76) 증강현실 기술의 경우에는 그 이용 과정에서 타인의 초상권, 사생활 등에 대한 침해가 일어나거나 기업의 업무기밀이 외부에 공개될 수도 있다.77) 부정경쟁방지법도 문제될 수 있는데, 부정경쟁방지법은 국내에 널리 알려진 타인의 상표·상호 등을 부정하게 사용하는 것과 같은 부정경쟁행위를 금지하고 있기 때문이다. 즉, 메타버스가 현실세계에 가깝게 구현될수록 특정한 상품이나 영업의 주체를 혼동시키거나, '샤넬', '맥도날드' 등 잘 알려진 표시(저명표시)를 희석시키거나, 특정 상품의 형태를 모방하거나, 그 밖에 타인의 성과를 도용하는 것에 해당하여 부정경쟁방지법 위반이 문제될 수 있다.78) 메타버스 사이에서도 서로 베끼는 경우가 발생할 수 있는데, 2021년 4월 20일에 디자인보호법이 개정되면서 화상디자인도 보호 대상에 포함되었기 때문에, 향후 이에 관한 법적 분쟁도 발생할 수 있다.

NFT의 경우에도 민팅 과정에서 지적재산권 이슈가 해결되지 않으면 커다란 장애가 발생한다. 에르메스의 허락 없이 발행된 버킨백 NFT가 에르메스의 법적 대응으로 인해 그 가치가 폭락한 것은 이미 널리 알려진 사실이며, 이중섭 등 유명 미술 작가의 작품의 NFT가 경매에 나왔다가 유족들의 저작권 침해 지적으로 경매가 취소되기도 하였다.79) 현재는 정부 차원에서 『NFT 거래 시 유의해야 할 저작권 안내서』를

발간하여 NFT 거래에서 지적재산권 문제가 없는지 확인해야 한다는
점을 자세히 안내하고 있다.[80]

　사실, 지적재산권뿐만 아니라 이 책에서 다루거나 언급하고 있는 수많
은 법제가 가상세계에 침투하는 현실세계의 법들이다. 메타버스 플랫폼
운영자들은 메타버스 이용자들의 개인정보와 관련하여 개인정보법을 지
켜야 하고, 메타버스 내에서 불법정보가 유통되지 않도록 하기 위한 정
보통신망법의 규정을 지켜야 하며, 게임산업법에 따른 게임 규제가 적용
되기도 한다. 메타버스 내에서 디지털 재화가 판매되는 경우에는 전자상
거래법이 적용될 것이고, 큰 틀에서 보면 메타버스 플랫폼 운영자의 각
종 불공정행위나 남용행위에 대해서는 공정거래법이 적용될 것이다. 또
한, 메타버스 이용자들 사이의 디지털 성범죄에 대해서는 성폭력처벌법
과 청소년성보호법이 적용될 것이고, 인터넷 명예훼손에 관해서는 정보
통신망법이 적용되며, 이들 사이의 아이템 등을 둘러싼 사기행위에 대해
서는 형법의 사기죄와 민법의 불법행위 규정이 적용될 것이다. 최근에는
'메타커머스'라는 용어도 등장하고 있으며, 아바타를 위해 아이템을 구매

그림 2-1 | '메타커머스'

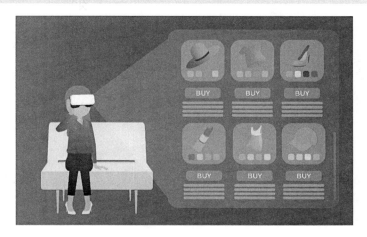

하는 현상을 'D2A'(Direct-to-Avatar)라고 부르기도 한다.[81] 그러나 이러한 아이템 구매와 착용은 결국 현실세계의 화폐를 사용하는 데에서 시작한다. 그러므로 현실세계의 전자상거래법의 적용을 받는다.

이처럼 아직까지는 가상세계와 가상세계 내에서의 활동이 현실세계에 영향을 미치는 경우에 비로소 법적인 문제가 야기된다. 거칠게 말하면 아바타나 디지털 재화는 디지털 정보에 불과한 것이고, 아바타는 스스로의 인격이나 감정이 없다. 그러므로 아바타가 아닌 해당 아바타를 이용하는 현실세계의 휴먼에 대한 영향이 핵심인 것이고, 따라서 가상세계에 대한 규율이 현실세계의 법을 중심으로 이루어지는 것은 당연한 일이다. 예를 들어, 메타버스 내 아바타가 다른 아바타를 괴롭힌 경우, 그러한 괴롭힘을 실제로 느끼는 사람은 현실세계의 이용자이다. 메타버스 플랫폼 운영자가 아바타의 어떤 활동을 금지한 경우, 그로 인해 부당함을 느끼는 것도 아바타가 아니라 현실세계에 존재하는 이용자 자신이다. 누군가의 창작물이 메타버스 내에서 무단으로 복제되어 판매되었을 때, 그로 인해 재산상의 이익을 얻는 것도 현실세계의 인간이며, 피해를 보는 것도 현실세계의 인간이다.

메타버스는 '디지털 박제'와 '잊힐 권리'에 대한 논란도 증폭시킬 수 있는데, 이 역시 현실세계의 문제이다. 인터넷이 발달하고 웹 2.0의 시대가 도래하면서 네티즌은 수동적으로 정보를 수집하는 것을 넘어 적극적으로 정보를 생산하는 주체가 되었다. 다양한 형태의 SNS가 활성화되었고 개인의 생각이나 의견, 활동 등이 여러 형태의 데이터로 저장되었다. 그리고 NFT의 발전은 이러한 저장 가능성과 저장 범위를 크게 확장시키고 있다.

그 결과, 과거 어리고 젊던 시절의 철없던 행동이나 간단한 실수조차 전부 기록이 남아 지우기 어렵게 되었다. 이러한 현상이 정치인들이나 오피니언 리더, 인플루언서들의 자질을 검증하고, 사회의 투명성을 높이는 데 기여하는 등 장점이 있는 것은 분명하다. 그러나 사람은 누

구나 실수를 하면서 사회적으로 성장하는 존재임에도 불구하고 이와
같은 '디지털 박제' 현상으로 인해 사람들 사이의 관계가 삭막해지고,
사소한 실수도 용납되지 못한 채 서로 비난하고 정치적으로 양극화되
는 사회가 되고 있는 것도 사실이다. 이제 '잊힐 권리'는 단순히 개인정
보의 보관 및 삭제에 관한 이슈에 그치지 않는다. 고도화된 가상융합기
술, 웹 3.0의 시대와 더불어 등장한 메타버스에서 '디지털 박제'와 '잊
힐 권리'는 어떻게 작동할 것인지, 디지털 박제 현상이 강화될 것인지
아니면 아바타를 통한 익명성이 개인들을 보다 자유롭게 할 것인지, 그
리고 이들을 둘러싼 법제도는 어떻게 발전할 것인지 자못 흥미롭다. 여
하튼 분명한 것은 이러한 법제도는 현실세계의 인간에 대한 것이고 현
실세계의 인간을 위한 것이라는 점이다.

2. 현실세계의 법에 대한 도전

가. 현실세계 법의 적용 문제

그러나 가상세계의 고도화는 현실세계의 규범에 많은 고민을 던져줄
것이고, 실제로 던지고 있다.

디지털 휴먼 또는 아바타(메타휴먼)의 경우, 근원적인 고민은 이들의
메타버스 내 활동에 현실세계의 규범적 기준을 적용할 수 있는지, 적용
할 수 있다면 그대로 적용할 것인지 변용할 것인지, 변용한다면 어느
정도로 변용할 것인지이다. 미래지향적인 견해에 의한다면 가상세계·
가상사회에 그 고유의 규율이 마련되어야 한다는 주장도 가능할 것이
고, 반대로 현재의 현실세계 법으로도 충분히 규율할 수 있다는 주장도
가능할 것이다. 몇 가지 예를 들어 보자.

현실의 배우자가 있는 이용자가 자신의 아바타를 통해 메타버스 내
에서 다른 아바타와 결혼을 하는 경우, 이를 어떻게 취급할 것인가? 과
거에 '리니지' 등에서 가상 결혼식이 있었던 것을 보면 이는 얼마든지
예상할 수 있는 상황이다. 이러한 경우에는 그 정도에 따라 다르겠지

그림 2-2 | 메타버스 내 가상 결혼

만, 아마도 민법상 불법행위 책임이 인정될 수 있을 것이다. 그러나 위와 같은 아바타와의 결혼이 민법 제810조에 따라 금지되는 중혼(重婚)에 해당한다거나 민법 제840조 제1호의 재판상 이혼사유로서의 '배우자의 부정행위'에 해당할 수 있는지에 대해서는 더 많은 논의가 필요하다. 또한, 메타버스 내에서 아바타끼리 결혼을 했다가 메타버스 내에서 다른 아바타와 소위 '바람'을 핀 경우에는 민법상 불법행위에 해당할 수 있을지 단정하기 어렵다. 이와 같은 아바타 간 불륜은 이미 일본에서 문제된 적이 있다.[82] 나아가, 이러한 경우에 아바타가 배우자인 아바타의 이혼을 요구하고 이를 법적으로 실현시킬 방법이 있을까?

또 다른 예를 들어 보자. 메타버스 내 아바타가 다른 아바타의 명예나 신용을 훼손하는 경우에는 어떠한가? 아바타가 인격이 없는 이상 피해 아바타의 명예나 신용이 훼손된다고 보기는 어렵겠지만, 피해 아바타를 이용하는 이용자와의 관계는 제법 복잡할 수 있다. 이 경우, 피해 아바타의 이용자가 지니는 현실세계의 명예나 신용이 훼손된 것으로 볼 수 있을까? 아니면 아바타라는 디지털 재화의 가치를 감손시킨 것으로 볼 수 있을 것인가?

이번에는 메타버스 내에서 발생하는 거래의 경우를 살펴보자. 메타버스 이용자가 다른 이용자에게 메타버스 내에서 제공되는 사용자 도구(user tool)을 이용하여 메타버스 안에 건축물, 게임 콘텐츠 등의 제작을 의뢰하였는데 제대로 이행되지 않은 경우, 이는 현실세계의 민법에 따른 채무불이행이나 불법행위 책임으로 규율될 수 있다. 그러나 다른 이용자에게 메타버스 내에서의 용역을 제공하고 그 대가로 메타버스 내에서 유통되는 화폐(디지털 화폐)나 일정한 디지털 자산을 지급받는 활동을 지속적으로 하는 경우, 디지털 화폐나 자산을 현금화할 수 있는 수단이 마련되어 있지 않는 이상, 그러한 이용자가 상법상 상인으로서 상행위를 하였다고 단정하기 어렵다. 위와 같은 디지털 화폐나 자산을 세법상으로 어떻게 취급할 것인지도 현재로서는 명확하지 않다.

메타버스에서 거래되는 디지털 상품 내지 자산을 지적재산권으로만 취급할 것인지 아니면 민법의 물건 개념에 포함시킬 것인지도 논의가 필요하다. 일단, '로블록스'나 '제페토' 등에서 이용자가 사용자 도구를 통해 제작한 결과물은 그 지적재산권이 '로블록스', '제페토' 운영자(메타버스 플랫폼)에 귀속된다는 점이 그 이용약관에 명시되어 있고, 이는 다른 메타버스 플랫폼에서도 대체로 유사하다. 그러나 NFT의 경우에는 논란이 있는데, NFT는 민법상 물건에 해당할 수 있다는 견해도 있고,[83] NFT 구매는 소유권 이전이 아닌 지적재산권 라이선스를 부여받은 것에 불과하다는 견해도 있다.[84] 그리고 이용자가 생성한 데이터가 소유권의 대상이 될 수 있는지와 같은 문제도 해결하기 쉽지 않다. 참고로, 데이터를 소유권의 대상으로 할 것인지에 대해서는 다양한 논의가 있었는데, 최근 제정된 데이터산업법과 개정된 부정경쟁방지법에서는 데이터를 소유권의 대상으로까지 인정하지는 않고, 데이터에 대한 부정사용을 방지하는 방향의 보호 체계를 도입한 바 있다.

한편, NFT는 기존의 지적재산권 제도의 적용에도 어려 어려움을 가져온다. 대표적인 것이 권리소진원칙의 적용 여부이다. 저작권법에는 권리소진(exhaustion of right) 또는 최초판매원칙(first-sale doctrine)이 인정되고 있는데, 쉽게 말하자면 지식재산권자가 자신의 저작물을 타인에게 판매하면, 그 타인이 지식재산권자의 허락 없이 제3자에게 해당 저작물을 다시 양도하더라도 이는 저작권 침해가 되지 않는다는 원칙을 말한다. 예를 들면, 어떤 소설책을 구매한 다음 이를 중고장터에 판매하는 경우, 해당 소설책의 저작자의 허락을 받을 필요가 없다. 우리 저작권법 제20조는 "저작자는 저작물의 원본이나 그 복제물을 배포할 권리를 가진다. 다만, 저작물의 원본이나 그 복제물이 해당 저작재산권자의 허락을 받아 판매 등의 방법으로 거래에 제공된 경우에는 그러하지 아니하다."라고 규정하고 있는데, 여기서 단서 조항이 배포권의 권리소진을 명시한 규정이다. 그런데 위와 같은 원칙은 오프라인 상품에 대해 확립된 것이기 때문에, 디지털 저작물의 재판매에 대해서도 적용되는지에 대해 논란이 있었다. 이러한 문제는 NFT의 경우 더욱 가중되는데, 현재 대부분의 NFT 거래는 디지털 저작물(파일) 자체가 거래되는 것이 아니라 해당 디지털 저작물을 표상하는 메타데이터만을 이전하는 것이기 때문이다. 여기서 NFT 거래, 즉 메타데이터의 이전을 과연 저작물의 배포로 보고 권리소진의 원칙을 적용할 수 있는지 논란이 발생하고 있다.[85]

이 외에도 XR 기술과 메타버스 환경을 교육, 훈련, 제조, 검사 등 산업적 측면에서 활용하였을 때에도 충돌이 발생할 수 있다. 우리나라에서는 대부분의 법들이 영업에 관한 인허가를 부여할 때 특정한 장소와 설비를 갖출 것, 즉 물적 요건을 갖추도록 요구하고 있기 때문이다. 그러므로 메타버스 환경에서의 교육이나 훈련이 실제 교육이나 훈련을 완전히 대체하지는 못하더라도 일정 부분 교육·훈련을 이수한 것으로 인정되거나, 산업 현장에서 제조·검사 과정에 XR 기술과 메타버스를 활용하는 것이 산업 안전 측면에서 허용되고, 별도의 사무실이나 작업장이 없고 메타버스 환경에서만 사업이 이루어지는 경우를 대비하여 인허가 기준을 변경하는 등의 변화가 요구될 것으로 보인다.

나. 현실세계 법의 집행 문제

지금까지의 논의는 현실세계의 법이 가상세계에 적용될 수 있는지의 문제이다. 그런데 법이 적용될 수 있다는 점이 그러한 법이 실제로 집행되는 것을 담보하지는 않는다. 즉, 법의 적용가능성과 집행가능성은 별개의 문제이다. 그리고 메타버스에서는 현실세계의 법이 적용되더라도 가상사회로서의 특징 때문에 법의 집행 과정에서의 곤란이 증가될 수 있다.

예를 들면, 메타버스 이용자들의 메타버스 내에서의 행동이 타인의 현실세계에서의 명예를 훼손하거나 디지털 성범죄에 해당하는 등에 해당하는 경우에는 당연히 현실세계의 법인 정보통신망법이나 성폭력처벌법이 적용된다. 이러한 것들은 기존의 사이버 공간에서 발생하던 문제들과 크게 다르지 않다. 즉, 그 자체로는 메타버스 특유의 법적 문제라고 보기는 어렵다.

그러나 기존의 사이버 범죄는 게시물 형태로 이루어지는 경우가 많았기 때문에 화면 캡쳐와 같은 방법으로 증거를 수집하기가 그나마 용이한 편이었다. 그러나 이용자들이 아바타를 통해 3차원 공간에서 다양한 활동을 하는 메타버스의 특징상, 그 안에서 아바타의 특정 행동을 통해 명예를 훼손하거나 성희롱을 하는 경우 등에는 증거 수집이 더 어렵게 된다. 그간 '제페토'에서 스토킹이 발생하거나 '로블록스'나 '마인크래프트'에서 아동을 상대로 성적인 움직임을 요구하여 문제가 된 적이 있었는데,[86] 현재 '제페토'에서는 아바타들이 이용할 수 있는 공간인 '월드' 내에 신고 시스템을 구축하고, '호라이즌 월드'의 경우에도 아바타 사이에 최소 4피트 이상의 거리를 두도록 하는 '4피트 룰'을 적용하는 등 여러 방지조치를 강구하고 있다. 이처럼 메타버스 플랫폼 운영자 스스로 많은 노력을 기울이고 있고, 제6장 2.항에서 살펴보는 것처럼 이러한 행위를 처벌하기 위한 법률 개정안까지 발의된 상태이지만, 향후 HMD와 같은 VR 기기에 음성인식기술, 통신기능이 부가되고 인공지능에 따른 다양한 기능이 추가될 경우, 아바타를 통한 언어적 폭력, 메타버스를 통한 테러 조직원 모집 등 각종 범죄행위가 손쉽고 은밀하게 발생할 수 있는데, 이에 대한 실효적인 예방, 조사 및 제재 방안을 찾는 것은 난제가 될 수 있다.

이러한 상황은 민주사회에서 표현의 자유와의 관계에서 추가적인 논란거리가 될 수 있다. 예컨대, 디지털 성착취물의 경우, 현재 전기통신사업법 제22조의5에 따라 부가통신사업자(네이버, 카카오 등 인터넷에서 일정한 서비스를 제공하는 사업자는 모두 부가통신사업자이다)는 불법촬영물 등의 유통 방지를 위한 기술적·관리적 조치 의무를 부담한다. 이들 사업자는 같은 법 시행령 제30조의5에 따라 불법촬영물 등으로 의심되는 정보에 대해 신고·삭제 요청을 받으면 그에 따른 조치를 취해야 하며, 만약 불법촬영물 등에 해당하는지 판단하기 어려운 경우에는 방심위에 심의를 요청하여 그 결과에 따라 삭제나 접속차단 등 조치를 취하게 된다. 그리고 같은 시행령 제30조의6에서는 부가통신사업자가 이용자가 게재하려는 정보의 특징을 분석하여 기존의 불법촬영물 등과 비교·식별하고, 그 정보의 게재를 제한하는 조치를 해야 한다. 또한, 정보통신망법 제44조의9에 따라 정보통신서비스 제공자(인터넷으로 정보를 제공하거나, 정보 제공을 매개하는 자가 정보통신서비스 제공자이므로 네이버, 카카오 등 다수의 인터넷 기업들이 모두 부가통신사업자에 해당한다)는 불법촬영물 등의 유통을 방지하기 위한 책임자를 지정해야 한다.

이상과 같은 의무들은 'n번방' 사건의 여파로 2020년 5월에 관련 법이 개정된 결과이다. 법 개정안이 제안되었을 때 과도한 의무라는 학계의 비판이 있었지만, 당시의 사회적 분위기 속에서 여야 합의로 일사천리로 법이 개정되었다.[87] 그런데 현재의 여당 의원들 중 50여 명이 국회 본회의에서 찬성을 한 법안임에도 불구하고 대선 과정에서 현재의 여당 중심으로 다시 비판이 제기되었다.[88] 여기서 특히 문제된 것은 네이버, 카카오 등 인터넷 기업들이 사전에 불법촬영물을 인공지능 기술 등을 통해 미리 식별하여 차단하는 것이었는데, 이는 헌법상 금지되는 검열이라거나 인터넷 기업들에 대한 과도한 의무라는 비판과 디지털 성범죄의 파급효과를 고려할 때 불가피하다는 반론이 팽팽하게 대립하였다.

그런데 불법촬영물의 경우에는 일단 한 번 유포가 되면 이를 사회에서 완전히 박멸하는 것은 사실상 불가능하다. 누군가의 PC나 스마트폰에 저장되면 언제든 다시 퍼질 수 있기 때문이다. 게다가 이러한 전파 속도는 믿을 수 없을 정도로 빨라서 고작 몇 분의 시간만으로도 충분할 때가 많다. 그러다 보니 불법촬영물의 대상자, 즉 피해자 입장에서는 나중에 신고나 삭제 요청을 하고, 경찰에 고소를 하여 가해자를 찾아내고 처벌을 받게 하며, 민사소송이나 범죄피해자 구제 제도를 통해 손해배상을 받더라도 완전한 피해 회복은 어렵게 된다. 디지털 파일의 특성상 신고나 삭제 요청에 따른 조치를 아무리 빨리 하더라도 그 전파 속도를 따라갈 수 없으며, 특히 방심위의 심의 절차를 거쳐야 하는 경우라면 더더욱 그러하다. 경찰의 압수·수색도 검찰의 영장 청구와 법원의 영장 발부라는 절차를 거쳐야 하기 때문에 아무리 신속하게 처리하고자 하더라도 한계가 분명하다.

게다가 사이버 범죄의 발생과 증가 속도까지 엄청나서, 현재 2,300명 정도의 경찰 인력만으로는 대응이 매우 버거운 것이 현실이다. 경찰청의 통계에 따르면 2014년에 110,109건이었던 사이버 범죄는 2020년에 234,098건으로 2배 이상 증가했는데, 이 중 인터넷을 통한 사기와 같은 정보통신망 이용범죄가 2020년에 199,594건(사이버 사기 174,328건, 사이버 금융범죄 20,248건 등)으로 압도적인 비중을 차지하고 있고, 그 외에 성착취물 등을 유통하는 불법 콘텐츠 범죄가 30,160건, 해킹과 같은 정보통신망 침해범죄가 4,344건이다.[89] 따라서 디지털 성범죄에 투입

될 수 있는 경찰 인력은 더더욱 한정적일 수밖에 없다.

그리고 사이버 범죄에 대한 조사·수사 부담은 위와 같은 발생 건수 통계만으로는 정확히 파악되지 않는다. 어떤 사람 1명이 물리적 폭력을 행사한다 한들 폭탄 테러와 같은 극히 예외적인 경우가 아닌 이상 그 피해자는 몇 명 이하에 그치는 경우가 대부분이지만, 사이버 범죄에서는 1명의 범죄자가 수천, 수만 건의 범죄를 순식간에 저지를 수도 있다. 즉, 사이버 범죄 1건을 처리하더라도 그 부담이 만만치 않을 수 있다는 것이다. 이런 상황에서 수사기관에 신고가 들어오면 일일이 접수 절차를 거쳐 서류 처리를 하고 영장주의를 비롯한 제반 절차를 정확히 거쳐야 하는데, 그렇지 않으면 적법절차원칙 위반이 되어 나중에 재판에서 문제가 되기 때문이다. 그렇다고 서류 처리가 전부 자동화되어 있지도 않고, 자동화되기도 어렵다. 사정이 이렇다 보니, 불법촬영물이나 각종 사이버 범죄의 피해자들은 사건 처리가 느리다고 불만이고, 현장의 경찰 인력들은 그들대로 업무 과중에 시달리고 있는 형편이다. 여기에 경찰 인력을 늘리는 것도 쉽지 않다.

그렇다면 선택을 해야 한다. 물론, 헌법 제21조 제2항에 따라 금지되는 검열은 행정권이 주체가 된 사전 검열이기 때문에[90] 인터넷 기업이 불법촬영물을 인공지능 기술 등을 통해 사전에 필터링 하는 것을 헌법에서 금지하는 검열로 볼 수는 없겠지만, 그렇다 하더라도 법에 의해 그러한 사전 필터링이 강제된 이상, 표현의 자유에 대한 침해 논란이 완전히 해소되기는 어렵다. 여기서 표현의 자유를 보장하기 위해서는 사전 모니터링이나 필터링을 포기하고 피해자나 제3자의 신고를 간편하게 하고 그 처리를 신속하게 하는 방법을 택해야 하는데, 앞서 설명한 것처럼 이러한 방법으로는 디지털 파일의 전파 속도를 따라 잡을 수 없다. 즉, 표현의 자유를 보장받으면서 불법촬영물 등에 의한 피해를 완전히 제거하는 방법은 현재로서는 없어 보인다. 따라서 표현의 자유의 침해를 감수하면서 현재와 같은 사전 필터링을 강제하던가, 불법촬영물 등에 의한 피해의 완전한 제거가 불가능함을 용인하면서 표현의 자유를 보장받던가 둘 중의 하나를 선택할 수밖에 없는 것 같다.

설명이 좀 길어졌는데, 이처럼 현재에도 디지털 성착취물과 같은 불법촬영물에 대한 법의 실효적 적용과 집행을 둘러싼 논란이 해소되지 않고 있는 상황에서, 메타버스 환경에서 증거의 수집이 더욱 어려워질 경우 위와 같은 논란은 더욱 커질 수 있다는 점이 요지이다.

한편, 메타버스가 글로벌 차원에서 제공되는 서비스라는 점은 메타버스와 관련된 여러 문제들에 대한 실효적인 법 집행을 더욱 어렵게 할 수 있다. 증거 수집도 곤란하지만, 국내법을 잘 준수하지 않는 해외 사업자들이 지금도 꽤나 있기 때문이다. 예컨대, 방통위가 정보통신망법 제44조의7 제2항, 제3항에 따라 정보통신서비스 제공자에게 정보처리의 거부·정지·제한을 명하면 국내 사업자나 해외의 주요 사업자들은 여기에 응하여 해당 콘텐츠나 정보를 삭제하는 등 조치를 취하지만, 특히 음란물 등 불법정보의 유통을 주된 수익원으로 하는 해외 사업자들은 이에 불응하는 경우가 많다. 이 경우에는 해당 사이트가 불법 사이트라고 경고하면서 접속을 막거나, 불법 사이트의 서버 접속 자체를 막는 수밖에 없다. 전자를 DNS(Domain Name System) 차단 방식, 후자를 SNI(Server Name Indication) 차단 방식이라고 하는데, 이러한 경우에도 우회가 가능하다. 그리고 다른 주소로 새로운 사이트를 여는 것도 얼마든지 가능하다. 그렇기 때문에 지금도 해외에서 불법 사이트를 운영하는 사업자들과 수사기관 사이에 끊임없는 숨바꼭질이 이루어지고 있는데, 메타버스 환경은 이에 따른 어려움을 가중시킬 수 있다. 게다가 DNS 차단 방식이나 SNI 차단 방식처럼 사이트 이용 자체를 막는 방식은 항상 표현의 자유와 사이에서 긴장과 갈등을 일으키는 요소이기도 하다.

이 밖에도, 메타버스 외에도 기존의 다양한 글로벌 차원의 디지털 서비스에 대해서도 국내법의 적용과 집행 사이에 일정한 괴리가 발생하고 있었는데, 메타버스는 그 내부 활동의 다양성과 예측불가능성으로 인하여 위와 같은 괴리를 가중시킬 우려가 있다. 게다가 최근 글로벌 빅 테크 기업의 시장지배력이 강화되는 상황이기 때문에 해외 기업이 국내법 집행에 제대로 응하지 않을 수 있다는 걱정이 더욱 커질 수 있다(인앱(in-app) 결제를 둘러싼 구글과 애플(Apple)의 대응을 생각해 보라[91]). 물론 국내법의 규제가 글로벌 스탠다드에 맞지 않게 과도한 것이 문제의 근원일 때도 있지만, 규제라는 것은 각 사회의 특수성을 반영하는 것이기 때문에 나라별로 다를 수밖에 없고, 따라서 해외 기업의 국내법 준수를 확보하는 것은 원칙적으로 그 사회의 유지와 발전을 위해 중요한 일이다.

3. 정리 - 가상세계의 법?

메타버스에 대한 법의 적용과 집행에 있어 우선적으로 구별해야 할 것은 어떤 사회적인 문제나 현상이 메타버스로 인한 특유의 문제인지 아니면 기존의 SNS나 사이버 공간에서 발생하였던 것들이 반복되고 있는 것에 불과한 것인지이다. 또한, 메타버스 그 자체의 문제인지 아니면 이를 오용하거나 악용하는 일부 이용자들의 문제인지도 구별할 필요가 있다. 예를 들면, 메타버스 내 채팅 기능을 이용하여 청소년들에게 음란한 메시지를 보내는 것은 메타버스 고유의 문제도 아니고, 일부 이용자들이 정상적인 기능을 오용함에 따라 발생하는 문제일 뿐이다. 이러한 문제는 예전부터 있어 왔고, 이미 마련되어 있는 현실세계의 법을 적용하면 된다. 사업자들도 자체적으로 신고 기능이나 채팅 차단 기능 등을 마련하여 두는 경우도 많다. 그러므로 이러한 문제들이 마치 메타버스로 인하여 발생한 문제인 것처럼 과장해서는 안 된다.

주목해야 할 지점은 메타버스의 고도화로 인하여 기존의 규범이 적용되지 않거나 집행이 곤란해지는 부분인데, 아직까지는 너무 과민반응할 상황은 아닌 것 같다. 물론 머지않은 장래에 메타버스 내의 현상 및 활동에 대한 기존의 현실세계의 법이 어려움을 겪게 될 수 있다. 이 때, 현실세계의 법은 가상공간에서 일정한 사회적·문화적·경제적 활동이 글로벌 차원에서 일어난다는 특수성을 고려한 규범으로의 변모가 요구될 것이다. 이 장에서 언급한 사례들 외에도, 알고리즘을 이용한 맞춤형 광고, 암호화폐, DeFi, 탈중앙 자율조직(Decentralized Autonomous Organization; DAO) 등 새롭게 발전하는 기술이나 사업모델이 메타버스 환경에 적용되면서 이를 둘러싼 다양한 법적 쟁점이 제기될 수 있으며, 이에 따라 기존의 규범들은 상당한 도전에 직면하게 될 것이다. 법의 적용과 집행 모두에 있어서 말이다.

그리고 세월이 더 흐르면 아바타의 인격권이나 헌법상 기본권 주체성을 인정해야 한다는 논의도 등장할지 모른다. 메타버스 내에서 사법시스템을 구축하자는 이야기도 나올 수 있다. 메타버스 내에서 법정이 열린다면 판사는 누가 하고, 변호사는 누가 할 것인가? 형사사건이라면 검사와 경찰은 누가 할 것인가? 아바타가 할 것인가 인공지능을 지닌 NPC(Non-player Character)가 할 것인가? 체포는 어떻게 하고, 구금은 어떻게 할 것이며, 징역은 어떻게 살게 할 것인가? 혹시라도 가상세계 고유의 법이 만들어진다면, 그것이 어떤 모습을 띠게 될지 자못 궁금하긴 하다.

메/타/버/스/와/법

메타버스와 콘텐츠 규제,
그리고 규제의 탈(脫) 게임화

메타버스와 콘텐츠 규제, 그리고 규제의 탈(脫) 게임화

메타버스는 이용자들의 다양한 활동을 포괄하는 공간이기 때문에 그 안에서 이용자들은 게임을 즐길 수도 있고, 상호 간 네트워킹을 할 수도 있지만, 메타버스 자체가 게임이나 SNS와 동의어는 아니다. 메타버스는 미디어의 기능을 할 수도 있고, 교육이나 훈련의 공간이 될 수도 있으며, 산업에 필요한 공간이 될 수도 있다.

그런데 그간의 메타버스에 관한 논의는 게임이나 SNS 위주로 이루어져 왔고, 이로 인해 메타버스에 대해서도 그 내용에 대한 규제가 문제되고 있다. 또한, 게임도 메타버스가 될 수 있다면 메타버스는 그냥 고도화된 게임 콘텐츠에 불과한 것 아닌가 하는 생각이 들 수도 있다. 어떤 경우든 메타버스에 대한 논의가 특히 게임을 중심으로 한 내용규제의 문제로 전개되는 것은 메타버스의 발전 측면에서 그다지 바람직해 보이지는 않지만, 그렇다고 이 문제를 회피할 수도 없다.

이하에서는 콘텐츠 내용규제가 무엇이고, 메타버스 환경으로 인해 기존의 내용규제 체계가 어떠한 도전에 직면하게 될 것인지 살펴보고자 한다. 그리고 기존의 게임 규제의 문제점을 짚어보고 현 단계에서

게임 규제가 전방위적으로 확산되는 것을 막기 위한 수단으로 '규제의
탈(脫) 게임화'라는 방안을 제시해 보았다.

1. 크리에이터의 세상과 콘텐츠 내용규제

가. 콘텐츠의 의미

이 장의 논의를 위해서는 우선 콘텐츠의 의미부터 분명히 할 필요가
있다. 통상적으로 게임물, 영상물, 음원 등은 흔히 '콘텐츠'라고 부르는
경우가 많고, 최근의 기술 발전에 따라 디지털화된 게임물 등은 '디지
털 콘텐츠'로 지칭된다. 이러한 일상적 용례는 '내용(물)'이라는 콘텐츠
의 어의(語義)에 부합한다. 그러므로 일반적으로 사용되는 콘텐츠라는
표현은 매체물에 가깝다고 할 수 있으며, 이 책의 제1장과 제2장에서
도 콘텐츠는 이러한 의미로 사용하여 왔다. 실제로 업계에서는 표현물
또는 매체물을 콘텐츠로 불러 왔고, 디지털화된 표현물 또는 매체물은
자연스럽게 디지털 콘텐츠로 부르게 되었다.

그런데 콘텐츠 관련 법률에서 정의하는 콘텐츠는 이와 또 다른 의미
를 지니고 있어 혼란을 가져온다. 콘텐츠산업법 제2조 제1호의 "콘텐
츠", 문화산업법 제2조 제5호와 정보통신융합법 제2조 제7호의 "디지털
콘텐츠", 이러닝산업법 제2조 제2호의 "이러닝 콘텐츠"는 "자료 또는
정보"를 뜻하는 것이고, 여기에는 소프트웨어나 응용프로그램도 포함되
며 매체물에 국한되지 않는다. 반면, 문화산업법 제2조 제7호의 "멀티
미디어콘텐츠"는 매체물에 보다 가까운 개념이다. 이 외에, 전기통신사
업법 제2조 제13호는 "앱 마켓사업자"를 정의하면서 "모바일콘텐츠"라
는 용어를 사용하고 있는데, 이 또한 그 맥락상 이동통신기기에서 사용
되는 게임물이나 영상물, 음원 등 매체물을 의미하는 것으로 해석된다.

표 3-1 | 콘텐츠의 법적 정의

개념	법적 근거	정의
콘텐츠	콘텐츠산업법 제2조 제1호	부호 · 문자 · 도형 · 색채 · 음성 · 음향 · 이미지 및 영상 등(이들의 복합체를 포함한다)의 **자료 또는 정보**
디지털콘텐츠	문화산업법 제2조 제5호 정보통신융합법 제2조 제7호	부호 · 문자 · 도형 · 색채 · 음성 · 음향 · 이미지 및 영상 등(이들의 복합체를 포함한다)의 **자료 또는 정보**로서 그 보존 및 이용의 효용을 높일 수 있도록 디지털 형태로 제작하거나 처리한 것
이러닝 콘텐츠	이러닝산업법 제2조 제5호	전자적 방식으로 처리된 부호 · 문자 · 도형 · 색채 · 음성 · 음향 · 이미지 · 영상 등 이러닝과 관련된 **정보나 자료**
멀티미디어 콘텐츠	문화산업법 제2조 제7호	부호 · 문자 · 도형 · 색채 · 음성 · 음향 · 이미지 및 영상 등(이들의 복합체를 포함한다)과 관련된 미디어를 유기적으로 복합시켜 새로운 **표현기능 및 저장기능을 갖게 한 콘텐츠**
(참고) 앱 마켓사업자	전기통신사업법 제2조 제13호	부가통신역무를 제공하는 사업 중 **모바일콘텐츠 등을 등록 · 판매**하고 이용자가 **모바일 콘텐츠 등을 구매**할 수 있도록 거래를 중개하는 사업을 하는 자

이처럼 콘텐츠의 개념에 대해 혼선이 없지 않지만, 이 글에서는 일상적인 용례에 따라 콘텐츠와 디지털 콘텐츠를 표현물·매체물을 지칭하는 의미로 사용하고자 한다. 이러한 맥락에서 보면 청소년보호법 제2조 제2호의 매체물 개념이 흔히 사용되는 디지털 콘텐츠의 개념을 파악하는 데 있어 더 유용한 측면이 있는데, 위 조항에서 말하는 매체물에는 영화비디오법상 영화 및 비디오물(가목), 게임산업법상 게임물(나목), 음악산업법상 음반, 음악파일, 음악영상물 및 음악영상파일(다목), 공연법에 따른 공연(라목), 방송법에 따른 방송프로그램(바목), 신문법에 따른 신문(사목), 정기간행물법에 따른 간행물(아목), 출판법에 따른 간행물(자목),

옥외광고물법에 따른 옥외광고물(차목) 등이 모두 포함된다.

한편, 뒤에서 살펴볼 게임산업법의 게임물의 정의에는 기기나 장치도 포함되기 때문에 게임물이 반드시 매체물에 국한되지 않는다는 점에 주의를 요한다. 그렇지만 메타버스에서 문제되는 것은 위와 같은 게임물 중 매체물로서의 게임물, 즉 흔히 말하는 디지털 콘텐츠의 일종으로서의 게임을 가리킨다.

나. 칸막이식 규제 체계

어느 나라나 표현물에 대해서는 내용규제라는 것이 있다. 표현물의 내용에 대한 일정한 심의를 뜻하는 것인데, 정부가 주도하는 사전 검열을 의미하는 것은 전혀 아니다. 정부의 사전 검열은 우리 헌법상 위헌이고 대부분의 선진국에서도 마찬가지이다. 과거 악명 높던 공연윤리위원회의 사전심의는 헌법재판소가 여러 차례에 걸쳐 위헌 결정[92]을 내림으로써 완전히 사라졌고, 공연윤리위원회의 사전심의를 대체하여 등급분류제도가 도입된 이후 영등위가 등급분류를 보류하는 결정을 통해 사실상 영상물의 유통을 가로막을 수 있었던 등급분류보류제도에 대해서도 위헌 결정이 내려졌다.[93] 이 외에도 헌법재판소는 외국비디오물 수입추천제도, 외국음반 국내제작 추천제도, '제한상영가 영화'를 '상영 및 광고·선전에 있어서 일정한 제한이 필요한 영화'라고 불명확하게 정의하던 영화비디오법 규정에 대해서도 위헌으로 선언하였으며,[94] 이와 더불어 사회의 민주화와 시민의식의 변화 속에 헌법상 표현의 자유를 가로막던 과거의 잘못된 제도들이 하나둘씩 소멸해갔다.

현재는 표현물에 대해 등급분류제도가 자리 잡은 상태이다. 표현물에 대해 청소년이용불가, 15세이용가, 12세이용가, 전체이용가 등 연령별 등급을 표시하도록 하는 제도인데, 게임산업법에 따른 게임물, 영화비디오법에 따른 영상물(영화, 비디오물), 음악산업법에 따른 음악영상물(뮤직비디오)의 경우에는 그 배급·유통 전에 등급분류를 받아야 하며, 이를 어길 경우 형사처벌을 받는다. 다만, 이러한 사전 등급분류 체계

표 3-2 | PC/온라인/모바일/비디오 게임물 등급분류

※ 게임물관리위원회 자료를 바탕으로 가공

등급	내용
ALL 전체이용가	전체이용가: 누구나 이용할 수 있는 게임물
12 12세이용가	12세이용가: 12세 미만은 이용할 수 없는 게임물
15 15세이용가	15세이용가: 15세 미만은 이용할 수 없는 게임물
18 청소년이용불가	청소년이용불가: 청소년은 이용할 수 없는 게임물
TEST 평가용	시험용: 시험용 게임물
P 등급면제	등급면제: 등급분류를 받지 않는 게임물

는 실시간 표현물에는 적합하지 않기 때문에 방송법상 방송프로그램의 경우에는 방송사가 자체심의를 하여 연령표시를 하며, 이후 방심위가 해당 프로그램의 방영 이후 사후심의('방송심의')를 하여 심의기준에 위반한 경우에는 일정한 조치를 하는 구조를 지니고 있다. 만화나 웹툰에 대해서는 등급분류가 적용되지 않지만, '네이버 웹툰'이나 '카카오페이지'에서는 자체적으로 연령등급을 표시하고 있다.

   이 밖에, 거의 모든 매체물에 대해서는 청소년보호법상 청소년유해
매체물에 관한 규제가 적용되고, 인터넷 표현물에 대해서는 정보통신
망법에 따라 방심위에서 이른바 '(정보)통신심의'를 한다. 다만, 게임물,
영상물, 방송프로그램은 위에서 설명한 사전 등급분류, 방송심의와 같
은 별도의 내용심의를 받기 때문에 그러한 과정을 거친 이상 청소년유
해매체물에 해당하거나 별도의 통신심의의 대상이 되기는 어렵다.
   이상과 같은 규제 체계를 흔히 콘텐츠에 대한 내용규제라고 부른다.
그리고 각 표현물의 유형에 따라 적용되는 법률과 심의기관이 구별되
어 있기 때문에 이를 '칸막이식 규제 체계'라고 칭하기도 한다. 광고에
대해서도 콘텐츠 유형별로 서로 다른 규제 체계가 적용되고 있는데, 이
책에서는 이에 관한 자세한 논의는 생략한다.

다. 등급분류

   여기서 등급분류에 대해서는 조금 자세히 살펴보고자 한다. 현재 특
히 P2E 게임과 관련하여 문제가 되고 있기 때문이다.
   등급분류는 법적 보호를 받는 표현물을 일정한 기준에 따라 여러 등
급으로 나누는 것을 의미하는데,[95] 이러한 등급분류는 헌법상 표현의
자유를 침해하지 않으면서도 청소년을 보호하고, 부모의 자녀 양육권
을 보장한다는 측면에서 세계적으로 널리 활용되고 있는 제도로서,[96]
헌법재판소도 이에 대해 합헌으로 결정한 바 있다.[97]
   등급분류는 미국의 전미영화협회(Motion Picture Association; MPAA)에서
자국 영화를 상대로 시작된 것이 시초로 알려져 있다. 1910년대에 영
화가 등장한 이후, 영화 산업이 발전하면서 일부 영화의 외설과 폭력성
으로 인해 논란이 일었는데, 1930년에 할리우드의 영화사들이 모여 흔
히 'Hays Code'로 알려진 영화제작강령(the Motion Picture Production
Code)을 제정하여 자기 검열을 시작하였다.[98] 이후 전미영화협회는
1968년에 등급분류 체계를 정하였는데, 당시에는 G 등급(전부 관람가),

M 등급(성숙한 관객 관람가), R 등급(부모나 성인의 지도 없는 17세 미만 관람불가), X 등급(17세 미만 관람불가)으로 구분되어 있었다.[99] 이후, M 등급은 1969년에 PG(Parental Guidance) 등급으로 변경되었고, 1984년에는 PG-13 등급(부모나 성인의 지도 없는 13세 미만자 관람불가)이 추가되었으며, 1990년에는 X 등급을 대체한 NC-17 등급이 마련되었다.[100] 그리하여 현재는 G, PG, PG-13, R, NC-17 등급의 5단계 체계로 운영되고 있으며, 전미영화협회 산하의 등급분류기구(Classification and Ratings Administration; CARA)에서 독립적으로 등급을 판단하고 있다.

　여기서 주의할 점은 PG-13, R 등급은 13세 미만자나 17세 미만자에 대한 영화 상영을 전면 금지하는 것이 아니라는 점이다. 이는 부모의 지도, 즉 'Parental Guidance'에 따라 허용될 수 있다. 즉, 부모의 판단에 따라 자신의 아이가 조숙하다고 생각된다면 13세 미만이라도 PG-13 등급의 영화를 보여주어도 되는 것이다. 이와 같은 부모나 성인의 지도 유무와 상관없이 상영이 불허되는 것은 NC-17 등급뿐인데, 이는 대개 포르노 영화들이다. 그리고 위와 같은 역사에서 드러나는 것처럼 미국의 영화 등급분류 제도는 순수한 민간의 자발적 자율규제로 시작된 것이었고, 표현의 자유에 대한 국가적 개입을 방지하기 위한 선제적 방안이기도 하였다.

　반면, 일부 독자의 예상과는 달리, 프랑스의 경우에는 영화에 대한 심의제도가 국가 주도의 검열에서 시작되었으며, 1975년에 이르러서야 영화에 대한 사전 검열이 폐지되고 1990년에 이르러 등급분류제도가 체계화되었다.[101] 게다가 프랑스에서는 현재도 영화에 대한 상영허가제가 존재하며, 등급분류는 상영허가에 수반되어 부가된다.[102] 이에 따라 상영허가와 등급분류를 둘러싼 여러 법적 분쟁과 논란이 발생하였지만, 그럼에도 불구하고 프랑스는 영화의 등급에 대해 매우 개방적이고 관대한 태도를 지닌 나라로 인식되고 있다.[103] 이러한 사례는 어떤 제도의 성패는 제도 자체보다는 그 제도를 운영하는 사람에게 달려 있음을 보여준다.

등급분류에 관해 미국과 프랑스가 서로 다른 출발점을 지니기는 하였지만 현대에 이르러서는 비슷한 지점에 와 있다. 표현의 자유를 보장하되 국가의 개입을 최소화하며 민간의 자율을 존중하는 자율규제 모델을 택하고 있다는 점이다. 물론 미국은 순수 민간의 자율규제 방식이고, 프랑스는 국가가 내용규제의 큰 틀을 형성하면서 민간을 참여시키는 공동규제 방식을 취하고 있기는 하지만, 실제 결과에 있어 큰 차이가 두드러지는 것은 아니다.

이와 같은 등급분류는 이후 게임과 같은 다른 매체물로 확산되었으며, 특히 게임에 대해서는 미국의 오락소프트웨어등급위원회(Entertainment Software Rating Board; ESRB), 유럽의 범유럽게임정보기구(Pan European Game Informaion; PEGI), 일본의 컴퓨터오락등급기구(Computer Entertainment Rating Organization; CERO) 등의 자율기구가 설립되었다. 최근에는 디지털게임의 등급분류를 위해 국제등급분류연합(International Age Rating Coalition; IARC)이 설립되었으며, 구글, 오큘러스, 소니와 같은 다양한 앱 마켓 운영자들과 ESRB, PEGI, 우리나라의 게임위와 같은 심의기구도 여기에 참여하고 있다.

그런데 아래 2. 나. (3).항에서 살펴보겠지만, 우리나라의 영등위나 게임위는 사업자들이 조직한 협회나 단체가 아니기 때문에 순수한 민간 자율기구라고 보기에는 어려운 측면이 있다. 이에 따라 이들 위원회를 통한 등급분류는 표현의 자유 측면에서 여전히 논란이 제기되고 있고, 특히 게임의 경우에는 모바일 게임물이 등장한 이후 앱 마켓을 통한 모바일 게임물 유통이 급격히 늘어나면서 게임위를 통한 등급분류의 신속성이나 실효성 측면에서도 의문이 제기되었다.

이러한 상황적 배경 하에 게임물에 대한 자체등급분류제도가 단계적으로 도입되었는데, 2011년 4월에 게임산업법이, 같은 해 7월에 게임산업법 시행령이 각각 개정되어 앱 마켓에서 유통되는 모바일 게임물에 대해 자체등급분류제도가 부분적으로 도입되었고, 이후 2016년 5월에 게임산업법 개정으로 완전히 법제화되었다. 이 제도는 문체부장관으로부터 자체등급분류사업자로 지정받은 사업자가 자신이 제작하거나 유통하는 게임물에 대해 스스로 등급분류를 하는 제도인데, 등급분류 기준은 게임위의 기준을 사용하거나 게임위와 협약한 기준을 사용하기 때문에(게임산업법 제21조의3 제1항 제1호), 사업자단체가 주도하는 미국이나 유럽연합의 모델에 비해서는 자율성이 제한되어 있는 모델이다. 또한, 청소년 이용불가 등급은 게임위에서만 등급분류가 가능하고, 아케이드 게임물도 자체등급분류제도의 대상이 아니다(게임산업법 제21조의2 제3항). 현재 구글, 애플, 삼성전자, 소니(Sony), 마이크로소프트, 원스토어, 카카오게임즈, 오큘러스(Oculus), 에픽 게임즈 등이 자체등급분류사업자로 지정을 받은 상태인데, 자체등급분류사업자 지정요건이 까다로운 것은 여전히 문제이다.104) 제도 도입 이후에는 자체등급분류사업자에 의해 분류되는 게임물의 수가 압도적으로 많아 제도의 실효성을 실증하고 있는데, 예컨대 2020년에 게임위를 통해 등급분류를 받은 모바일 게임물은 400건인데 비해, 자체등급분류가 이루어진 모바일 게임물은 983,297건에 달한다.105)

　게임 외의 영상물의 경우에도 OTT가 등장하면서 비디오물(영화비디오법상 OTT에서 제공되는 비실시간 영상물은 비디오물에 해당한다)의 유통이 급격히 증가하였고, OTT에서 제공되는 오리지널 시리즈가 전 세계 동시 시청이 이루어지는 등의 상황 변화가 발생하였다. 이에 OTT에서 제공되는 영상물에 대해서도 신속하고 효율적인 등급분류를 위해 게임산업법과 유사한 형태의 자체등급분류제도 도입이 논의 중인데,106) 문체부는 이를 5대 핵심 과제로 선정한 바 있고,107) 그에 앞서 국회에 관련 법안들도 발의된 상태지만,108) 아직 입법에 이르지는 못하고 있다.

라. 현행 제도의 문제점

현행 칸막이식 규제 체계는 콘텐츠의 발전 및 다양화에 따라 그 변화에 대한 요구가 꾸준히 제기되어 왔다. 예를 들면, OTT가 등장하여 방송망이 아닌 인터넷망을 통해 실시간 동영상서비스가 송출되었는데, 이는 실시간 콘텐츠라는 점에서 현행 내용규제 체계상으로는 영화나 비디오물도 아니고, 방송망을 통해 전파되는 방송프로그램도 아닌 터라 등급분류의 대상이 되기 어려웠다. 그러다보니 이에 대해서는 방심위의 사후 통신심의만이 적용되었기 때문에 규제의 형평에 대한 논란이 제기되었다. 방심위의 사후 통신심의는 영상물에 대한 사전 등급분류나 방송프로그램에 대한 자체심의 및 사후 방송심의에 비해 그 규제 강도가 훨씬 약하기 때문이다. 이에 따라 영리를 추구하는 수많은 크리에이터들이 별다른 제약 없이 널리 활동할 수 있었고 관련 생태계가 크게 확장되었지만 저질 콘텐츠의 양산으로 인한 사회적 논란도 커졌고, 방송사조차도 '웹드라마'라는 형식을 통해 방송법의 자체심의와 방송심의를 우회하는 일도 발생하였다.

VR 기술을 활용한 실감 콘텐츠의 발달과 더불어 게임물과 영상물의 경계가 흐릿하게 되는 문제도 있다. 이에 관한 대표적인 사례가 VR 영화인 '화이트래빗'인데, 이 영화는 해외의 VR 영화제에 출품되었으나 국내에서는 게임으로 등급분류가 되는 바람에 영화관에서 상영조차 되지 못하는 아픔을 겪어야 했다. 그리고 고도화된 가상융합기술을 바탕으로 창조된 가상공간에서 이루어지는 메타버스라는 열린 생태계와 이용자들의 광범위한 프로슈머 활동은 콘텐츠에 대한 칸막이식 내용규제 체계에 더 큰 어려움을 야기할 것이다.

당장 떠오르는 문제는 메타버스 이용자, 특히 크리에이터들이 만들어 내는 콘텐츠를 내용규제 측면에서 어떻게 취급할 것인지이다. 이들이 메타버스에서 만들어 내는 것을 게임물, 영상물, 음악영상물, 인터넷 표현물 등 기존의 칸막이식 규제 체계 중 어디에 포함시켜야 하는지, 등급분류 기준을 정함에 있어 실감 기술에 따른 몰입감, 시각적 효과 등과 그것이 인체, 정신 건강 등에 미치는 영향은 어떻게 고려해야 하는지 등 어려운 문제가 발생할 것이다. 보다 근본적으로는 이러한 실제적인 문제점에 앞서 이들을 전통적인 내용규제의 대상인 콘텐츠로 보는 것이 타당한지에 대한 의문도 제기될 것이다. 그러나 일각에서 벌써부터 종전의 인터넷폐인, 게임폐인을 대신한 '메타폐인'에 대한 우려를 제기하고 있는 점109)을 감안하면, 청소년 보호를 목적으로 한 내용규제 강화에 대한 목소리도 높아질 수 있다. 특히, 우리나라와 같이 아동·청소년들에 대한 치열한 공부 경쟁이 강조되고, 학부모나 교단에서 인터넷이나 게임을 질병으로 취급하려는 경향이 강한 사회적 배경을 고려하면 이에 관한 사회적 논란은 지속적으로 커질 가능성이 높다. 이상의 논의는 메타버스 플랫폼의 역할 및 의무에 대한 논의로 이어지게 되는데, 이에 대해서는 제4장에서 별도로 다루기로 한다.

　등급분류는 최근 급격히 확장되고 있는 P2E 방식의 게임에서도 많은 논란을 야기하고 있다. 게임산업법 제32조 제1항 제7호, 같은 법 시행령 제18조의3에 따라 게임 머니·아이템의 환전은 금지된다. 또한, 게임 머니·아이템을 현금으로 환전할 수 있도록 제작되어 있는 게임은 사행성게임물로 취급되어 등급 자체를 부여받을 수 없다. 게임산업법 제2조 제1호 가목에서 사행성게임물은 게임물이 아닌 것으로 보고 있기 때문이다. 그래서 게임위는 게임물에 대해 등급분류를 하기 전에 해당 게임물이 사행성게임물인지 여부를 확인하고, 필요한 경우에는 기술심의를 하여 그 게임물이 등급분류를 받은 다음 나중에 개조·변조 등을 할 수 있도록 설계되어 있는지에 대해 검토한다. 이상과 같은 규제는 과거 '바다이야기' 사태가 전국을 휩쓸 무렵 도입된 것인데, 성인게임장에서 사용되는 사행성 아케이드 게임에 대한 규제가 온라인·모바일 게임으로 시장의 중심축이 완전히 이동한 현재까지도 지속되고

있다. 하지만 암호화폐와 NFT를 활용한 P2E 게임이 등장하면서 문제
가 상당히 복잡해졌다. P2E 게임은 게임 이용자의 수익 창출을 본질로
하기 때문에 현행 게임산업법상의 환전 금지 규제와 정면으로 충돌하
게 된 것이다. 이러한 환전성이 있는 게임은 게임산업법상 '사행성 게
임물'로 취급되어 애초부터 등급분류가 부여되지 않는데, '미르4'가 국
내에 출시되지 못한 것은 바로 이러한 이유 때문이다.

그림 3-1 | '미르4'

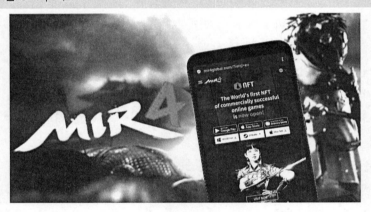

그런데 그 와중에 자체등급분류사업자인 구글과 애플이 자체 가이드
라인을 근거로 '무한돌파 삼국지 리버스'와 같은 P2E 게임에 대해 등급
분류를 부여하고 유통을 허락하여 문제가 되었다.110) 이후 게임위는
'무한돌파 삼국지 리버스'에 대해 등급분류 취소하였고(현재 취소소송이 진
행 중인데, 일단 법원은 등급분류 취소에 대한 사업자의 집행정지 신청은 기각한 상태
이다),111) 최근에는 P2E 게임 32종에 대해 무더기로 등급분류를 취소하
였는데,112) 이러한 과정 속에서 P2E 게임과 현행 사행성 규제에 대해
많은 논란이 발생하였다.

기존의 사행성 규제가 과도한 것은 분명하지만, P2E 게임에서 활용
하는 암호화폐와 NFT의 가치 변동성이 너무 커서 게임 이용자의 보호

가 필요하다는 주장도 강하게 제기되고 있기 때문에, P2E 게임의 등장으로 인해 온라인·모바일 게임에 대한 사행성 규제의 완화 내지는 해소 논의가 오히려 어렵게 된 측면도 있다. 예컨대, 베트남에서 출시된 '엑시 인피니티'(Axie Infinity)와 같은 게임은 코로나19로 실업자가 늘어난 상황에서 동남아 국가에서 큰 인기를 끌었다. 그로 인해 '엑시 인피니티' 내 토큰인 SLP(Smooth Love Potions)의 가격이 급등했으나, 게임 자체의 흥미가 크지 않은 상황에서 현금화가 집중되면서 가격이 폭락하였고,113) 이후 다시 운영사의 여러 보완정책에 따라 가격을 다소 회복한 상태이다.114) '미르4'의 개발사인 위메이드의 경우에도 위믹스 코인의 대량 처분으로 인해 개발사만 큰 이익을 보고 개인투자자들은 막대한 피해를 입었다는 비판이 여러 곳에서 제기되었다.115) 그러다 보니 P2E 게임 활성화를 위한 사행성 규제완화가 과연 누구를 위한 것인지, 현행 규제를 개선하더라도 P2E 게임의 투기적 성격에 대한 새로운 방식의 규제가 필요한 것 아닌지 등에 대한 논란이 이어지고 있다.

　어떤 경우든 메타버스 환경에 맞게 기존의 규제 체계를 미래지향적으로 개선해야 하겠지만, 앞서 살펴본 여러 문제들을 구체적으로 어떻게 해결할 것인지에 대해 현재로서는 정답을 제시하기 어렵다. 다만, 메타버스를 비롯한 새로운 디지털 기술이 탈국경을 지향하고 있는 것은 분명하기 때문에 각국 고유의 내용규제만을 강조하는 것은 실효성을 담보하기 어렵다. 그러므로 글로벌 표준에 맞는 규제, 특히 규제의 하향평준화를 고려하지 않을 수 없고, 규제 집행의 실효성 측면에서도 자율규제를 고려하지 않을 수 없는 상황에 놓일 것으로 보인다. 그렇다고 정부의 역할이 없는 것은 아니다. 예컨대, 메타버스 이용이 신체·정신에 미치는 영향에 대해서는 정부 차원에서 지속적으로 연구를 하여 그 결과를 사회적으로 공유할 필요가 있다. 이러한 실증적인 조사 결과는 향후 등급분류 기준 설정이나 과몰입 방지 등 다양한 정책을 수립할 때 불필요한 논란을 해소하는 데 기여할 수 있을 것이다.

2. 규제의 탈(脫) 게임화

가. 탈(脫) 게임화의 필요성

P2E 게임 논란에서 본 것처럼, 콘텐츠에 대한 규제의 큰 축을 형성하고 있는 게임 규제는 메타버스의 발전과 충돌할 가능성이 얼마든지 있다. 이에 대해 여러 대안이 제시될 수 있지만, 필자는 필자 스스로 명명한 '규제의 탈(脫) 게임화'라는 점진적인 방안에 대해 언급하고자 한다.

규제 지체, 즉 규제가 늦어지는 것을 싫어하고, 사회의 조그마한, 그리고 일시적인 부작용이라도 쉽게 용납하지 않으며, 시장의 자정기능의 역동성에 대한 경험과 인내가 부족한 우리나라의 규제 친화적 환경에서는 사전적·포괄적 규제가 도입되기 쉽고, 이는 종종 입법 당시 예측하지 못했던 신기술·신산업의 장애물이 되는데, 메타버스의 경우에는 게임산업법이 바로 그러한 장애물이 될 수 있다.

정식 명칭이 「게임산업진흥에 관한 법률」인 이 '진흥' 목적의 법은 우리의 규제 친화적 환경과 우리 국민들의 규제 DNA의 흥미로운 '콜라보'이다. 진흥은 진흥이되 국가가 후견주의적 관점에서 세운 틀 안에서의 진흥이기 때문이다. 이 법은 게임산업의 진흥 외에 '건전한 게임문화 확립'도 그 목적으로 하고 있으며, 국가가 생각하기에 바람직하지 않은 것에 대한 적극적 규제를 통해 해당 산업의 진흥을 도모하고 있다. 이러한 바탕하에 게임산업법은 "오락을 할 수 있게 하거나 이에 부수하여 여가선용, 학습 및 운동효과 등을 높일 수 있도록 제작된 영상물"과 "그 영상물의 이용을 주된 목적으로 제작된 기기 및 장치"를 "게임물"로 폭넓게 정의하면서, 여기에 각종 인허가(진입규제), 선택적 셧다운제 등 과몰입·중독 예방조치, 사행성 규제, 내용규제(등급분류), 유통규제, 행정처분 및 형사처벌 등을 부과하고 있다. 전체 48개의 조문 중 진흥에 관한 것은 10여 개에 불과하며, 대부분 조문들이 규제적인 것들이다.

이와 같은 게임물의 정의는 가상융합기술이 활용된 실감 콘텐츠와 지속적인 갈등을 일으켜왔다. 종래 실무상 일정한 상호작용이 가능한 영상물, 즉 양방향성을 지닌 영상물은 오락적인 것으로 보고 게임물로 취급하는 경우가 많았기 때문이다. 앞서 살펴본 VR 영화 '화이트래빗'이 바로 그 피해자이다. 그런데 실감 콘텐츠는 그 자체로 일정한 상호작용을 내포하고 있었기 때문에 위와 같은 태도로 인하여 게임물 규제가 실감 콘텐츠 전반을 지배하는 현상이 우려되었고, 이에 대해 지속적인 개선 논의가 있었지만 별다른 성과를 내지 못하였다.

문제는 게임물에 대해서는 상당히 강력한 규제가 적용되고 있다는 점이다. 그러므로 게임물에 대한 현재의 포괄적 정의를 제한 없이 적용하거나 확대할 경우, 자칫 상호작용이 가능한 모든 콘텐츠에 대해 게임 규제가 적용될 수 있고, 이는 가상융합기술을 기반으로 하는 메타버스 생태계에 재앙이 될 것이다.

메타버스는 가상융합기술을 기반으로 하여 만들어진 가상공간이자 가상사회·세계이며, 또한 플랫폼이다. 메타버스에서는 이용자들 사이에 다양한 상호작용이 발생하며, 창작, 공연, 소통, 거래 등 인간의 여러 사회적 활동이 폭넓게 이루어진다. 당연히 유희적 요소도 있고, 즐거움도 공유된다. 그러나 그러한 이유만으로 메타버스 자체가, 그리고 그 안에서의 창작되고 공유되는 여러 디지털 기술의 산물들이 게임산업법상의 게임물로 취급되어서는 안 된다. 태생적으로 놀이를 좋아하는 인간인 '호모 루덴스'(Homo Ludens)의 속성이 메타버스에서 구현[116] 된다 하더라도 이것이 규범적으로 게임 규제의 적용을 정당화하는 것은 아니다. 또한, 가상세계라는 것도 오래 전부터 인간이 꿈꿔왔던 욕망과 생각을 시각적으로 구현하려던 노력의 결실[117]임을 고려한다면, 메타버스라는 가상공간에서의 유희적 요소라는 것은 메타버스가 표현과 소통의 공간이라는 의미로 보는 것이 타당하다.

그러므로 현실과 디지털 세계의 경계를 넘나들며 오감을 활용하는

가상융합기술과 사회적 동물로서의 인간이 당연히 추구할 수밖에 없는
상호작용에 대해 국가주의적인 잣대를 함부로 들이밀어서는 안 된다.
예컨대, 어제까지 소통의 공간이었던 SNS가, 그리고 이용자들이 자유
로이 공유하던 게시물들이 XR 기술을 활용하는 순간 갑자기 게임물이
된다는 것은 상식에도 반한다. 의료, 교육, 훈련, 전시 등의 효과를 향
상시키기 위해 가상융합기술과 게임 스타일의 방법론, 즉 게이미피케
이션(gamification)을 활용하고 가상공간을 설계하는 경우에도 이를 게임
으로 취급해야 할 하등의 이유가 없다.

그림 3-2 | 게이미피케이션

게다가 메타버스는 그 본질이 플랫폼이기 때문에 그 자체를 게임과
같은 특정 콘텐츠로 취급하는 것도 맞지 않다. 플랫폼을 게임물과 같은
콘텐츠와 동일하게 취급할 경우 당장 발생하는 문제가 내용수정 신고
이다. 게임물의 경우에는 영화·비디오물과 달리 업데이트가 이루어질
때마다 게임물의 내용이 수정되기 때문에 그때마다 등급분류를 다시
받아야 하는 상황이 발생할 수 있다. 게임산업법 제21조 제5항은 등급
분류를 받은 게임물의 내용을 수정한 경우에는 24시간 이내에 게임위
에 신고하도록 하고 있으며, 이를 접수한 게임위는 수정된 내용이 등급
의 변경을 요할 정도인 경우에는 신고 접수일로부터 7일 이내에 등급
재분류 대상임을 통보하게 된다. 이 경우, 사업자는 내용이 수정된 게

임물에 대해 새로 등급분류를 받아야 한다. 그리고 같은 법 제32조 제
1항 제2호는 "등급을 받은 내용과 다른 내용의 게임물을 유통 또는 이
용에 제공하거나 이를 위하여 진열·보관하는 행위"를 불법게임물 유
통으로 취급함으로써 이러한 내용수정 신고의무를 뒷받침하고 있다.

이와 같은 내용수정 신고가 단순한 버그 수정이나 OS의 보안 업데
이트 등에 따른 기술적 업데이트에 대해서도 적용되는 불편함은 차치
하더라도(다만, 게임위의 「등급분류 규정」제28조 제1항 단서는 "내용수정 없이 등급
분류받은 게임물을 기술적으로 보완하거나 개선하는 경우"에는 내용수정 신고를 할 때
게임물내용수정기술서 제출을 면제하고 있기는 하다), 메타버스 플랫폼과 내용수
정 신고는 성질상 아예 맞지 않다. 예컨대, '제페토'와 같은 메타버스
플랫폼 자체를 게임으로 취급한다고 가정해 보자. 그 경우 '제페토' 크
리에이터들이 사용자 도구를 이용해 새로운 콘텐츠를 만들어내는 매
순간마다 내용수정이 일어나는 것이 되기 때문에 거의 실시간으로 내
용수정 신고를 해야 한다는 결론에 이르게 된다. 이것은 불가능할 뿐만
아니라, 애초부터 플랫폼 서비스를 콘텐츠로 취급하면 필연적으로 발
생할 수밖에 없는 불합리이기도 하다.

또한, 앞서 설명한 게임 머니·아이템에 대한 환전 금지 규제로 인하
여, 메타버스에 게임 규제가 적용될 경우 메타버스 이용자, 즉 크리에
이터들은 수익 창출에 커다란 제약을 받게 된다. 그런데 메타버스에서
의 수익 창출 가능성은 플랫폼 성격의 메타버스가 임계규모를 확보하
여 규모의 경제로 나아가기 위한 중요한 조건 중 하나이므로, 게임 규
제는 결국 메타버스 발전 자체를 가로막는 장애물이 될 수 있다.

결국, 메타버스에 대해 게임 규제를 일반적으로 적용하는 것은 메타
버스 이용자와 크리에이터들의 표현의 자유, 통신의 자유에 대한 침해
가 될 수 있으며, 메타버스 플랫폼 운영자나 메타버스 플랫폼의 영업적
이용자(business user)들에게는 직업의 자유(영업의 자유)에 대한 침해가 될
수 있다. 따라서 메타버스 내에서 크리에이터들의 활동 및 창작의 자유

를 보장하고, 이들이 예상하지 못한 규제로 인한 처벌 위험을 해소할
필요가 있다.

이를 위해 근본적으로는 현행 게임산업법의 게임 규제가 글로벌 스
탠다드에 맞게 과감하게 개혁될 필요가 있다. 예컨대, 애초부터 '바다
이야기'와 같은 성인용 아케이드 게임을 규제하기 위해 도입된 게임 머
니·아이템의 환전 금지와 같은 것은 지금의 온라인·모바일 게임에 적
절한 제도가 아니기 때문에 이 규정 자체를 정비하고 사행성 규제는
사행행위규제법으로 일원화하는 것이 바람직하다.

그러나 게임은 여전히 사회적 논란의 대상이고, 청소년의 건전한 성
장을 저해한다는 오명도 벗지 못하고 있다. 게임 규제 전반을 개선할
필요는 있으나, 자칫 한 걸음도 나아가기 어려운 교착상태에 빠질 수도
있다. 그러므로 일단 시급한 것부터, 가능한 것부터 시작할 필요가 있
다. 게다가 P2E 게임의 경우에는 앞서 살펴본 사행성 규제 외에도 그
기반이 되는 블록체인과 NFT와 관련한 사업자의 남용 방지, 개인 투자
자 보호 등을 위해 규제가 필요하다는 입장과 미래지향적 기술에 대한
진흥 및 지원을 강조하는 입장이 대립하고 있어 법제도의 방향성을 단
기간에 정하기는 더더욱 쉽지 않다. 그렇기 때문에 게임 규제의 개선은
중장기 과제로 두고, 일단 현행 게임 규제의 적용범위를 합리적으로 축
소하는 것에 초점을 맞출 필요가 있다. 예컨대, 게임물은 '일정한 규칙
에 따라 상호작용을 통해 재미를 추구하는 것을 주된 목적으로 하는
콘텐츠' 정도로 축소 해석하면서 그 외의 경우에는 비(非)게임물로 취급
하는 가이드라인, 이른바 '탈(脫) 게임 가이드라인'과 같은 것을 마련하
여 메타버스 산업을 게임 규제에 대한 공포에서 해방시켜 주는 것을
생각해 볼 수 있다.

이하에서는 현행 게임 규제의 주요 내용과 문제점을 살펴보고, 게임
규제의 적용영역에서 벗어나기 위한 방안, 즉 '탈(脫) 게임(화)'을 위한
구체적 방안에 대해 살펴보기로 한다.

나. 게임 규제의 주요 내용 및 문제점

(1) 게임물이란?

주의 깊은 독자라면 이 책에서 '게임'과 '게임물'이라는 용어가 혼용되고 있음을 느꼈을 것이다. 이는 법이 규율의 대상으로 삼고 있는 것은 정확히 말하자면 '게임물'이기 때문인데, 이후의 혼선을 피하기 위해 잠깐 살펴보기로 한다.

사전적 의미의 게임은 일정한 규칙에 따라 이루어지는 경기를 지칭하거나 유희 도는 오락을 위한 활동을 의미한다. 메리엄 웹스터(Meriam Webster) 사전에서는 게임을 "a physical or mental competition conducted according to rules with the participants in direct opposition to each other", "activity engaged in for diversion or amusement"라고 정의하고 있고,[118] 옥스퍼드(Oxford) 사전에서는 "an activity that one engages in for amusement or fun, often one that has rules and that you can win or lose", "the equipment for a game"이라고 정의하고 있다.[119]

그러나 게임 규제의 대상은 이러한 활동 자체가 아닌 일정한 물성(物性)을 지닌 것이며, 그렇기 때문에 '게임물'이라는 표현을 사용하고 있다. 앞서 살펴본 게임산업법 제2조 제1호의 게임물의 정의에 따르면, 여가선용, 학습, 운동 등을 위한 것이라 하더라도 게임물에 포함될 여지가 발생한다. 그리고 게임산업법상 게임물은 대개 영상물이지만 영화비디오법 제12조 가목은 게임물을 영화비디오법상 비디오물에서 제외하고 있기 때문에 게임산업법은 영화비디오법에 우선하여 적용된다.

게임산업법 제2조 제1호 각 목에서는 게임물의 개념에서 제외되는 대상을 정하고 있는데, 여기에는 사행성게임물(가목), 관광진흥법 제3조에 따른 관광사업의 규율대상이 되는 것으로서, 게임물의 성격이 혼재되어 있는 유기시설이나 유기기구가 아닌 경우(나목), 게임물과 게임물이 아닌 것이 혼재되어 있는 것으로서 문체부장관이 정하여 고시하는 것(다목)이 해당한다. 이 중 가목의 사행성게임물에 대해서는 사행행위 규제법이 적용되며, 이를 게임산업법상 게임물로 보지 않는 것은 규제를 강화하기 위해서이다. 그리고 나목의 관광진흥법상 유기시설·기구의 경우에는 원칙적으로 관광진흥법이 적용되지만, 이러한 유기시설·기구에 게임물의 성격이 혼재되어 있는 이른바 '혼합기기'의 경우에는 게임산업법의 적용대상이 되기 때문에 게임산업법의 적용이 특별히 축소되지는 않는다. 다목의 경우에는 문체부장관의 고시 자체가 제정되어 있지 않다. 그러므로 게임산업법 제2조 제1호 각 목은 게임산업법의 적용범위를 합리적으로 조율하는 기능을 하지 못하고 있으며, 다만 같은 호 다목의 경우에는 향후 고시가 제정되면 그 내용에 따라 실효적으로 활용될 여지가 있을 뿐이다.

여하튼 법적으로 규제의 대상이 되는 것은 '게임물'이고 이 글에서도 게임산업법을 직접적으로 다루는 곳에서는 대체로 '게임물'이라는 용어를 사용하였다. 다만, 게임 산업 전반에 대한 규제에 대해서는 '게임 규제'라는 용어가 널리 사용되고 있기 때문에 이 글에서도 '게임 규제'라고 칭하여 왔고, 이하에서도 그러할 것이다.

(2) 진입규제

진입규제는 간단히 말하자면 어떤 사업을 하기 위해 국가에 신고·등록하거나 국가로부터 발급받아야 하는 면허·허가·승인 등의 것, 즉 인허가를 의미한다. 행정기본법 제16조 제1항은 "자격이나 신분 등을 취득 또는 부여할 수 없거나 인가, 허가, 지정, 승인, 영업등록, 신고수리 등"을 인허가로 정의하고 있다.

게임산업법은 게임물 관련 업태를 게임제작업, 게임배급업, 게임제공업으로 구분하고 있다. 게임제작업은 "게임물을 기획하거나 복제하여 제작하는 영업"(제2조 제4호)이고 게임배급업은 "게임물을 수입(원판수입을 포함한다)하거나 그 저작권을 소유·관리하면서 게임제공업을 하는 자 등에게 게임물을 공급하는 영업"(제2조 제5호)을 말하며, 모두 다 등록의 대상이다(제25조).

게임제공업은 "공중이 게임물을 이용할 수 있도록 이를 제공하는 영업"을 의미하는데(제2조 제6호), 대개 아케이드 게임장이 여기에 해당한다. 게임제공업은 제공할 수 있는 게임물의 등급에 따라 청소년게임제공업과 일반게임제공업으로 나뉘는데(제6조의2), 청소년게임제공업에서는 전체이용가 게임물만을 제공할 수 있고(같은 조 가목), 일반게임제공업에서는 전체이용가와 청소년이용불가 게임물을 모두 제공할 수 있다(같은 조 나목). 과거 '바다이야기'와 같은 성인용 아케이드 게임물이 특히 문제가 되었던 업태가 일반게임제공업이며, 게임산업법의 사행성 규제도 이와 관련이 깊다. 그리고 여기서 등급이 2가지만 있는 것은 게임산업법 제21조 제3항에서 청소년게임제공업과 일반게임제공업에 제공되는 게임물에 대해서는 전체이용가와 청소년이용불가의 2가지 등급만을 부여할 수 있도록 제한하고 있기 때문이다. 이에 따라 게임위의 「등급분류 규정」 제6조 제2항에서는 아케이드 게임물에 대해 전체이용가, 청소년이용불가의 2가지 등급만을 부여하고 있는데, 아케이드 게임물이라고 하여 2가지 등급만을 부여할 특별한 이유는 없기 때문에 이러한 제한에는 문제가 있다.

또한, 법의 규정 형식도 이상한데, 게임산업법에서는 청소년게임제공업에서는 전체이용가 게임물만, 일반게임제공업에서는 전체이용가와 청소년이용불가 게임물만 제공할 수 있다고 규정하고 있을 뿐, 정작 그 제공 대상이 아케이드 게임물이라고 명시되어 있지도 않고, 아케이드 게임물이 무엇인지 정의하고 있지도 않기 때문이다. 그러한 상태에서 게임위의 규정에서 비로소 청소년게임제공업·일반게임제공업의 대상이 아케이드 게임물이라고 설명되는데, 비록 게임산업법 시행규칙 제8조 제2항이 세부적인 등급분류기준을 게임위가 정하도록 위임하고 있기는 하지만, 법적 규율의 핵심적인 사항을 법률은 물론 시행령, 시행규칙에서조차 명확하게 하지 않는 것은 법을 지켜야 하는 국민(법학에서는 이를 '수범자(守範者)'라고도 표현한다)을 혼란스럽게 하는 것이다.

이와 별도로 인터넷컴퓨터게임시설제공업, 복합유통게임제공업이 있는데, 전자는 "컴퓨터 등 필요한 기자재를 갖추고 공중이 게임물을 이용하게 하거나 부수적으로 그 밖의 정보제공물을 이용할 수 있도록 하는 영업"(제2조 제7호)으로 흔히 말하는 PC방이 여기에 해당한다. 후자는 "청소년게임제공업 또는 인터넷컴퓨터게임시설제공업과 이 법에 의한 다른 영업 또는 다른 법률에 의한 영업을 동일한 장소에서 함께 영위하는 영업"(제2조 제8호)으로 최근 생긴 VR방이나 VR 게임존, VR 테마파크 등이 주로 여기에 해당한다. 이러한 곳에서는 VR 모션 시뮬레이터와 같은 장치를 사용하는 경우가 많은데, 오락 목적의 VR 모션 시뮬레이터는 관광진흥법상 유기시설·기구에 해당하기 때문에 이를 영업에 이용하기 위해서는 관광진흥법에 따른 유원시설업 허가를 받아야 한다. 그렇기 때문에 오락 목적의 VR 모션 시뮬레이터를 공중의 이용에 제공하는 것은 게임산업법상으로는 "다른 법률에 의한 영업"인 유원시설업을 동일한 장소에서 하는 것이 되어 복합유통게임제공업에 해당하게 된다.

게임제공업은 본래 일정한 물리적 시설을 전제로 한 업태이며, 이 중 일반게임제공업은 청소년 보호나 사행행위 방지 측면에서 규율의 필요성이 높기 때문에 허가의 대상이다(제26조 제1항). 반면, 청소년게임제공업, 인터넷컴퓨터게임시설제공업은 등록의 대상인데(같은 조 제2항 본문), 온라인으로만 게임물을 제공하는 경우에는 전기통신사업법에 따른 부가통신사업 신고·등록이 있으면 게임제공업 등록이 간주된다(같은 항 단서). 복합유통게임제공업도 등록의 대상인데(제26조 제3항 본문), 다만 청소년게임제공업이나 인터넷컴퓨터게임시설제공업 등록을 한 경우에는 신고만 하면 된다(같은 항 단서).

메타버스에 대해 게임산업법이 적용될 경우, 이상에서 설명한 인허가를 받아야 하는지부터 문제될 수밖에 없다. 어떤 메타버스나 메타버스 콘텐츠가 게임물로 취급되면, 온라인이나 오프라인에서 이를 활용하던 사업자는 의도치 않게 게임산업법상 무허가·무등록 영업 또는 무신고 영업을 한 것이 되어 형사처벌을 받을 수 있다(무허가·무등록 영업의 경우에는 게임산업법 제45조 제2호에 따라 2년 이하의 징역 또는 2천만 원 이하의 벌금에 처해지고, 무신고 영업의 경우에는 제46조 제1호에 따라 1년 이하의 징역 또는 1천만 원 이하의 벌금에 처해진다). 게임산업법 제28조에 따른 여러 준수사항을 지켜야 할 의무도 발생하고, 여기에 위반했을 때에도 그 위반 내용에 따라 형사처벌(제44조 제1항 제1호, 제1호의2, 제45조 제3호의2, 제46조 제2호) 또는 과태료(제38조 제1항 제3호 내지 제5호)를 부과받게 된다. 가장 큰 문제는 게임산업법의 이와 같은 강력한 규제에도 불구하고 현행 게임산업법의 업태 분류가 메타버스의 다양한 발전 형태를 제대로 포섭할 수 있는지부터 의문이라는 점이다. 그렇기 때문에 게임산업법의 적용과 그에 따른 처벌을 둘러싼 많은 논란이 발생할 가능성이 있다.

게다가, 게임제공업, 인터넷컴퓨터게임시설제공업, 복합유통게임제공업은 교육환경법 제9조 제19호에 따라 교육환경보호구역 내에서는 원칙적으로 허용되지 않는다. 그렇기 때문에 메타버스 내 콘텐츠가 게임물로 취급되면 교육용 콘텐츠를 활용함에 있어 상당한 제약이 발생할 수밖에 없다.

(3) 내용규제 및 유통규제

유통규제는 앞서 살펴본 내용규제, 즉 등급분류와 밀접하게 연관되어 있다. 앞서 설명한 것처럼, 모든 게임물은 사전 등급분류를 받아야 하고, 등급분류 관련 규정을 위반한 게임물은 유통·제공이 금지되며(게임산업법 제32조 제1항 제1호 내지 제4호), 부여받은 등급은 게임물의 유통·제공시 그 내용정보와 함께 표시되어야 한다(제33조 제1항). 이에 위반할 경우 영업정지, 영업폐쇄, 허가·등록취소나 영업정지에 갈음하는 과징금 등 제재를 받을 수 있으며(제35조 제1항 제5호, 제2항 제5호, 제3항 제5호, 제36조 제1항 제3호), 등급분류 관련 규정을 위반한 게임물은 수거·폐기·삭제와

같은 즉시강제의 대상이 되고(제38조 제3항 제1호), 등급분류 관련 규정을
위반한 게임물을 유통·제공할 경우 형사처벌 대상이 된다(제44조 제1항
제2호, 제45조 제4호, 제46조 제3호, 제47조).

　우리나라에서 등급분류는 비록 그 심의 주체인 게임위가 행정조직법
상의 행정기관은 아니고 자체등급분류사업자가 등급을 분류하는 경우
도 많지만, 전체적으로 볼 때 국가가 강제하고 있는 모델에 속한다.[120]
앞서 미국의 예에서 살펴본 것처럼, 등급분류는 본래 부모의 양육을 위
한 정보 제공을 위한 것이지 국가가 표현물의 내용에 직접적으로 개입
하려는 제도가 아니다. 미국에서 영화의 연령등급에 'PG', 즉 Parental
Guidance를 붙인 것이 바로 그러한 이유에서이다. 그럼에도 불구하고
우리나라에서는 등급분류의무를 각종 행정제재와 형사처벌을 통해 강
제하는데, 과도한 제한이 아닐 수 없다. 참고로, 미국, 유럽연합, 일본
등의 주요 국가에서는 등급분류 의무 위반이 형사처벌 대상이 아니며,
등급분류 기관도 민간 자율기구이기 때문에 자율규약에 따른 관리·감
독이 이루어지고 있다.

　반면, 우리나라의 경우, 게임위의 위원들은 모두 문체부장관이 위촉
하고(게임산업법 제16조 제4항), 위원회의 업무 및 회계를 감사하는 감사 또
한 문체부장관이 임명하며(제17조 제2항), 게임위는 공공기관운영법상 기
타공공기관에 해당하기 때문에 정부로부터 완전히 독립해 있다고 보기
도 어렵다. 게임위의 등급분류에 관한 결정은 행정소송법 제2조 제1항
제1호에 따라 항고소송(취소소송, 무효확인소송)의 대상이 되는 처분에 해
당하며, 실제로도 등급분류에 관한 많은 행정소송이 제기되고 있다. 이
러한 점은 영등위의 영화·비디오물에 대한 등급분류의 경우에도 마찬
가지인데, 헌법재판소도 비슷한 구조의 영등위에 대해, 영등위의 위원
장 및 위원 전부를 문체부장관이 위촉하며(현재는 위원장은 위원 중에서 호선
하고 있지만, 위원 전부를 문체부장관이 위촉하는 것에는 변함이 없다), 영화비디오
법상 영등위는 영상물 유통에 관한 여러 규제권한을 행사하고 있으므

로 행정기관의 성격이 있다고 판단한 바 있다.[121) 이상과 같은 이유로 영등위의 등급분류는 헌법이 금지하는 사전 검열에 해당한다거나[122) 게임위의 등급분류는 제도 본연의 기능을 일탈한 과도한 규제라는 비판이 제기되고 있다.[123)

　게임물이나 영상물의 등급분류에 대해서는 향후 게임위나 영등위와 같은 등급분류기관의 자율성과 독립성을 더욱 확대하거나 이를 전면적으로 민간의 권한으로 이전하는 등의 개선이 필요하겠지만, 이와 같은 근본적인 개선이 곧바로 이루어질 것인지가 불확실한 현 상황에서는 메타버스에 대해 게임산업법이 적용되는 것이 표현의 자유와 통신의 자유에 대한 위축을 가져올 우려가 있음을 지적하지 않을 수 없다.

(4) 과몰입 · 중독 예방조치

　정보통신망을 통하여 공중이 게임물을 이용할 수 있도록 서비스하는 자, 즉 온라인 게임물 관련사업자는 게임과몰입 · 중독 예방조치를 해야 하며, 이에 따라 회원가입 시 실명 · 연령 확인 및 본인 인증이나, 게임물 이용방법 및 이용시간 등 제한이 적용된다(게임산업법 제12조의3 제1항). 여기서 게임물 이용방법 · 이용시간 등을 제한하는 것을 '선택적 셧다운제'라고 부르는데, 이와 별도로 청소년보호법 제26조에 따라 16세 미만 청소년들에 대해 오전 0시부터 6시까지 PC를 통한 온라인 게임물을 제공받을 수 없도록 하였던 '강제적 셧다운제'는 지난 2021년 12월 청소년보호법 개정을 통해 폐지되었다. '강제적 셧다운제'의 경우, 이에 대해 헌법재판소가 합헌 결정을 내리기는 했지만[124) 그 합헌성, 타당성, 실효성에 관해 많은 논란이 있었고,[125) 이후 지난한 과정을 거쳐 비로소 작년에 폐지에 이르게 된 것이다. 이처럼 셧다운제는 그나마 완화되는 추세이기는 하지만, 게임산업법에 게임과몰입 · 중독 예방조치 의무가 여전히 남아 있기 때문에, 메타버스에 게임산업법이 적용되면 그 과몰입 · 중독과 관련하여 사업자들이 상당한 의무를 부담해야 한다.

　근본적으로는 게임과몰입 · 중독에 대한 규제의 경우에는 그 필요성

부터 많은 논란의 대상이었다. 이에 대해서는 게임과몰입이 청소년의
범죄 성향을 촉진하고,[126] 사이버 범죄를 유발하며,[127] 미성년자의 건
강권, 수면권을 저해한다는 지적[128]이 있는 반면, 그러한 주장에는 실
증적 근거가 부족하고,[129] 게임의 위와 같은 부정적 효과를 이유로 정
부가 개입하기 위해서는 경찰법적 개입 또는 사전배려원칙을 통한 개입
을 정당화할 정도의 위험 또는 리스크로서 실재한다는 점이 확인되어야
한다거나,[130] 게임 중독의 원인은 불분명하므로 게임이용시간이나 횟수
의 제한과 같은 규제는 실효적이지 못하다는 반론도 제기되었다.[131]

게다가, 세계보건기구(WHO)가 2019년 5월 25일 채택한 국제질병분
류코드(International Classification of Diseases)인 ICD−11에서는 '게임이용
장애'(Gaming Disorder)를 질병 유형 중 하나에 포함시키고 있고, 그러한
'게임이용장애'의 범위가 상당히 넓기 때문에[132] 문제는 한층 더 복잡
해질 수 있다. ICD는 권고사항이므로 각 회원국에 대해 그 수용이 강
제되지는 않지만, 그간 ICD는 한국질병분류코드(KCD)에 예외 없이 수
용되어 왔고, 통계법 제22조 제1항[133]의 취지상 ICD를 수용해야 한다
는 주장도 있기 때문에 게임이용장애가 질병코드로 수용될 가능성을
배제하기 어렵다. 이에 대해서도 여러 논란이 제기되고 있는데, 게임이
용행위를 질병으로 간주할 경우, 국가가 보건정책 차원에서 게임이용
행위에 대한 직·간접적인 제한을 하게 되고 부담금이 도입될 가능성
이 있다는 우려,[134] 과잉 의료화, 편견 및 사회적 낙인, 게임산업 위축,
과도한 규제 입법에 따른 표현의 자유 및 직업의 자유 침해에 대한 우
려[135] 등이 제기된 반면, 게임의 순기능 확산, 게임이용 장애에 대한
예방교육 시행, 적절한 치료활동 및 이에 대한 건강보험 등 구체화가
필요하다는 견해도 제시된 바 있다.[136]

최근 메타버스에 대해서도 '메타페인'의 발생에 대한 우려가 제기되
고 있는데,[137] 만약 메타버스가 게임물로 취급될 경우에는 그에 대한
과몰입 문제나 메타버스 자체를 질병의 원인으로 바라보는 시각에 따

른 논란이 더욱 거세질 수밖에 없을 것이다. 메타버스 이용과 관련하여 정부나 신뢰할 수 있는 기관의 실증적인 연구나 분석이 아직 부족한 현 상태에서 위와 같은 논란이 발생할 경우 단기간에 해소되기 어렵고, 결국은 메타버스 산업 자체를 위축시키는 방향으로 작동할 가능성이 크다. 이는 게임과 무관하게 시작된 메타버스 서비스에 대한 부당한 질곡이 될 수 있으며, 이러한 점에서도 메타버스와 게임 규제의 분리가 요구된다.

만약 메타버스에 대해 게임산업법이 적용되면 위와 같은 사전 등급 분류의무도 적용되는 결과가 된다. 그런데 앞서 살펴본 것처럼, 메타버스는 고도화된 가상융합기술을 바탕으로 창조된 가상공간이며, 여기에서 사전에 예측할 수 없는 이용자들의 다양한 프로슈머 활동을 통해 열린 생태계가 형성된다. 그렇기 때문에 이에 대해 사전에 어떠한 등급 분류를 한다는 것 자체가 성질상 맞지 않거나 매우 곤란하게 된다. 설령 등급분류를 한다 하더라도 현재 위와 같은 가상공간에 적합한 등급 분류기준이 마련되어 있지도 않다.

다. 탈(脫) 게임화 방안(1) – 게임형 메타버스와 비(非)게임형 메타버스의 구별

(1) 게임산업법상 게임물에 대한 합리적 해석

탈 게임화는 메타버스의 유형 분류에서부터 시작될 수 있다. 앞서 제1장에서 살펴본 것처럼, 기존에도 메타버스를 게임 기반 혹은 게임형 메타버스와 그렇지 않은 메타버스로 구별하는 경우가 많았다. 이러한 견해들은 게임형 메타버스와 비게임형 메타버스의 구별에 관해 일정한 시사점을 주지만, 법적 측면에서는 보다 안정적인 구별이 필요하다. 어떠한 기준을 수립하더라도 그에 따른 구별이 절대적이기는 어렵지만, 그렇다고 하여 게임산업법상 게임물의 정의와 메타버스의 여러 특징들을 종합하여 일정한 개념 징표들을 추출해 내고 이를 바탕으로 일정한 기준을 수립하려는 노력 자체가 부정될 이유는 없다.

　게임형 메타버스와 비게임형 메타버스의 구별은 우선 게임물에 대한 합리적 해석에서 시작될 필요가 있다. 앞서 살펴본 것처럼, 현행 게임산업법상 게임물은 오락 목적의 영상물이거나 그러한 영상물이 담긴 기기나 장치를 의미한다. 그런데 기기나 장치는 메타버스와 관련하여 특별한 문제가 되지 않으므로 여기서 중요한 것은 게임물이 '영상물'일 것을 전제로 한다는 점이다. 즉, 영상을 담은 표현물 혹은 매체물, 즉 영상 콘텐츠만이 게임산업법상 게임물이 될 수 있으며, 플랫폼 또는 그러한 성격을 지닌 서비스는 게임물로 보기 어렵다.

　그리고 게임산업법상 게임물은 '오락'을 목적으로 하는 영상물이어야 한다. 게임산업법은 오락을 목적으로 하되 교육 등 목적이 부수되는 경우도 게임물에 해당하는 것으로 보고 있으므로 오락이 '주된' 목적인 경우에만 게임물에 해당하는 것으로 해석하는 것이 합리적이다. 따라서 의료, 교육, 훈련, 전시, 여행안내 등 특정 기능을 목적으로 하는 콘텐츠나 영상물, 즉 이른바 '기능성 콘텐츠'는 그러한 기능에 오락적인 효과가 부수되거나 게이미피케이션 방식을 활용하더라도 이를 게임물로 보아서는 안 될 것이다. 예컨대, 원격진료·수술, 재활, 외상 후 스트레스 장애(PTSD) 진료 등을 목적으로 하는 의료용 콘텐츠는 의료법, 의료기기법 등의 규율 대상일 뿐이며,138) VR 교과서, 비행 훈련 시뮬레이터, 확장현실 기반 대테러 교육훈련 등에 활용되는 교육용·훈련용 콘텐츠 또한 교육, 항공, 군사 관련 법령의 규율 대상일 뿐, 게임물이라고 보기는 어렵다. 또한, 전시관이나 박물관에서 구축·활용 중인 메타버스에서 활용되는 실감 콘텐츠의 경우에도 관람이 주된 목적이기 때문에 이를 게임물로 취급하는 것은 곤란하다. 공연과 같이 시청을 주목적으로 하는 실감 콘텐츠가 영리 목적으로 제공되는 경우에 영화비디오법상 비디오물로 취급될 여지가 있을 뿐이다.

　문제는 여기서 '오락' 목적을 어떻게 구별할 것인지이다. 앞서 살펴

그림 3-3 | 메타버스 콘텐츠를 활용한 교육

본 목적 지향적 가상세계로서 표층적 목적 제시, 개발자의 스토리텔링, 내재화된 목표 달성과 같은 요소들은 그 자체가 법적 기준이 되기는 어렵지만, 제작자의 기획 방향 및 의도가 오락성에 대한 구별의 시작점이 될 수 있다는 점에서 시사하는 바가 있다. 즉, 제작자의 기획 방향 및 의도가 오락에 초점이 맞추어져 있는지를 파악할 필요가 있다. 이러한 의도 자체는 주관적일 수밖에 없지만 그것을 파악할 때에는 객관적 방법을 택하는 것이 타당하다. 따라서 해당 콘텐츠의 내용, 사용방법, 기능 및 효과 등을 바탕으로 그 주된 목적이 오락인지 여부를 파악하되, 그렇게 하여도 불분명할 경우에는 사용안내·광고·홍보 내용 등을 통해 외부로 표시된 의사를 특히 중요하게 고려할 필요가 있다.139) 그러므로 예컨대 게임대회에 출품되거나 출품 예정인 경우, 앱 마켓에서 게임물로 등록되었거나 '스팀'(STEAM)과 같은 게임 전용 플랫폼에 등록된 경우, 게임물로 광고되거나 판매되는 경우 등은 게임물로 보아야 할 것이다. 여기에 더하여, 이용자 측면에서 이용자들이 해당 콘텐츠를 오락 목적의 것으로 인식하는지도 보충적인 기준으로 활용될 여지가 있을 것인데, 다만 메타버스 환경에서는 대부분의 경우에 이용자의 기기

조작 등 적극적인 행위가 필수적으로 요구되기 때문에 이용자가 적극
적으로 기기를 조작하는 등의 적극성이나 양방향성이 오락성 유무 및
게임물 해당 여부의 결정적인 징표나 기준이 되기는 어렵다.[140]

　이상과 같은 요소들을 바탕으로 메타버스 내 콘텐츠에 대해 게임물
해당 여부를 정하되, 만약 그 판단을 명확하게 내리기 어려운 경우에는
현행 게임 규제의 완화 필요성 및 메타버스 산업의 발전 필요성을 고
려하여 일단 비게임물로 취급하는 것이 타당할 것이다.

(2) 게임형 메타버스

　앞서 제1장 2.항 및 5.항에서 언급한 것처럼, 게임형 메타버스는 메
타버스의 특징을 파악하고 유형을 분류하는 데 있어 어려움을 가져다준
다. 다만, '월드 오브 워크래프트'와 같이 가상공간 자체가 오락을 주된
목적으로 하여 제작된 것으로서 이용자들의 활동 또한 그와 같은 오락
목적의 메타버스의 한 내용으로 구성된 경우에는 게임산업법상 게임물
에 해당할 수 있다. 여기에 이용자들 사이의 커뮤니티 기능이 추가되더
라도 그 성질이 달라지지 않는데, 예컨대 '리니지'처럼 커뮤니티 기능이
활발한 경우에도 그러한 커뮤니티 기능은 오락 목적 이용자들의 소통
공간으로서 오락을 위한 가상공간에 부수되는 공간이므로 게임형 메타
버스의 게임으로서의 성격 자체를 변경시킨다고 보기는 어렵다.

　샌드박스형 게임의 경우는 조금 복잡하다. 우선, '로블록스'와 같은
경우는 비록 그것이 샌드박스형 게임이라고 불리고 있기는 하지만 '로
블록스'에 접속하였을 때 나타나는 화면은 그 자체가 게임이라기보다는
여러 게임물을 이용할 수 있는 플랫폼에 가깝다. 다만, 이용자가 '로블
록스'에서 제공되는 사용자 도구(user tool)를 통해 스스로 콘텐츠를 만
들 수 있는데, 이러한 콘텐츠들은 주된 목적이 오락인 것으로서 게임물
로 볼 수 있다. 관점에 따라서는 '로블록스'가 게임물 제작 도구를 제공
한 것 자체가 오락 목적의 것이라고 볼 여지가 전혀 없는 것은 아니지
만, 이러한 이유만으로 플랫폼적 성격의 '로블록스' 자체를 게임물로 취

그림 3-4 | 플랫폼 성격의 '로블록스'

급하는 것은 영상 콘텐츠 혹은 영상 매체물을 전제로 하는 현행 게임산업법의 게임물의 정의를 벗어나는 것으로 생각된다. 국회입법조사처에서도 유사한 입장을 밝힌 것으로 알려져 있다.[141]

　만약 오락 목적의 콘텐츠를 제작할 수 있는 사용자 도구를 제공한다는 이유로 어떤 메타버스 자체를 게임물로 취급할 경우에는 그 자체가 등급분류의 대상이 되는데 이러한 경우에 대한 적절한 등급분류 기준이 없을 뿐만 아니라, 게임 머니·아이템의 환전을 금지하고 있는 현행 게임산업법으로 인하여 해당 메타버스 자체의 출시가 불가능하게 되는 문제가 발생한다. 출시된다 하더라도 내용수정 신고를 제때 할 방법도 없다. 그러므로 사용자 도구를 제공한다고 하여 이를 샌드박스형 '게임'이라고 부르는 것은 그 표현 자체에 오해의 소지가 있다. 이러한 경우에는 사용자 도구를 통해 창출되는 콘텐츠만이 게임에 해당하며, 만약 그와 별도로 가상공간 자체가 오락 목적으로 제작되어 제공되는 경우에만 이를 샌드박스형 '게임'으로 불러야 할 것이지만, 일단 이 책에서는 혼선을 피하기 위하여 기존의 용어를 그대로 사용하기로 한다.

다만, '로블록스'와 같은 샌드박스형 게임에서 이용자가 사용자 도구를 통해 제작한 오락 목적의 콘텐츠를 어떻게 취급해야 할 것인지는 여전히 난제이다. 이러한 샌드박스형 게임의 이용자, 즉 메타버스 크리에이터가 제작한 게임물을 통해 수익 창출이 가능하다면 국내 게임산업법상 등급분류가 면제된다고 단정하기 어렵다. 게임산업법 제21조 제1항 제4호, 같은 법 시행령 제11조의3 제2항에 의할 때, "영리를 목적으로 하지 아니하고 제작·배급하는 게임물"로서 "개인·동호회 등이 국내에서 단순 공개를 목적으로 창작한 게임물"에 대해서만 등급분류를 면제하고 있기 때문이다. 나아가, 이처럼 이용자가 제작한 게임물이 등급분류의 대상이고 그것을 통해 수익 창출도 가능하다면 이를 제작한 이용자는 게임제작업이나 게임배급업 등록까지 해야 한다는 주장도 제기될 수 있다.

그러나 게임산업법 제21조 제1항은 "게임물을 유통시키거나 이용에 제공하게 할 목적으로 게임물을 제작 또는 배급하고자 하는 자"의 게임물 제작·배급에 대해 사전 등급분류의무를 부과하고 있고, 이는 게임제작업, 게임배급업 등 영업을 전제로 하는 것으로 볼 수 있기 때문에 영업적 표지가 확고한 경우에만 등급분류의무를 부담하는 것으로 유연하게 해석할 필요가 있다. 사용자 도구를 통한 게임물 제작을 직업적 또는 전문적으로 하지 않는 이용자들에게 약간의 수익이 발생할 수 있다는 이유만으로 게임산업법의 내용규제와 영업규제를 모두 적용하는 것은 시민의 기본권 행사를 제약하고 관련 산업과 생태계의 발전을 저해하는 것으로서 제도적으로 타당하다고 보기도 어렵다. 비슷한 예로 '유튜브'(YouTube)의 경우에도 개인 크리에이터들이 일정한 수익을 창출하고 있지만 이들에게 방송심의나 방송사업에 관한 인허가가 적용되고 있지는 않다. 즉, 크리에이터 생태계의 특수성을 적절히 고려해야 한다.

따라서 메타버스 내 사용자 도구를 통해 제작한 오락 목적 콘텐츠를 통해 이용자가 일정 수익을 얻는다 하더라도 이에 대해 곧바로 내용규제와 영업규제를 적용하지 않고, 최소한 일정 규모 이상의 수익을 지속적으로 창출하고 이를 직업적으로 행하는 등 영업적 표지가 확고한 경우에만 게임 규제 적용 여부를 논의하는 것이 바람직하다. 이때에도 기존의 규율을 그대로 적용하는 것보다는 자율규제를 바탕으로 한 새로운 규제 체계를 수립할 필요가 있다. 이에 대해서는 기존의 규제 체계가 우회된다거나 기존 규제의 실효성이 저해된다는 비판이 제기될 수 있겠지만, 이는 근본적으로 기존의 게임산업법이 새로운 서비스와 이용자 환경에 따라가지 못하기 때문에 발생한 일이므로 규율을 하더라도 기존과는 다른 새로운 규율을 만들어야지 과거의 법체계를 그대로 강제할 것은 아니다.142)

(3) 비게임형 메타버스

가상공간 자체가 오락이 주된 목적이 아니라면 이러한 메타버스는 비게임형 메타버스로서 게임산업법의 적용대상에서 제외함이 타당하다. 또한, 대개 이러한 메타버스는 플랫폼의 성격을 지니기 때문에 그러한 점에서도 게임물로 취급하기 어렵다. 예컨대, '제페토', '이프랜드', '호라이즌 월드', '게더'(Gather) 등 흔히 소셜형·생활형 메타버스로 분류되는 메타버스의 이용자들은 공연, 전시, 놀이 등 메타버스 플랫폼에서 제공되는 다양한 서비스들을 이용할 수 있으며, '제페토'에서처럼 메타버스 플랫폼 운영자가 판매하는 아이템이나 가상재화143)를 구매할 수 있다. '제페토'의 경우에는 크리에이터가 '제페토 스튜디오'를 통해 다양한 패션·뷰티 아이템이나 가상재화를 제작하여 이를 다른 이용자들에게 판매하고 수익을 얻을 수도 있다.144) 메타버스 플랫폼 운영자 외에도 영업적 이용자가 메타버스 내에 상점이나 공간을 열어 가상재화, 아이템을 판매하거나 공연, 전시, 놀이 등 여러 서비스를 제공할 수도 있다. 이처럼 의사소통, 매칭(matching) 등 상호작용을 목적으로 하는 메타버스 플랫폼의 경우, 이용자들 사이에 일정한 놀이가 가능하다고 하여 해당 메타버스나 메타버스 플랫폼의 성격이 게임물이 된다고 보기는 어렵다.

다만, 비게임형 메타버스에서도 제공되는 사용자 도구에 따라서는 크리에이터들이 주된 목적이 오락인 콘텐츠를 제작하는 것이 가능할 수 있다. 이때 사용자 도구에서 오락 목적의 콘텐츠를 제작할 수 있다는 이유만으로 플랫폼의 성격을 지니는 해당 메타버스가 게임물로 취급되어서는 안 될 것이다. 그리고 크리에이터가 사용자 도구를 통해 제작하는 게임물의 경우, 그것을 통해 수익 창출이 가능하다면 앞서 샌드박스형 게임이나 '로블록스'와 관련하여 살펴본 것과 동일한 논의가 적용될 수 있다. 반면, 수익 창출이 불가능하다면 앞서 살펴본 게임산업법 제21조 제1항 제4호, 시행령 제11조의3 제2항의 비영리 목적 게임물로서 등급분류를 면제해야 할 것이며, 이때 시행령 제11조의3 제2항의 "개인·동호회 등이 국내에서 단순 공개를 목적으로 창작한 게임물"에는 개인·동호회뿐만 아니라 개인이 창작한 것도 포함되는 것으로 넓게 해석하는 것이 타당할 것이다. 참고로, 만약 크리에이터가 사용자 도구를 통해 관람이나 시청을 주된 목적으로 하는 영상물이 제작되는 경우에는 영화비디오법상 등급분류가 적용될 여지가 있으나, 이때에도 현재 '유튜브'와 같은 OTT 서비스에서의 크리에이터와 동일하게 취급하는 것이 타당하다고 본다.

또한, 비게임형 메타버스에서 영업적 이용자가 기존에 기획·제작된 오락 목적의 콘텐츠를 제공하는 경우에는 해당 콘텐츠에 대해 게임산업법 적용이 가능해진다. 그러나 이렇게 영업적 이용자가 오락 목적의 콘텐츠를 제공할 수 있도록 허용한다고 하여 해당 메타버스 플랫폼 자체가 게임물이 되는 것은 아니며, 메타버스 플랫폼 운영자가 게임산업법상 게임배급업을 하는 것으로 보기도 어렵다. 다만, 비게임형 메타버스에서 크리에이터나 영업적 이용자에 의해 게임물이 제공되는 경우에는 거래 질서 유지와 이용자 보호를 위해 필요한 내용을 메타버스 이용약관에 정하고, 필요하다면 사업자단체를 통한 행동강령 제정 등 자율규제 체계를 활용할 필요는 있을 것이다.

라. 탈(脫) 게임화 방안(2) - '탈(脫) 게임 가이드라인' 제정

(1) 가이드라인의 필요성

포지티브 규제 체계에서는 법이 허용한 제품·서비스만이 출시될 수 있기 때문에 항상 진입규제가 존재한다. 이를 바탕으로 하고 있는 우리나라에서는 새로운 비즈니스가 활성화되고 산업 생태계가 형성되기에 앞서 그에 대한 법적 허용성이 문제될 수밖에 없다. 그간 이와 같은 구조가 신기술·신산업 발전의 장애물이 되는 경우가 많았기 때문에 네거티브 규제로의 전환이 논의되고 규제 샌드박스 제도가 도입되는 등 여러 개선 노력이 있었지만 근본적인 개선을 이루지는 못하였다. 하지만 건국 이래 포지티브 규제 체계가 이어져온 우리나라에서 그와 같이 전체 법체계의 방향성을 일시에 뒤집는 것은 당장 실현하기에는 매우 곤란한 목표이다.

게다가 네거티브 규제는 진입규제를 하지 않겠다는 것이지 규제 자체를 하지 않겠다는 의미는 아니다. 그렇기 때문에 네거티브 규제가 성공하기 위해서는 시장 경쟁을 왜곡시키고 소비자의 피해를 유발한 사업자를 실효적으로 제재할 수단, 예컨대 경쟁당국의 강력한 사후규제나 징벌적 손해배상과 같은 사후적 보완수단이 잘 작동해야 한다. 그러므로 이러한 보완수단이 없는 상태에서 네거티브 규제만을 외치는 것이 꼭 바람직한 것은 아니다. 또한, 모든 분야에 전부 네거티브 규제가 도입되어야 하는 것은 아니며, 위험성이 큰 영역에서는 포지티브 규제가 더 유효적절한 수단일 수 있다는 점도 유의해야 한다. 네거티브 규제 체계를 지녔다고 알려진 미국에서도 보건과 환경 분야에서는 포지티브 규제 체계가 채택되어 있다.

분명한 것은 우리나라에서는 네거티브 규제로의 전환이 요구되는 영역이라 하더라도 그것은 장기적인 목표일뿐이며, 게임 규제 완화를 위한 게임산업법 개정도 사회적으로 게임물에 대한 부정적 인식이 팽배하고 암호화폐, NFT 등 가상자산에 대한 논란이 지속되는 상황에서 중장기적인 목표일뿐이라는 점이다. 그러므로 법 개정 전에 활용할 수 있는 유연한 수단을 강구해야 하는데, 규제 샌드박스의 경우에는 일부 성과가 없지는 않았지만 개별적인 제품, 서비스에 국한된 일시적인 제도였다는 한계가 있었으므로 이보다는 좀 더 포괄적인 규제완화 방안이 필요하다. 여기서 게임형 메타버스와 비게임형 메타버스를 적극적으로 구별하고, 비게임형 메타버스 및 콘텐츠에 대한 잠재적인 게임 규제의 위협을 제거하기 위하여 게임산업법상 게임물의 정의를 합리적으로 축소해석하는 내용의 가이드라인 제정을 고민해 볼 수 있다.

상위 법령에 위반되지 않는 한, 정부는 행정규칙 형식의 가이드라인을 제정할 수 있고, '탈 게임 가이드라인'은 게임산업법의 내용을 적극적으로 변경하는 것은 아니기 때문에 이와 같은 가이드라인의 제정은 가능하다고 본다. 그리고 게임산업법 제2조 제1호 다목은 게임물과 게임물이 아닌 것이 혼재되어 있는 영상물을 문체부장관의 고시를 통해 게임물의 범위에서 제외할 수 있도록 규정하고 있겠지만, 이러한 고시는 '게임물이 혼재'되어 있음을 전제로 하는 것이어서 애초부터 게임물로 취급할 수 없는 비게임형 메타버스 및 콘텐츠에 적용하는 것은 맞지 않는 측면이 있다. 다만, 게임물이 혼재되어 있는 영상물을 게임물의 범위에서 제외할 수 있다면 게임물의 성격이 없는 영상물이나 콘텐츠가 게임물이 아님을 확인할 수도 있을 것이므로, 문체부장관의 고시로 '탈 게임 가이드라인'을 정하는 것이 불가능하다고 볼 필요는 없을 것이다.

(2) 가이드라인의 내용

'탈 게임 가이드라인'의 기본 구조는 메타버스 플랫폼 운영자, 메타버스 내 영업적 이용자 및 크리에이터 등이 정부에 자신이 제작하거나 제작 예정인 콘텐츠 또는 서비스가 게임물에 해당하는지 여부에 대한 판단을 요청(신청)하고, 이를 접수한 정부는 해당 메타버스 서비스 또는 콘텐츠의 내용, 용도, 사용방법, 기능 및 효과 등을 바탕으로 게임물 해당 여부를 심사하는 것이다. 이러한 심사는 단기간에 이루어져야 하며, 일정 기간 이후까지 심사가 종료되지 않으면 비게임물로 간주해야 할 것이고, 아울러 심사기간 중에 잠정적으로 비게임물로 취급하는 제도도 요구된다. 그리고 심사 결과에 대해서는 이의신청을 통한 불복 절차를 두어야 할 것이다. 또한, 일단 비게임물로 판단이 된 경우라도 해당 서비스나 콘텐츠의 내용의 주요 부분에 변경이 있다면 새로운 판단을 해야 할 수 있는데, 이 경우에도 신청 및 심사 절차를 간소화하는 것이 필요하다.

　심사위원은 외부 전문가들로 구성하고, 심사기준은 앞서 설명한 게임형 메타버스와 비게임형 메타버스의 구별 방안을 참고하여 정할 필요가 있다. 즉, 비게임형 메타버스를 적극적으로 식별하여 게임 규제의 적용대상에서 제외하고, 메타버스 내 콘텐츠에 대해서는 어떤 영상물 또는 영상 콘텐츠의 주된 목적이 오락인지 여부를 바탕으로 게임물 해당 여부를 판단하되 제작 측면과 이용 측면에서의 특성과 메타버스 크리에이터 생태계의 특징 등을 종합적으로 고려할 수 있다. 이와 관련하여, 전문가들과 사업자들의 의견을 반영하여 게임물과 비게임물의 판단을 위한 체크리스트를 만들어 제작 단계에서부터 참고하도록 하는 방안도 생각해 볼 수 있을 것이다.

　이상과 같은 가이드라인과 심사 절차에도 불구하고 게임물과 비게임물의 구분 기준이 여전히 불명확하고, 비게임물에 해당한다는 판단이 사안별(case-by-case)로 이루어지기 때문에 특히 업계 입장에서는 예측 가능성이 부족하다는 불만을 가질 수 있다. 게다가 게임물에 대한 판단, 특히 오락이 주된 목적인지 여부는 사회통념에 따라 판단될 것인데, 그러다 보면 오락성은 상대적이고 가변적인 개념이 될 수밖에 없다. 그러나 '오락성'과 같은 추상적 개념을 완벽하게 정량화할 방법은 없다. 하지만 지속적으로 사례들이 쌓이다보면 비게임물로 취급되는 안전지대가 점차 윤곽을 드러내게 될 것이고, 그러면서 예측가능성도 높아질 것이다. 당장 더 나은 대안을 찾기도 쉽지 않다. 근본적인 해결책은 과도한 게임 규제를 완화하여 어떤 콘텐츠가 게임물로 분류되든 아니든 사업자로서는 큰 어려움이 없도록 하는 것이겠지만, 이는 당장 실현되기 어려울 것 같기 때문이다.

마. 정리

이상에서 메타버스와 게임 규제의 연관성과 경계, 그리고 메타버스 산업 및 생태계 활성화를 위한 관련 규제의 탈 게임화 방안에 대해 살펴보았다. 구체적으로는 게임산업법상 게임물 개념의 합리적 축소해석, 게임형 메타버스와 비게임형 메타버스의 구별, 메타버스 내 콘텐츠 및 크리에이터 생태계의 특수성을 고려한 탈 게임화를 제안해 보았다.

그러나 이러한 방안들은 단기적인 방안일 뿐이며, 이와 동시에 중장기적인 제도 개선 노력이 병행되어야만 메타버스 산업의 미래를 확실히 도모할 수 있다. 사실 메타버스뿐만 아니라 디지털 경제 전반에 걸쳐 글로벌화가 진행되는 상황이기 때문에, 각국 고유의 규제만을 강조하는 것은 실효성이 낮다. 특히, 우리나라와 같이 규제친화적인 국가에서 법의 적용가능성과 집행가능성의 괴리가 발생하면 이는 실제로 규제를 적용받고 의무를 이행해야 하는 국내 사업자들에 대한 역차별로 귀결되어 그렇지 않아도 글로벌 빅 테크 기업들을 상대해야 하는 국내 기업들의 경쟁력을 더욱 약화시킬 수 있다. 그러므로 차제에 글로벌 표준에 맞는 규제를 지향하고, 규제가 꼭 필요한 경우에도 규제 집행의 실효성 측면에서 보다 유리하다고 판단되는 자율규제 방식 등 보다 유연한 규제 방식을 고려할 필요가 있다. 이러한 관점에서 메타버스 플랫폼에 대한 규제의 탈 게임화는 우리 규제 체계의 선진화를 위한 시험대가 될 수도 있을 것이다.

　규제는 필요하다. 그러나 합리적이어야 한다. 역동적으로 발전하고 동태적으로 성장하는 산업과 시장을 국가가 어린아이 훈육하듯 해서는 안 되며, 특히 입법자가 예상하지 못했던 새로운 서비스를 함부로 그 틀에 맞추려 해서는 안 된다. '디지털 뉴딜 2.0 초연결 신산업'의 핵심이라는 메타버스는 '탈 게임화'를 요구하고 있다. 그리고 이는 디지털 콘텐츠 전반에 걸쳐 규제의 '탈 게임화'를 위한 첫걸음이 될 수 있다.

메/타/버/스/와/법

메타버스 플랫폼을 지배하는 자

제4장

메타버스 플랫폼을 지배하는 자

　메타버스가 플랫폼이라면 메타버스의 발전 시나리오도 디지털 플랫폼의 발전 시나리오와 크게 다르지 않을 것으로 추측해 볼 수 있다. 물론 플랫폼의 발전 시나리오를 일반화하기는 어렵지만, 경영학적 측면에서 이를 ① 플랫폼 유형(플랫폼이 제공할 서비스) 결정, ② 네트워크 효과 창출, ③ 사업 모델 구축, ④ 생태계 규칙 수립·집행, ⑤ 거래 플랫폼(transaction platform)과 혁신 플랫폼(innovation platform) 결합을 통한 융합 플랫폼(hybrid platform)으로의 전환 및 시장 장악으로 분석하는 마이클 쿠수마노(Michael A. Cusumano)의 견해145)는 메타버스 환경에서도 유효할 것으로 생각된다. 참고로, 위 견해에 따르면, 혁신적인 기술을 기반으로 한 혁신 플랫폼은 거래당사자 간 연결(matching)을 위주로 하는 거래 플랫폼과 달리 진입장벽이 높고, 혁신 플랫폼을 기반으로 거래 플랫폼을 결합한 융합 플랫폼의 경우에는 특히 진입장벽이 높다고 한다.146)

　플랫폼이 발전하면 생태계가 형성된다. 메타버스도 마찬가지이다. 플랫폼 생태계는 거미줄처럼 얽힌 다양한 관계로 이루어지는데, 메타버스에서는 그러한 관계가 더욱 복잡하게 얽힐 가능성이 있다. 그렇기 때문에 메타버스 생태계를 특정한 분석 틀로 설명하는 것은 매우 어려운 일이다. 여기서 유럽연합의 '크레메르 보고서'(쟈끄 크레메르(Jacques Crémer) 등이 2019년에 연구·보고한 『Competition policy for the digital era』를 말하는데, 2023년 시행될 것으로 예상되는 거대 플랫폼 기업들에 대한 규제 법안인 'DMA' 즉 「디지털 시장법(Digital Markets Act」의 이론적 토대가 되었다)의 분석 틀인 '플랫폼 간의 경쟁'과 '플랫폼 내의 경쟁'의 구별은 메타버스 플랫폼의 현재와 미래를 바라보는 데에도 상당히 유용하다. 메타버스 플랫폼은 각자의 생태계 형성을 위해 치열한 경쟁을 할 것이고, 메타버스 플랫폼 내에서는 메타버스 이용자들 사이에서 경쟁이 이루어질 것이기 때문이다. 이 중 후자의 경쟁, 즉 메타버스 이용자들 사이에서의 경쟁과 관련하여 메타버스 플랫폼은 메타버스 내에서 그러한 경쟁이 공정하게 이루어질 수 있도록 일정한 역할을 하게 되는데, 이때 메타버스 플랫폼은 '크레메르 보고서'의 표현처럼 자신이 구축한 생태계 내에서 '규제자'(regulator)로서의 기능을 하게 된다.[147] 다만, 메타버스 플랫폼의 규제자로서 역할은 거래 질서 측면에서 공정한 경쟁을 유지하는 것에 국한되지 않는다. 메타버스 플랫폼이 개방된 생태계이고 거래 이외에도 다양한 상호작용이 발생하기 때문에 그보다는 훨씬 더 넓은 의미에서 규제자의 역할을 하게 된다.

이번 장에서는 이상과 같은 관점에서 메타버스 플랫폼에 대해 살펴보려 한다. 메타버스 플랫폼 간 경쟁에 대해서는 경쟁 질서에 초점을 맞추어 살펴보려 하며, 메타버스 플랫폼 내의 활동에 대해서는 메타버스 플랫폼 운영자의 규제자로서의 기능과 역할, 영향력에 관해 경쟁 질서에 국한하지 않고 좀 더 넓게 살펴보려 한다. 그러나 어느 경우에도 메타버스 플랫폼의 특징과 그것이 경쟁과 메타버스 플랫폼의 기능·역할에 미치는 영향에 대해 살펴보고 법이 나아갈 방향에 대해 간략히 제안하려는 것일 뿐, 디지털 플랫폼의 경쟁과 독점에 관한 일반적인 이야기를 모두 다루는 것은 이 글의 목표가 아니다.

1. 플랫폼 사이의 경쟁, 그 승자는?

가. 메타버스는 플랫폼 독점을 강화할 것인가, 완화할 것인가?

메타버스라는 가상공간에서 이용자들 스스로 공동체와 사회, 세계를 형성하기는 하지만, 이러한 공동체나 사회, 세계가 현실의 국가처럼 사회계약 등에 기초하여 형성되는 것은 아니다. 기본적으로 메타버스는 이를 기획·제작·운영하는 자가 존재하기 때문에, 이들이 가상사회의 한계를 기술적으로 설정할 수 있다. 즉, 메타버스는 내에서 메타버스 플랫폼 운영자도 예상치 못한 다양한 공동체나 사회가 얼마든지 형성될 수 있지만, 그 외연은 이미 절대자(메타버스 플랫폼 기획·제작·운영자)에 의해 선험적으로 정해져 있는 것이다. 비록 그 외연이 계속 동태적으로 변해 가기는 할 것이지만 말이다.

기술적·경제적·산업적 측면에서 메타버스가 플랫폼이라는 점은 법적 측면에서 그러한 메타버스 플랫폼을 지배하는 자가 있다는 점과 연결된다. 그리고 메타버스 플랫폼 사이에서도 생존을 위한 투쟁, 즉 법적·경제적 의미에서는 경쟁이 발생할 것이고, 이는 누군가의 독점으로 귀결될 가능성도 배제하기 어렵다. 이러한 누군가의 독점은 다시 그 독점자의 사회·문화·경제에 대한 다층적이고 다양한 영향력으로 이어질 수 있다. 그러므로 디지털 플랫폼 혹은 온라인 플랫폼의 독점과 남용행위에 대한 최근의 다양한 논란들은 메타버스에서도 재현될 수 있다.

다만, 메타버스가 어떠한 형태로 시장을 독점할 수 있을 것인지는 분명하지 않으며, 그 자체로 자연독점성이 있을 것으로 단정하기도 어렵다(자연독점성이 있다는 것은 규제, 특히 사전규제의 근거가 된다). 그러나 기존에 애플이나 구글처럼 혁신적인 기술을 토대로 시장을 장악하고, 여기에 앱 마켓과 같은 거래 플랫폼을 결합하여 융합 플랫폼으로 확장하면서 이용자들을 고착(lock-in)시키며, 더불어 진입장벽을 높여 독점적 지위를 강화하는 방식은 메타버스 플랫폼과 관련하여서도 여전히 유효할 것이다. 그렇다면 메타버스는 단순히 이용자들을 연결해주는 서비스 형태로 유지되지 않고 혁신적인 기술이나 기기가 결합되는 방향으로 이어질 것이며, 이를 둘러싼 치열한 경쟁이 발생할 것으로 예상할 수 있다.

이렇게 보면 메타버스는 어떤 기업이 고착화된 시장 경쟁상황을 변화시킬 수 있는 계기가 될 수 있다. 다만, 그러한 변화는 혁신적인 기술과 기기가 수반되지 않는 상태에서는, 그리고 글로벌 차원에서 막대한 투자와 출혈 경쟁이 가능한 자본력을 갖추지 않은 상태에서는 결코 쉽지 않을 것이라는 예상도 가능하다. 이와 관련하여 주목할 만한 것이 이미 전 세계적으로 모바일 생태계를 장악하고 있는 애플, 구글과 메타의 갈등이다. 그간 애플과 구글이 지배하는 모바일 생태계에서 어찌 보면 종속변수에 불과했던 메타는 오래 전부터 HMD와 같은 가상현실기기에 대한 과감한 투자를 아끼지 않았고, 최근에는 '오큘러스 퀘스트'와 같은 기기와 '호라이즌 월드'와 같은 서비스를 시장의 게임 체인저로 삼으려는 의도를 보이고 있다. 그리고 애플과 구글은 "App Tracking Transparency", "Privacy Sandbox"와 같은 새로운 개인정보 보호정책을 통해 메타의 기반 서비스라 할 수 있는 '페이스북'을 통한 데이터 획득 자체를 강력하게 견제하고 있다. 데이터는 디지털 플랫폼 서비스에 있어 연료와 같은 존재인바, 위와 같은 데이터 수집의 제한이 메타의 사업 모델에 큰 악재가 되고 있음은 물론이다.148)

글로벌 빅 테크 기업들 사이에 발생하고 있는 이러한 경쟁과 견제는 법적으로도 많은 논란과 고민의 소재가 된다. 그간 세계적으로 개인정보 보호에 관한 많은 논의가 있었고, 유럽에서는 흔히 'GDPR'로 알려진 「일반 정보 보호 규칙(General Data Protection Regulation)」이 2018년 5월에 시행되었다. 우리나라의 경우에도 개보위가 출범하였고 개인정보법을 통해 다양한 측면에서 개인정보 보호정책을 시행하고 있다. 그런데 구글과 애플이 이러한 개인정보 보호정책을 경쟁자에 대한 배제수

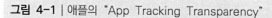

그림 4-1 | 애플의 "App Tracking Transparency"

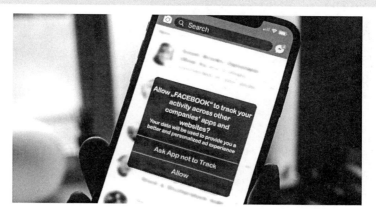

단으로 활용하고 있는 것이 현실이다. 이것이 '활용'이 아닌 '남용'이라면 규제의 대상이 되는 것인데, 그러나 활용과 남용의 경계를 정하는 것은 결코 쉬운 일이 아니다. 이와 비슷한 행위는 예전에도 있었는데, 표준필수특허가 시장지배적 사업자의 남용수단으로 사용된 것이 그 예이다. 여하튼 분명한 것은 어떤 규제의 강화가 그 규제 목적과 달리 신규 진입자에게 장애가 되고 기존 진입자를 보호하는 역설을 가져올 수 있다는 것이고, 현재의 모바일 생태계는 메타와 같은 글로벌 빅 테크 기업도 쉽게 헤쳐 나가기 어려울 정도로 강력히 고착화된 측면이 있다는 점이다. 그렇다면 국내 시장에서는 시장지배력이 있다지만 글로벌 차원에서는 미미한 존재에 불과한 국내 기업들에 대한 국내 규제를 강화하면서 글로벌 시장에서는 경쟁력을 갖추도록 육성하려는 것은 매우 달성하기 어려운 목표이다.

급변하는 디지털 시장에서 장래를 속단하기는 어렵지만, 메타버스 생태계 또한 궁극적으로는 미국의 빅 테크 기업들로 재편될 가능성이 상당해 보인다. 메타가 사명(社名)을 변경하기 전 흔히 'GAFAM'(구글, 애플, 페이스북, 아마존, 마이크로소프트)이라고 불리던 이들은 압도적인 기술력과 강력한 자본력을 바탕으로 전 세계의 ICT 생태계를 장악하고 있다. 이들이 이미 보유한 빅 데이터와 운영체제(OS)는 메타버스 환경에서도 강력한 경쟁상 우위로 작용할 것이고, '앱스토어'(App Store), '구글 플레이'(Google Play)와 같은 앱 마켓은 고율의 인앱 결제 수수료를 통행세처럼 징수하여 이들의 자본력을 더해줄 것이다. 이들이 '페이스북', '인스타그램'(Instagram), '링크드인' 등 SNS를 보유하고 있는 것도 메타버스로의 전환을 용이하게 할 것이며, 메타버스 제작·활용에 필요한 '구글 맵'(Google Map)과 같은 서비스에 대한 의존도도 높아질 것이고, 클라우드 서비스의 활용도가 높아지면서 '아마존 웹 서비스'(AWS), '애저'(Azure), '구글 클라우드'(Google Cloud) 등의 가치도 더욱 상승할 것이다.

무엇보다 이들 빅 테크의 자본력은 R&D에 막대한 투자를 하면서도 잠재적 경쟁자들을 얼마든지 인수·합병하기에 부족함이 없을 정도이며, 실제로도 가상융합기술, 인공지능 등에 관한 많은 기업들이 이미 인수된 상태이다. 일찍부터 '오큘러스' 시리즈를 출시했던 메타는 물론, 구글과 애플도 AR 글래스와 AR·VR 헤드셋 기기의 출시를 앞두고 있으며,[149] 애플은 3D 센서 개발업체인 프라임센스(PrimeSense), 모션 캡처 업체인 페이스시프트(Faceshift), AR 기업인 메타이오(Metaio) 등을 인수하였고,[150] 구글은 최근 홀로그램 기반 AR글래스 업체 노스(North)와 마이크로 LED 스타트업인 랙시엄(Raxium)을 인수하였다.[151] 또한, 2016년부터 2020년까지 5년간 애플은 25개, 구글은 14개, 마이크로소프트는 12개, 메타는 9개의 인공지능 기업을 인수한 것으로 보도된 바 있다.[152] 마이크로소프트는 블리자드(Blizzard)를 80조 원이 넘는 거금을 들여 인수하면서 그 대금을 전액 현금성 자산으로 충당할 수 있을 정도이고, 구글과 애플은 그러한 마이크로소프트보다도 훨씬 더 많은 이익을 해마다 남기고 있다. 그리고 메타버스 발전에 필수적인 고도화된 GPU를 제공하는 엔비디아(NVIDIA)와 같은 기술 기업이 이들의 뒤를 바짝 쫓고 있다. 이처럼 미국의 빅 테크 기업들은 미국 시장이 아닌 글로벌 시장을 장악하고 있고, 지금의 글로벌 시장에서는 자본의 이동이 자유로우며, 이들의 자본은 단순한 '갑부'(deep pocket)가 아닌 '갑부 중의 갑부'(extremely deep pocket)이기 때문에 글로벌 차원에서 누가 어떻게 나서더라도 현재의 기울어진 시장구조를 변화시키기는 어려운 상황이 되었다.

부연하면, 과거에는 특정 기업이 혁신적인 기술을 통해 시장을 장악하더라도 '게임 체인저'(game changer)가 다시 등장하여 시장의 경쟁 구조를 근본적으로 뒤흔들었다. 그러나 소수 빅 테크 기업들의 디지털 플랫폼 독점의 시대에서는 이러한 '게임 체인저'가 과연 존재할 수 있을 것인지, '게임 체인저'가 존재하더라도 빅 테크 기업들 사이에서 패권이 바뀌는 것에 불과한 것 아닌지 하는 의문이 제기된다. 이러한 상황이 특히 유럽연합을 중심으로 한 디지털 플랫폼 규제의 배경이 되었던 것처럼, 메타버스 또한 거대 기술기업의 독점을 제한하기 위한 다양한 규제 논의의 주요 의제가 될 가능성이 있다.

나. 메타버스 플랫폼의 독점과 대안?

그런데 메타버스 환경에서는 기존의 디지털 플랫폼 독점의 대안으로 제시된 방안들이 그대로 적용되기 어려울 수 있다. 예를 들면, '크레메르 보고서'에서 시장지배적 지위에 있는 플랫폼이 이용자의 멀티호밍(multi-homing)을 방해하지 못하도록 하기 위한 수단으로 제안하고 있는 데이터 이동성(data portability), 상호운용성(interoperability)[153]은 메타버스 환경에 적용하기 어렵거나 크게 제한될 수 있는데, 메타버스가 기존의 디지털 플랫폼과 달리 열린 생태계이자 가상사회로서의 성격을 지니고, 이용자들의 활동을 예측할 수 없으며, 여러 다양한 메타버스에 적용되는 기술도 상이하기 때문이다.

여기서 데이터 이동권과 상호운용성에 대해 잠깐 살펴보기로 한다. 예컨대, '페이스북'을 오랫동안 이용하다 보면 자연스럽게 '페이스북'에 이용자의 데이터가 누적되어 더 편리함을 누릴 수 있다. 이용 자체도 익숙해지지만, 데이터의 누적에 따라 각종 맞춤형 서비스도 훨씬 더 정확하게 제공되기 때문이다. 그러다 보면 나중에는 '페이스북'을 떠나고 싶어도 떠나기 힘들게 될 수 있는데(즉, 전환비용(switching cost)이 높아진다), 이러한 고착효과(lock-in effect)를 추구하는 것은 충성도 높은 고객을 유지하기 위한 비즈니스 전략으로서 그 자체가 나쁘다고 볼 이유는 없다. 그러나 특정 사업자가 시장을 지배하여 시장의 독점 구조가 고착화되고, 시장 독점자의 가격이 상승하거나 서비스 품질이 하락함에도 불구하고 기존의 서비스에 데이터가 묶여 있어 여전히 그 서비스를 사용해야 한다면 이는 경쟁을 제한하고 소비자후생을 저해하는 결과를 가져온다. 이러한 경우에는 이용자가 자신의 데이터를 다른 서비스로 쉽게 이전함으로써 서비스 간 경쟁을 촉진할 필요가 있으며, 여기서 데이터 이동성 보장은 시장 독점을 방지하고 경쟁을 활성화하는 데 있어 유용한 수단이 될 수 있다.

이와 같은 데이터 이동성 제도의 시초는 아마도 휴대폰 번호이동제(number portability)라고 할 수 있을 것이다. 이는 국내에도 2004년에 도입된 바 있고, 이후 2015년에는 계좌이동제도 도입된 바 있는데, 이들 모두 시장 경쟁 촉진이라는 목표를 지니고 있었다.[154] 그리고 유럽연합의 GDPR 제20조에서는 데이터 이동권(right to data portability)을 명시함으로써 데이터 이동성을 권리의 차원으로 승격시켰는데, 이러한 권리는 정보주체가 자신의 개인정보에 대한 통제권을 행사할 수 있도록 하기 위한 것이지만 데이터가 고착효과의 수단이 되는 것을 방지한다는 점에서 유효 경쟁 촉진 측면에서도 중요한 역할을 할 수 있다.[155] 참고로, 우리나라에서는 2020년 개정된 신용정보법 제33조의2에 개인신용정보 전송요구권이 신설되었고 이를 근거로 '마이 데이터' 사업이 추진되고 있지만, 이는 개인신용정보만을 대상으로 하고 있다는 점에서 GDPR의 데이터 이동권과는 차이가 크다. 또한, 데이터산업법 제15

조는 정부가 데이터 이동을 촉진하기 위한 제도적 기반을 구축하도록 노력하여야 한다고 규정하고 있을 뿐이어서, 아직까지는 일반적인 데이터 이동권은 제도화되지 못한 상태이다.

한편, 상호운용성도 데이터 이동권과 비슷한 맥락에서 디지털 플랫폼의 시장 독점 방지에 도움을 준다. 통상적으로 상호운용성은 하나의 시스템이 다른 시스템과 제약 없이 구동되는 것을 의미하는데, '호환성'이라고 생각하면 이해하기 쉽다. 예를 들면, '윈도우' OS에서 '엣지'(Edge) 외에도 '크롬'(Chrome), '웨일'(Whale) 등 여러 브라우저가 다 구동되는 것은 상호운용성이 있기 때문인데, 이러한 상호운용성이 확보되면 특정 플랫폼의 독점이 유지되기 어려워 시장 경쟁을 활성화하는 데 도움이 된다. '크레메르 리포트'에서는 상호운용성을 프로토콜 상호운용성(protocol interoperability), 데이터 상호운용성(data interoperability), 풀-프로토콜 상호운용성(full protocol interoperability)으로 세분하고 있다. 여기서 ① 프로토콜 상호운용성은 "둘 이상의 서비스나 제품이 기술적으로 상호 간에 접속될 수 있는 성질"로서 일반적인 호환성을 의미하고, ② 데이터 상호운용성은 데이터 이동성과 대체로 유사하지만, 지속적이고 실시간으로 이용자 데이터에 접근하게 한다는 측면이 강조되는 것이며, ③ 풀-프로토콜 상호운용성은 대체 서비스 사이의 상호운용이 가능하도록 하는 것을 의미한다.156) 여기서 데이터 이동성도 넓게 보면 상호운용성에 포함될 수 있음을 알 수 있는데, 다만 '크레메르 리포트'에서는 GDPR의 데이터 이동권보다 더 강화된 제도로서 개인정보에 대한 접근권 차원을 넘어선 데이터의 상호운용성 확보가 필요함을 강조하고 있다.157)

그러나 이상과 같은 설명에도 불구하고 디지털 플랫폼의 독점을 방지하기 위해 어느 정도의 상호운용성이 있어야 한다는 것인지 불명확하다는 비판은 여전히 제기되고 있다.158) 그리고 풀-프로토콜 상호운용성이 보장되기 위해서는 경쟁 플랫폼 사이에 강력한 표준화가 구축되어야 하고 이를 위해 플랫폼 사이의 조율이 필요하지만, 이에 대한 반작용으로 이들 사이의 담합이 발생하여 혁신을 제한할 가능성도 있다는 점은 '크레메르 보고서' 자체에서도 지적하고 있는 바이다.[159)]

상호운용성은 1994년에 발표된 '방게만 보고서'(Bangemann Report: 유럽 이사회의 요청에 따라 방게만을 의장으로 하여 다수의 전문가 그룹이 참여하여 발간한 보고서로서, 이후 유럽연합의 통신 정책에 많은 영향을 주었다)에서 강조되었는데, 다만 여기에서는 독점 방지가 아닌 통신 시장 활성화 방안으로 네트워크의 상호접속(interconnection)과 서비스·응용프로그램의 상호운용성을 제안하였다.[160)] 이후, 플랫폼을 바탕으로 한 디지털 경제가 정착되면서 상호운용성이 갖는 의미가 다소 변모하였는데, 2015년 5월에 발표된 유럽연합의 '디지털 단일시장 전략' 4.2항에서는 상호운용성과 표준화를 통한 경쟁 촉진을 강조하였고, '크레메르 리포트'에서도 디지털 플랫폼 독점 방지를 위해 상호운용성을 강조하였다. 이후, 2021년에 개정된 독일 경쟁제한방지법 제19조a 제2항에서는 상호운용성 및 데이터 이동성의 제한행위를 시장지배적지위 남용 유형으로 명시하게 되었고, DMA에서도 제6조에서 운영체제(OS) 등에 대한 접근 보장과 더불어 상호운용성과 데이터 이동성 확보를 게이트키퍼(gatekeeper)에 해당하는 거대 플랫폼 사업자의 의무로 명시하고 있다.

이제 다시 메타버스 이야기로 돌아와 보자. 메타버스 플랫폼에서도 상호운용성의 필요성은 강조되고 있다. 메타버스 플랫폼 사이에 서비스 호환과 이동권 보장이 필요하며, 이를 위해 메타버스 플랫폼 사이의 협의와 글로벌 차원에서 소비자를 연결시키는 마켓플레이스와 플랫폼 기준의 표준화 작업이 필요하다는 견해가 그것인데,[161)] 실제로 메타버스 분야의 선도 기업 중 하나인 메타는 지난 6월에 마이크로소프트, 알리바바(Alibaba), 화웨이(Huawei) 등과 함께 '메타버스 표준 포럼'을 발족하여 상호운용성 확보를 위한 표준 정의 및 기술 개발에 나서기로 했다고 보도되기도 하였다.[162)] 메타버스에 활용될 실감 콘텐츠 제작을 위한 여러 기술 표준들도 이미 등장하고 있는데, 예컨대 3D 콘텐츠 관련 표준으로 ARML, VRML, X3D, COLLADA 등이 개발되어 있고, 3D 렌더링 관련 표준으로 Unity3D, OpenGL 등이 개발되어 있다. 그리고 현실세계의 오감을 가상세계로 옮기기 위한 기준으로 MPEG – V 표준이 지속적으로 업데이트 되고 있다.163)

　사실, 메타버스가 아니더라도 세계 각국은 자국 기업이 연구 · 개발 중인 기술이 표준으로 채택될 수 있도록 치열한 경쟁을 하고 있다. 우리나라에서도 해마다 한국정보통신기술학회(TTA)에서 "ICT 표준화전략맵"을 개발하고 있으며, 개별 기업이 개발 중인 유력한 기술이 국제기구인 전기전자공학자협회(Institute of Electrical and Electronics Engineers; IEEE)에 채택될 수 있도록 많은 지원을 하고 있다. 이는 기술 표준이 향후 글로벌 시장 개척에 큰 도움이 될 뿐만 아니라, 강력한 기술적 진입장벽이 되어 표준이 되지 못한 기술을 지닌 기업은 도태되기 쉽기 때문이다.

　여기서 상호운용성의 확보라는 것이 여러모로 주의해야 할 컨셉임을 깨닫게 된다. 메타버스처럼 아직은 초창기 단계에 있는 서비스의 경우에는 그 기반 기술에 대한 표준화와 상호운용성의 확보가 생태계 형성 차원에서 매우 중요한 것은 분명하다. 그러나 대체로 기업들이 상호운용성을 추구한다고 할 때 그것이 풀 – 프로토콜 상호운용성을 의미하는 것은 아니다. 따라서 표준화와 상호운용성 확보를 통해 어떤 플랫폼 생태계가 형성될 경우, 그것은 모두가 아닌 어느 누군가를 위한 생태계일 가능성이 높다. 어떠한 생태계가 지배적인 생태계로 자리 잡고, 그 생태계에서 표준이 되는 기술이 핵심적인 기술이라면 그러한 기술은 나중에 시장의 강력한 진입장벽이 될 수 있다. 이로 인해 해당 생태계는 표준으로 채택된 기술을 보유한 기업의 승자독식(winner – take – all)으로, 플랫폼 서비스 측면에서는 그러한 생태계를 주도한 몇몇 기업들의 생태계 지배로 귀결될 수 있다.

　물론, 메타버스 플랫폼 서비스에 대해 풀-프로토콜 상호운용성을 확보한다면 이러한 특정 기업의 생태계 지배를 막을 수 있을지 모르지만, 시장의 형성 단계에서 풀-프로토콜 상호운용성을 확보한다는 것은 기업의 비즈니스 모델과 맞지 않은 비현실적인 이야기일 수 있다. 메타버스 플랫폼 운영자들은 각자 자신의 플랫폼을 바탕으로 한 생태계를 형성하기 위해 각고의 노력을 기울이는 중이고 이를 통해 플랫폼 생태계 사이에 경쟁이 벌어지는 것인데, 이러한 상황에서 여러 플랫폼 생태계를 완전히 연결하는 풀-프로토콜 상호운용성을 확보하라고 하는 것은 시장의 기본원리와 상당히 동떨어진 것이다. 그러한 풀-프로토콜 상호운용성은 과거 통신망의 상호접속이 법에 의해 강제되는 것과 같은 예외적인 상황에서 가능한 것일 뿐이며, 현재 어떻게 발전할지도 모르는 메타버스에서 그와 같은 풀-프로토콜 상호운용성이 확보될 것을 기대하기는 어렵다.

　게다가, 메타버스가 성숙한 후에도 메타버스 플랫폼 서비스 측면에서는 상호운용성 확보라는 것은 매우 어려운 목표가 될 것 같다. 메타버스는 그 특유의 기술 개방성과 생태계의 포괄성으로 인하여 어떤 방향으로 발전할 것인지 예측하기 어렵다. 메타버스 플랫폼마다 추구하는 가치와 방향도 다르다. 이러한 상황에서 메타버스 플랫폼 서비스 간의 완전한 상호운용성을 확보한다는 것 자체가 비현실적인 일이다. 상호운용성은 고사하고, 메타버스 플랫폼 사이에서는 데이터 이동성조차도 확보하기 쉽지 않은데, 메타버스 이용자들의 모든 활동이 데이터인 상황에서 데이터 이동성 내지 이동권을 보장한다면 그 범위는 대체 어디까지여야 하는지부터 알 수 없다. 예를 들면, '제페토'에서 아바타로 활동한 데이터를 '이프랜드'나 '호라이즌 월드'에 옮긴다는 것은 무슨 의미일까? 완전한 데이터 이동이라는 것이 가능하기는 할 것인가? 그리고 메타버스 플랫폼 운영자는 어떤 데이터를 어떻게 보관하고 있다가 어떻게 제공해주어야 한단 말인가? 또한, 국경을 넘는 데이터 이동은 어떻게 처리할 것인가? 이러한 상황에서 '제페토', '이프랜드', '호라이즌 월드'가 상호운용되어야 한다면, 이는 대체 뭘 어떻게 하라는 이야기일까?

　또한, 어떠한 기술이 시장의 경쟁을 통해 우위에 서고 표준이 되는 것 자체를 막을 수는 없고 막아서도 안 된다. 그것은 경쟁의 당연한 모습이기 때문이다. 초기부터 개방형 표준만을 강조하는 것도 정답은 아니다. 개방형 표준을 이루는 기술의 품질이 떨어질 수도 있고, 우월한 기술을 지닌 기업이 시장의 독점자가 아닌 이상 그에게 기술 개방을 요구할 근거도 부족하며, 개방형 표준을 채택하더라도 오픈 소스(open source)였던 안드로이드 OS를 통해 성장하여 생태계를 장악한 구글처럼 시장의 지배자는 여전히 등장할 수 있기 때문이다.

　결국 메타버스 환경에서는 메타버스 플랫폼의 독점을 방지하거나 해소하기 위한 수단으로서 상호운용성이 갖는 의미는 축소될 수밖에 없을 것 같다. 앞서의 불행한 시나리오대로 현재의 빅 테크 기업들이 메타버스마저도 독점하는 일이 발생한다 하더라도, ① 시장 형성 초기에 특히 기술을 중심으로 한 상호운용성은 오히려 거대 기술기업들에게 더 유리한 진입장벽을 형성해 줄 우려가 있고, ② 어떠한 메타버스 플랫폼 서비스나 생태계 내에서의 상호운용성은 해당 플랫폼 운영자가 알아서 추구할 것이며, ③ 복수의 메타버스 플랫폼 서비스나 생태계 간의 완전한 상호운용성이라는 것은 현실성이 떨어져서 시장 형성 초기에나 시장 성숙 후에나 강제하기 어렵기 때문이다. 즉, 기존의 디지털 플랫폼 독점에 대한 대안으로서의 상호운용성은 메타버스에서는 큰 의미를 가질 수 없고, 상호운용성을 요구하더라도 이는 표준화된 기술의 개방을 요구하는 것 이상의 의미를 갖기 어렵다는 한계를 인식할 필요가 있다.

　그렇다면 어떻게 할 것인가? 일단 메타버스처럼 시장 형성 초기에 있는 플랫폼의 경우에는 막연하게 서비스나 생태계의 상호운용성 확보를 강조하기 보다는 관련 기술의 발전과 경쟁 상황을 지켜보면서 국내 기술 기업들의 적극적인 해외 진출과 표준 채택을 돕는 것이 더 낫다고 생각된다. 플랫폼 서비스나 생태계 자체의 상호운용성이 아닌 기술의 상호운용성을 강조하고 이를 지원의 중심으로 삼는 것이 낫다는 것이다. 물론, 그러한 기술이 나중에 시장의 독점기업에 의해 남용되지 않도록 하는 것은 정부와 경쟁당국의 주요한 역할이다. 메타버스 시대가 본격적으로 도래하기도 전에 독점 규제부터 논의하는 것은 다소 성급한 면이 있지만, 어떤 경우든 거대 기술기업의 시장지배력이 메타버스로 전이되고 이를 통한 남용행위가 발생하지 않도록 유의해야 한다는 것은 분명하다.

또한, 시장의 구조적 측면에서 메타버스 발전을 가로막는 장애물을 제거하는 데 많은 노력을 기울일 필요가 있다. 대표적인 것이 인앱 결제 강제에 관한 것인데, 국내외에 수많은 이용자를 보유한 성공한 메타버스로 널리 알려진 '제페토'의 경우만 하더라도 구글에게 인앱 결제에 따른 높은 수수료를 지급하고 있다. 이처럼 모바일 생태계 자체가 소수의 기업에 의해 장악된 상태에서는 소프트웨어 측면에서 아무리 혁신적인 메타버스 서비스를 개발하더라도 그 성장의 과실은 '플랫폼의 플랫폼'(Platform of Platform)으로서 전 세계 시장을 복점하고 있는 구글, 애플이 수취하게 된다. 우리나라에서는 2021년에 전기통신사업법을 개정하여 구글, 애플과 같은 앱 마켓 운영자(법에서는 '앱 마켓사업자'로 부르고 있다)의 인앱 결제 강제를 제한하고 있지만, 여전히 실효적인 집행은 이루어지고 있지 않아 갈 길이 멀다.164)

이때, 유의해야 할 것은 이러한 규제 논의는 앱 마켓과 같이 시장의 복점 구조가 고착화되고 각종 남용행위가 발생하는 등의 시장 실패가 확인된 영역에서, 그 대상을 다양한 혁신기술과 강력한 자본력으로 무장한 글로벌 거대 기술기업에 한정하여 이루어져야 한다는 점이다. 현재 국내 기업들이 미국의 빅 테크 기업들과 글로벌 차원에서 맞설 수 있는 자본력과 기술력을 갖추지 못하고 있음을 감안하면, 국내 규제를

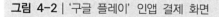

그림 4-2 | '구글 플레이' 인앱 결제 화면

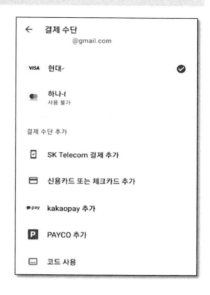

함부로 강화할 경우 이는 국내 플랫폼 기업들에 대한 역차별로 귀결될 수 있다. 글로벌 시장에서의 지배력 자체가 다른 상황에서 같은 규제를 적용받는 것 자체가 불평등일 수 있는데다가, 동등한 규제를 적용하더라도 자본력이 부족한 국내 기업들에게는 그 규제비용이 더 크게 다가올 수밖에 없기 때문이다.

　혁신기술을 성장으로 세계 시장을 석권하는 것 자체가 나쁜 것도 아니고, 우리나라와 같이 부존자원이 열악한 국가에서는 권장해야 할 일이기도 하다. 어찌 보면 석권과 지배는 동전의 양면과 같다. 그러므로 빅 테크에 대한 규제 필요성을 이야기하는 것이 시장에 대한 신뢰를 거두자는 의미는 아니다. 오해를 피하기 위해 덧붙여 둔다.

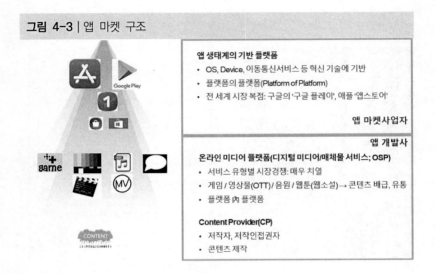

그림 4-3 | 앱 마켓 구조

앱 생태계의 기반 플랫폼
- OS, Device, 이동통신서비스 등 혁신 기술에 기반
- 플랫폼의 플랫폼(Platform of Platform)
- 전 세계 시장 복점: 구글의 '구글 플레이', 애플 '앱스토어'

앱 마켓사업자

앱 개발사

온라인 미디어 플랫폼(디지털 미디어/매체물 서비스; OSP)
- 서비스 유형별 시장경쟁: 매우 치열
- 게임 / 영상물(OTT) / 음원 / 웹툰(웹소설) → 콘텐츠 배급, 유통
- 플랫폼 內 플랫폼

Content Provider(CP)
- 저작자, 저작인접권자
- 콘텐츠 제작

2. 메타버스 플랫폼의 규제자

가. 메타버스 안에서의 질서 유지 – 메타버스 이용규칙

어느 사회·세계가 그러하듯, 메타버스라는 가상세계 안에서도 질서
를 유지하기 위한 여러 규칙이 존재한다. 이 책에서는 이러한 규칙을
'메타버스 이용규칙'이라 부르려고 하는데, 그 유형은 다음과 같이 나누
어 볼 수 있을 것 같다: ① 메타버스 내의 현상·활동에 대한 외부 현
실세계의 법적 규율, ② 메타버스 플랫폼 운영자가 정하는 이용약관
형태의 규칙(넓게는 운영자 스스로 또는 운영자들이 모여서 제정한 행동강령(code
of conduct)이나 윤리규범도 여기에 포함될 수 있다), ③ 메타버스 이용자들 사
이에 자생적으로 수립되는 규칙.

이 중 세 번째 유형의 이용규칙은 이 책에서 자세히 다룰 내용은 아
니어서 지금 간략히 언급하고 넘어가려 한다. '메타버스 로드맵'에서도
지적한 것처럼, 가상세계에서는 성, 인종, 사회계층, 에티켓, 집단적 가
치와 목적 등을 둘러싼 사회규범이 창조되거나 변할 수 있는데,[165] 이

처럼 이용자들이 활동하는 과정에서 이들 사이에 자생적으로 수립되는 규칙은 원칙적으로 법적 규율의 대상이 되기는 어렵다. 다만, 그러한 규칙이 반사회적 성격을 띨 경우에는 이를 어디까지 용인할 것인지, 만약 규율을 한다면 어떤 방식으로 규율해야 하는지와 같은 어려운 문제에 봉착할 수 있다. 이와 같은 자생적인 반사회적 규칙의 수립 자체를 막을 방법은 거의 없다. 다만, 그러한 반사회적 규칙이 공표되었을 경우, 그 자체가 현실세계 법에 따른 범죄를 구성하거나 정보통신망법 제44조의7 제1항의 불법정보에 해당하는 경우에는 일정한 제한이 가능할 수 있다. 그러나 그와 같은 반사회적 규범이 현행 청소년보호법 제2조 제2호의 "매체물"에 해당한다고 볼 수 있을 것인지 불분명하고, 따라서 이를 청소년유해매체물로 규제할 수 있을지는 장담하기 어렵다. 이처럼 메타버스 이용자들 사이에서 자생적으로 발생한 반사회적 규칙은 법적으로 제한하기는 어려우며, 경우에 따라 메타버스 플랫폼의 이용약관에 의해 통제될 가능성이 있을 뿐이다. 반면, 반사회적 성격을 지닌 가상사회의 규칙에 따른 이용자들의 개별적인 행동이 현실세계의 범죄나 금지행위에 해당하는 경우에는 당연히 현실세계의 법이 적용된다.

첫 번째 유형의 이용규칙, 즉 메타버스 내의 현상 및 활동에 대한 외부 현실세계의 법적 규율은 그 자체로 메타버스 이용에 관한 규범이 된다. 이러한 현실세계의 법과 가상세계의 관계에 대해서는 앞서 제2장에서 설명한 바 있고, 이 책의 다른 부분들도 대체로 이에 관한 이야기들로 구성되어 있다. 이번 장에서는 현실세계의 법이 실효적으로 적용되고 집행되기 위해서는 메타버스 플랫폼 운영자의 협력을 요한다는 점이 초점이다.

두 번째 유형의 이용규칙은 메타버스 플랫폼 운영자 스스로 정하는 것이다. 그런데 이용약관은 본래 사인 간의 계약이다. 다만, 플랫폼 생태계가 고도화되고, 특히 메타버스와 같이 가상사회·가상세계가 형성되는 공간에서는 그러한 이용약관의 의미가 단순한 사적 계약에만 머

무르지 않게 될 수 있다. 메타버스 플랫폼 운영자의 기능과 역할이 확대될수록 사실상 규제자에 가깝게 될 수 있다는 것이다.

이번 장에서의 논의의 초점은 두 번째 유형의 이용규칙이지만, 이는 현실세계의 법적 규율인 첫 번째 유형의 이용규칙과 상당히 밀접하게 연관되어 있다. 사실 이용약관도 현실세계의 법적 규율을 벗어날 수 없고, 강제력 있는 규율에 위반되어서도 안 된다. 메타버스 플랫폼 운영자의 역할도 이용약관 등을 정하는 것에 한정되는 것이 아니며, 그러한 역할에는 현실세계의 법규범이 잘 적용되고 집행되도록 협조하는 것도 포함될 수 있다. 그리고 최근 들어 집중적으로 논의되고 있는 자율규제(self-regulation)는 이상의 맥락과 밀접한 관련이 있다. 이하에서 좀 더 상세하게 살펴본다.

나. 메타버스 플랫폼 운영자의 영향력 – 심판(Referee)과 빅 브라더(Big Brother) 사이의 어디쯤?

가상사회, 가상세계의 성격을 갖는 메타버스에서는 운영자의 규제자로서의 역할이 더욱 강조될 수 있다. '크레메르 보고서'에서는 플랫폼 안에서의 경쟁을 촉진하기 위한 방안으로 플랫폼에서의 검색 결과나 노출 순위의 공정성·투명성 확보, 플랫폼의 남용적 자기선호·자사우대(self-referencing) 방지 등을 내용으로 하는 플랫폼의 규제자로서의 역할이 주장된 바 있는데,166) 이는 주로 거래 질서와 경쟁에 관한 것들이다. 그리고 'EU P2B 규칙'으로 잘 알려진 「온라인 중개서비스의 영업적 이용자를 위한 공정성 및 투명성 증진에 관한 규칙(REGULATION (EU) 2019/1150 of 20 June 2019 on promoting fairness and transparency for business users of online intermediation services)」에서는 검색엔진, 온라인 중개서비스 사업자에 대해 노출 순위와 차별취급에 관한 일정한 공정성·투명성 의무를 부과하였고, DMA에서는 게이트키퍼에 해당하는 거대 플랫폼에 대해 남용적 자기선호·자사우대를 비롯한 많은 의무를 부과하고 있다. 또한, 플랫폼

안에서 유통되는 콘텐츠에 대한 내용규제의 측면에서는 내년에 DMA와 함께 시행될 것으로 예상되는 DSA, 즉 「디지털 서비스법(Digital Services Act)」에서 플랫폼의 자체적 분쟁해결시스템, Trusted Flagger(불법 콘텐츠를 금지할 수 있는 능력과 책임이 있는 개인 또는 객체) 제도, 보고의무 등을 강제하고 있다.

우리나라에서는 아직 본격적으로 입법이 이루어진 것은 많지 않지만, 플랫폼 사업자에게 지금보다 더 많은 의무를 부과해야 한다는 주장이 상당히 강력하기 때문에 향후 일정한 규제 입법이 이루어질 것으로 생각된다. 디지털 경제에서 플랫폼 비즈니스는 규모의 경제(economies of scale)와 범위의 경제(economies of scope)를 바탕으로 규모에 따른 극도의 수익(extreme returns to scale)을 창출할 수 있는 기회가 되는데,167) 그러한 수익에 비해 플랫폼 사업자들이 의무는 회피하고 있다는 지적도 드물지 않게 등장하고 있다.

EU P2B 규칙, DMA, DSA나 우리나라에서의 온라인 플랫폼 규제 논의에 관해서는 이미 다양한 문헌에서 상세한 분석이 이루어져 있기 때문에 이 책에서 이를 자세히 설명할 필요는 없을 것 같다. 그리고 플랫폼을 통해 발생하는 문제가 있다면 플랫폼이 일정한 법적 책임을 져야 할 것이고, 생태계를 지배하는 자가 생태계의 건전성 확보를 위해 일정한 의무를 져야 하는 것은 당연한 일이다. 그러나 이미 시장 실패가 발생하였거나 시장 실패가 발생할 우려가 현저하지 않은 상태에서 불확실한 장래예측적 판단만으로 플랫폼에 많은 의무를 부과하는 것은 바람직하지 못한 결과를 야기할 수 있다. 그 자체로도 헌법상 과잉금지 원칙에 맞지 않는 과잉규제가 된다는 문제도 있지만, 그러한 이론적 논의에 앞서 실제 시장에서는 플랫폼에 대해 법으로 요구하는 사항들이 많아질수록 시장의 진입장벽은 높아질 수 있기 때문이다. 즉, 법이 강화될수록 신규 진입자, 특히 스타트업들은 법의 다양한 요구사항을 모두 지키면서 사업을 시작하기 어려워질 수 있고, 이는 결국 기존 진입자, 강력한 자본력을 갖춘 대기업에 유리한 결과가 된다.

게다가, 법에 의해 플랫폼에 의무가 부과되는 것은 다른 측면에서는 플랫폼의 권한도 될 수 있으며, 메타버스 환경에서는 그러한 경향이 더 강해질 수 있다. 사실, 불법 콘텐츠에 대한 모니터링은 실질적으로는 콘텐츠 내용규제에 해당하기 때문에 그 자체가 플랫폼이 일정한 경찰권을 행사하는 것이 된다.168) 그리고 열린 생태계로서의 메타버스 특유의 개방성을 고려하면, 메타버스를 통해 제공되는 서비스나 그 안에서 이루어지는 다양한 활동에 대해 정부의 직접적인 법적 규제, 즉 경성규제를 적용하는 것은 효율적인 방안이 되기 어렵다. 개별적인 활동에 대해 일일이 세부적인 룰(rule)을 만들기도 어렵거니와 가상공간에서 수시로, 그리고 다발적으로 발생하는 제반 문제들을 일일이 파악하여 법을 집행하는 것도 현실적으로 매우 곤란하기 때문이다. 이러한 환경에서는 메타버스 플랫폼 운영자에게 가상사회·세계의 질서 유지를 위한 보다 포괄적인 역할이 요구될 가능성이 높은데, 이는 메타버스 플랫폼 운영자, 특히 메타버스를 운영하는 빅 테크 기업의 영향력을 강화하는 계기가 될 수 있다. 글로벌 플랫폼의 사회적·경제적·정치적 영향력이 급증하면서 유럽연합에서는 이를 국가 주권에 대한 위협으로 받아들이게 되었고, 이것이 유럽연합 차원에서 다양한 플랫폼 규제를 도입하는 계기가 된 것인데,169) 메타버스 환경에서 플랫폼 규제가 플랫폼 운영자의 영향력을 증대하는 결과를 가져오는 아이러니가 발생할 수 있는 것이다.

이 지점에서 메타버스 플랫폼 운영자의 지위와 역할에 대한 사회적·법적 논의가 요구된다. 메타버스 플랫폼 운영자는 새로운 영향력, 혹은 권한을 바탕으로 입법자나 정책 입안자가 의도한 공정한 심판(referee)이 될 수도 있지만, 그 예상을 벗어난 무소불위의 빅 브라더(big brother)가 될 수도 있다. 몇 가지 예를 들어 보자. 우선, 메타버스 플랫폼 운영자가 교묘한 방법으로 특정 기업이나 개인을 차별할 수 있는데, 이 경우 이를 제어할 현실적인 수단이 마땅치 않다. 예를 좀 더 구체화해 보면, 게임물에 대해 등급분류를 할 때 어떤 게임물에 대해 어떠한 연령등급을 부여할 것인지는 상당히 주관적인 것이어서 게임물 자체등급분류사업자인 메타버스 플랫폼 운영자가 특정 게임을 의도적으로 차별하더라도 그것이 차별임을 밝혀내는 것은 쉽지 않은 일이다. 또 다른 예를 들어보자면, 메타버스 플랫폼을 비정상적으로 활용하는 여러 개인·집단들 중 특정 개인·집단에 대해서만 각종 제재를 가하는 경우도 있을 수 있다.

　메타버스 플랫폼 운영자는 '잊힐 권리'에 대해서도 상당히 강력한 규제자가 될 수 있다. 2014년 5월에 유럽사법재판소가 '잊힐 권리'를 인정하고 구글에 대해 사용자가 원하지 않는 검색 결과와 링크를 삭제하라고 결정한 이래,170) 구글에는 3년간 300만 개 이상의 URL에 대한 삭제 요청이 들어와 43%가 삭제되었다.171) 여기서 문제되는 것은 구글이 누군가가 '잊힐 권리'를 행사하면 무조건 응하는 것이 아니라 '잊힐 권리'를 주장하는 신청인의 이익과 해당 정보를 대중에 공개하는 것의 중요성을 참작해 삭제 여부를 결정한다는 것이다.172) 메타버스에서는 이용자들의 적극적 활동이 많아질 것이기 때문에 '잊힐 권리'의 중요성도 커지게 될 것인데, 그렇다면 메타버스 플랫폼 운영자의 기능과 역할도 그만큼 커지게 된다. 또한, NFT의 경우에는 블록체인 특유의 비가역성(非可逆性)으로 인하여 일단 판매되어 블록체인에 기록된 이후에는 삭제가 불가능하고, 해당 기록을 이용자들이 접근할 수 없는 특정 주소로 보내어 사용을 못하게 하는 형태의 '소각'(burning)만 가능한데, 그렇다면 누군가가 자신과 관련된 NFT에 대해 '잊힐 권리'를 행사할 경우, 이에 대한 처리는 NFT 거래 플랫폼과 메인넷(Main Net)을 운영하는 사업자의 조치에 따라 달라진다.

　그리고 메타버스 플랫폼 운영자가 메타버스를 설계하면서 여기에 일정한 세계관·가치관을 반영할 수 있고, 이를 운영하는 과정에서 일정

한 가치판단을 하게 되는데, 이를 통해 특정 개인·기업에 대해 부정적
이미지를 심어줄 수 있고, 사회적·정치적으로 상당한 영향력을 행사할
수 있다. 기존에도 실존 운동선수들을 바탕으로 제작된 '피파'(FIFA)나
'엔비에이'(NBA) 게임에서 능력치에 대한 불만이 제기되는 경우가 종종
있었는데,173) 메타버스 내에서 운동선수는 물론, 특정 정치인이나 연예
인 등 유명인사를 캐릭터화 한 다음 그 외양, 능력, 행동 등을 다소 이
상하게 설정하는 경우에는 법적으로 제어하기 매우 까다롭다. 특정 정
당이나 정치인, 정책에 대한 이미지를 교묘하게 특정 방향으로 설계할
경우, 공직선거와 정치적 의사결정에 상당한 영향을 미칠 가능성도 배
제하기 어려우며, 딥페이크 기술이나 인공지능의 발전은 이러한 우려
를 더욱 가중시킨다.

나아가, 메타버스 내에서 아바타끼리의 PK(Player Killing), NPC에 대
한 폭행과 같은 경우, 메타버스 자체에서 그러한 기능 자체를 부여하지
않는 것이 바람직하지만 그럼에도 불구하고 메타버스 플랫폼 운영자가
이를 허용하였을 때 어떠한 법적 규율을 할 수 있는 것인지 분명하지
않다. 메타버스에서 제공되는 사회통념상 정상적인 기능을 이용자가
비정상적으로 활용하는 것(예컨대, 명예훼손)은 이용자의 문제이지만, 메
타버스 플랫폼 운영자가 애초부터 비정상적인 기능을 허용하는 경우에
는 그에 대한 대응이 쉽지 않을 수 있다는 것이다. 특히, 이용약관이
거래의 측면에서는 별다른 문제가 없지만, 그 자체가 교묘하게 반사회
적인 성격을 담고 있는 경우에는 여러 측면에서 논란이 발생할 것으로
생각된다.

데이터 측면에서도 메타버스의 '빅 브라더'화(化)에 대한 걱정이 남는
다. 데이터가 물리적 자산에 비해 어느 정도의 가치를 지니는지에 대해
서는 여전히 논란이 있지만, 분명한 것은 데이터는 인공지능의 연료이
자 디지털 시장의 핵심적인 자산에 속한다는 점이다. 그런데 메타버스
플랫폼 운영자는 메타버스 이용자들로부터 다양한 형태의 생체정보와

그림 4-4 | NPC를 주제로 다룬 영화 '프리 가이'(Free Guy)

행태정보를 수집할 수 있다. 또한, 메타버스 내 크리에이터와 영업적 이용자들의 활동을 통해 다양한 추론 데이터와 빅 데이터를 확보할 수 있다. 이러한 데이터를 어떻게 활용할 것인지에 따라 서비스의 차별화가 이루어질 것이고, 맞춤형 광고의 활용을 통한 수익모델도 달라질 것이다. 이용자들에게 편익을 가져다 줄 수도 있겠지만, 독점으로 이어지고 남용행위가 발생하여 이들의 이익을 침해할 가능성도 있다. 그리고 어떤 메타버스가 이용자들의 삶과 비즈니스에 점점 필수적인 것이 될수록, 즉 이용자들이 그 메타버스에 대한 의존성이 강해질수록, 이용자들은 자신이 보유하거나 창출하는 데이터에 대한 통제권을 점차 잃어갈 가능성이 있다. 작년에 제정된 데이터산업법과 올해 제정된 산업디지털전환법은 데이터의 활용 및 보호를 위한 여러 원칙들을 제시하면서 특히 데이터를 생성한 자가 그에 대한 사용·수익권을 지닌다는 점을 분명히 하고 있는데, 향후 메타버스 환경에서 이러한 규정들이 어느 정도 효과적으로 작동할 것인지는 지켜볼 필요가 있을 것이다.

이러한 상황에서 메타버스 플랫폼의 이용약관과 같은 규칙은 공법적 의미를 가질 수 있다. 본래 이용약관은 사적 계약에 해당하지만, 메타버스 플랫폼 운영자가 규제자로서의 역할을 하게 된다면 이용약관의 의미도 변할 수밖에 없다. 이때에는 메타버스 플랫폼 운영자가 사실상 입법자의 역할을 하게 되기 때문이다. 현재도 구글, 애플의 앱 마켓 이용약관 같은 경우에는 단순한 사적 거래의 표준화가 아닌 시장의 생태계를 적극적으로 형성하는 규범으로서의 기능을 하고 있다고 해도 과언이 아닌데, 메타버스의 경우에는 이러한 가능성이 더욱 커질 수 있다.

나아가, 어떤 이용자가 사회적으로 혹은 또래 집단에서 널리 활용되는 어떤 메타버스에서 이용약관 위반을 이유로 축출되는 것은 단순히 사기업이 제공하는 특정 서비스에 대한 이용을 못하는 것에 그치지 않고 사회적 활동영역·공간에서의 퇴출을 의미할 수 있고, 사회적 낙인효과까지 가져올 수 있다. 만약 어떤 메타버스가 지금의 통신서비스만큼 보편적인 것으로 자리 잡는다면, 그러한 메타버스에 가입하거나 그 이용을 거부당하는 것은 헌법상 인간다운 생활을 할 권리를 제한받는 것일 수도 있고, 문화국가원리에 반하는 것일 수도 있다. 어떤 메타버스가 공공재 내지 필수재에 이르게 될 경우, 그러한 메타버스에 대한 접근과 이용에 관한 많은 논란이 발생할 것이다. 이에 대해서는 우편이나 전기통신서비스처럼 법적으로 보편적 서비스 의무를 부과해야 한다거나, 급부국가 개념이 변화하여 메타버스가 디지털 복지의 대상이 되어야 한다거나, 경쟁법상 필수설비이론이 적용되어 메타버스 플랫폼 운영자의 행위에 대해 여러 제한을 부과해야 한다는 등의 논의가 이루어질 수도 있지만, 어떤 경우든 사적 영역에서 시작한 서비스에 대해 공법적인 규율을 가하는 것은 만만치 않은 일이 될 것이다.

물론, 건전한 플랫폼 생태계 형성은 플랫폼 비즈니스에서 핵심적인 요소이기 때문에 메타버스 플랫폼 운영자 또한 자신이 운영하는 메타버스의 명성과 평판, 신용을 유지하고 이용자를 확대하기 위하여 스스로 일정한 규율을 하고 있고, 앞으로도 그럴 것으로 예상된다. 최근 들어 메타에서 '호라이즌 월드'와 '호라이즌 베뉴'(Horizon Venues)에서 아바타 사이에 4피트 거리를 유지하도록 한 것은 이러한 메타버스 플랫폼 운영자의 자정 노력을 보여주는 좋은 예이며,174) '제페토'나 '이프랜드' 등 대부분 메타버스 플랫폼에서는 불법 콘텐츠 방지·차단을 위한 가이드라인을 두고 있다. '유튜브'나 '페이스북' 등과 마찬가지로 메타버스 내 각종 콘텐츠에 대해 인공지능 기술과 사람의 작업을 통해 활발한 모니터링과 필터링도 이루어지고 있으며, 이러한 모니터링·필터링은 향후 더욱 강화될 것으로 보인다. 그리고 생태계 확장을 위해 노력하는 메타버스 플랫폼 운영자가 자의적이고 차별적인 기준을 함부로 적용하여 이용자들을 쫓아낸다는 것도 조금은 비현실적인 가정이기도 하다.

그러나 메타버스 플랫폼 운영자의 자정활동만으로는 충분하지 않다고 사회가 판단할 때, 법이 어디까지 개입해야 하고 효과적인 목적 달성을 위해 어떠한 수단을 택해야 할 것인지 등은 난제이다. 아직 문제가 본격화하지도 않은 현 시점에서 이에 대한 해답을 지금 당장 제시하기는 어렵다. 다만, 메타버스 플랫폼 운영자의 지위와 역할에 대해서는 법이나 규제 측면에서 뿐만 아니라 사회적 측면에서 논의될 필요가 있다는 점은 강조해두고 싶다. 본래 규제는 모든 사회적 문제를 해결할 수 있는 수단이 아니며, 합리적 규제가 도입되어 실효적으로 작동하기 위해서는 시민사회와 같이 움직이는 것이 필요하다. 애초부터 어떤 콘텐츠나 서비스의 건전성과 불온성은 법이 완벽하게 정할 수 있는 영역이 아니다. 그리고 메타버스의 경우에는 지금까지 살펴본 여러 특성상 규제 그 이상으로 시민사회의 역할이 더욱 중요해질 수밖에 없다.

다. 메타버스와 자율규제

건전한 메타버스 생태계 유지와 발전을 위하여 메타버스 플랫폼 운영자의 기능과 역할이 확대되는 것은 불가피하지만, 이러한 상황이 역설적으로 메타버스 플랫폼 운영자에게 과도한 권한을 줄 우려도 있다는 점을 살펴보았다. 그러나 메타버스는 이제 태동하여 발전하고 있는 단계이기 때문에, 메타버스 플랫폼 운영자가 어두운 빅 브라더가 되는 것을 걱정하기보다는 정부와 메타버스 플랫폼 운영자와의 협력적 관계 속에 메타버스 생태계에 대한 합리적 규칙을 정비해 나가는 데 더 초점을 맞출 필요가 있어 보인다.

여기서 자율규제라는 유연한 규제 방식은 도움이 된다. 그런데 자율규제라는 말은 언뜻 형용모순처럼 보이기도 한다. 그리고 자율규제라는 것이 구체적으로 무엇을 뜻하는 것인지 막연한 측면도 있다. 특히, 우리나라의 경우에는 정부나 민간이나 자율규제라는 개념 자체가 아직은 낯설고, 민간의 자율적인 규율에 대한 국민적 신뢰도 높다고 보기도 어렵다. 그렇기 때문에 자율규제의 의미에 대한 정확한 이해가 이루어지지 못한 상태에서 자율규제의 도입만이 강조될 경우, 이를 실행하는 민간도, 이를 바라보는 정부도 모두 혼란에 빠질 수 있다.

이하에서는 자율규제라는 것이 무엇이고, 메타버스에 어떻게 적용될 수 있는지 살펴본다. 다만, 자율규제에 관한 논의는 너무나 방대하고, 이를 모두 다루기에는 필자의 역량도, 지면도 모두 부족하기 때문에 가급적 간략히 살펴보려 한다.

(1) 자율규제?

필자가 사업자들을 인터뷰해 보면 자율규제는 형용모순 같아서 이해가 잘 되지 않는다는 답변을 들을 때가 종종 있다. 피규제자가 스스로 규제를 한다는 것이 말이 되냐는 것이다. 대개 우리나라에서 규제는 국민의 권리를 제한하고 의무를 부과하는 것, 즉 법적으로는 침익적(侵益

的)인 것으로 여겨지기 때문에 그런 것 같다. 실제로 행정규제기본법 제2조 제1항 제1호는 "국가나 지방자치단체가 특정한 행정 목적을 실현하기 위하여 국민(국내법을 적용받는 외국인을 포함한다)의 권리를 제한하거나 의무를 부과하는 것으로서 법령등이나 조례·규칙에 규정되는 사항"으로 정의하고 있기도 하다.

　여기서 규제의 어원을 잠깐 살펴보자. 규제(規制)는 영어의 'regulation'을 번역한 것이다. 'regulation'은 라틴어의 'regula'에서 어원을 찾을 수 있는데, 이는 규칙(rule) 또는 자(ruler)를 의미하는 것이다.175) 'regula'의 동사형은 'regulare'이고, 이것이 영어의 'regulate'가 되었는데, 그렇다면 'regulation'은 그 어원상 규범 그 자체를 의미할 수도 있고, 규범을 정립하거나 집행하는 것을 의미한다고 볼 수 있다. 우리나라에서는 이를 '規制'라는 한자로 번역하고 있는데, 일본에서도 동일한 한자어를 사용하고 있어 일본의 번역이 수용된 것으로 추측되지만 정확한 유래는 알기 어렵다. 여기서 '規'는 걸음쇠, 즉 원을 그릴 때 사용하는 컴퍼스(compass)를 의미하는 것이고, '制'는 무성하게 자란 풀을 베거나 마름질하는 모양을 의미하는 것이다.176) 중국의 고전인 『맹자(孟子)』, 이루(離婁) 상(上)편에는 "규구(規矩)" 또는 "규구준승(規矩準繩)"이라는 표현이 나오는데, '矩'는 곱자(曲尺), '準'은 수평기(水平器) 또는 수준기(水準器), '繩'은 먹줄을 의미하는 것으로서 규구준승 모두 건축에서 기준점을 잡고 측량을 하는 데 사용되는 도구들이니 'ruler'와 의미가 별로 다르지 않다. 그리고 '制'는 '강제로 무엇인가를 누르거나 손질하는 것'을 의미하며, 따라서 '규제'는 '일정한 법칙과 테두리를 정한 뒤 그에 맞춰 일을 실행하는 행위'를 의미하게 된다.177) 그렇다면 '制'는 규범의 '집행'(enforcement) 내지 구속력을 강조하는 것으로 볼 수 있다. 정리하자면, 'regulation'은 규범을 정립하거나 집행하는 것, 또는 규범 그 자체를 의미한다고 볼 수 있으므로 어의(語義)상으로는 가치중립적이다.

그림 4-5 | 규제의 다양한 모습

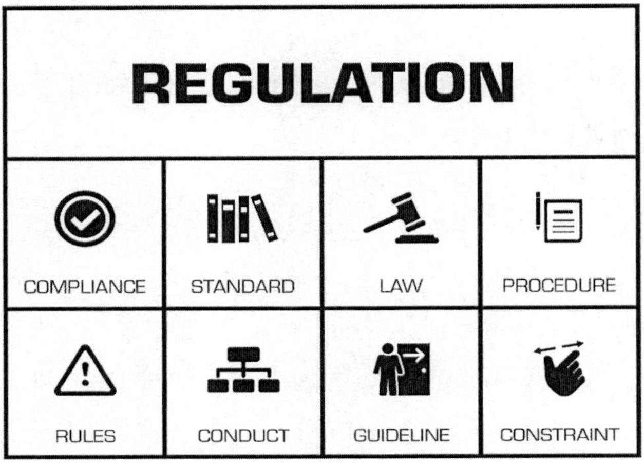

REGULATION

COMPLIANCE	STANDARD	LAW	PROCEDURE
RULES	CONDUCT	GUIDELINE	CONSTRAINT

학문적인 관점에서 규제는 "경제에 대한 국가의 개입이나 간섭"[178] 또는 "공공주체가 일정한 공익목적 달성을 위하여 사인의 활동 내지 사회적 과정에 개입하는 것"[179]과 같이 상당히 넓게 이해되고 있는데, '개입'이라는 점에 핵심이 있다. 그리고 이러한 개입은 그 필요성이 인정되는 경우에 가능하며, 정부의 개입 방식은 다양하다.

규제를 이와 같이 넓게 이해할 때, 자율규제도 형용모순이 아닌 논리적인 개념이 될 수 있다. 민간 스스로 일정한 규칙을 정하고, 이를 준수하고 집행하는 일체의 과정이 자율규제가 될 수 있기 때문이다. 그러므로 자율규제는 어떤 새로운 개념이 아니라 이미 수백 년간 이루어져 왔던 시민사회 스스로의 자정작용의 한 내용이거나 그러한 자정작용의 다른 표현이라고 할 수 있다. 중세 상인의 길드(guild), 북유럽의 한자동맹(Hanseatic League), 12세기 일본의 좌(座; za), 에도 막부 시절의 중간(仲間; nakama)과 같은 상인단체의 활동이 모두 다 자율규제의 초기 모습이다.[180] 자율규제에 관한 연구와 문헌이 헤아리기 어려울 만큼 많은 것도 당연하다. 현대 사회에서 자율규제는 이미 우리와 함께 하고 있었고, 어디에나 있었기 때문이다. 우리가 자율규제라고 부르기 전에 이미 영미와 유럽에서는 'self-regulation', 'private interest government', 프랑스어권에서는 'l'autorégulation', 'l'autoréglementation', 독일에서는 'Selbstregulierung', 일본에서는 자주규제(自主規制; jishu kisei)와 같은 표현이 이미 널리 사용되고 있었다.

하지만 이러한 상황은 자율규제를 법적으로 정의하는 것을 매우 어렵게 만든다. 민간이 어떤 형태로 어느 정도로 관여하는 것을 '자율'로 볼 것인지에 관해 아주 넓은 스펙트럼이 만들어지기 때문이다. 그러므로 자율규제는 논의되는 영역, 민간과 정부의 관계, 정부 작용의 정도 등에 따라 그 개념이 달라지므로 획일적으로 정의하기 어렵다는 지적181)은 매우 적절하다. 이 글에서 자율규제의 정의에 관한 수많은 논의를 일일이 소개하기는 어렵기 때문에, 일단 여기서는 자율규제가 민간이 질서 유지를 위해 적극적으로 관여하는 다양한 모습을 포괄하는 것으로 넓게 바라보고자 한다. 그러므로 자율규제는 민간이 전적으로 주도하는 형태일 수도 있고 민관의 협력 형태일 수도 있으며, 민간이 규칙의 제정부터 집행에 모두 참여하는 형태일 수도 있고 그 중 일부 과정에만 참여하는 형태일 수도 있다.

(2) 자율규제의 모습

자율규제의 다양한 유형 또는 스펙트럼을 자세히 설명할 것은 아니지만, 이후의 논의를 위하여 민간의 자발적 자율규제(voluntary self-regulation)와 공동규제(co-regulation) 또는 규제된 자율규제(regulierte Selbstregulierung)에 대한 설명은 약간 필요할 것 같다. 여기서 공동규제, 규제된 자율규제는 어느 정도 확립된 용어이지만, 자발적 자율규제라는 것은 완전히 확립된 용어는 아니어서 약간 주의할 필요가 있는데, 이 글에서는 정부의 실제적인 개입 없이 민간이 주도하는 자율규제 형태를 지칭하기 위한 것으로 사용하고 있다.

그림 4-6 | '페이스북' 감독위원회

 이러한 민간 주도의 자발적 자율규제는 특히 미국에서 발전한 모델이라고 할 수 있다. 주지하다시피 미국은 건국 당시부터 정부의 규제와 간섭을 상당히 기피하는 사회문화적 환경을 가지고 있었고, 그러다보니 규칙을 세워 사회적인 해악을 다루어야 하는 상황에서도 민간이 스스로 움직인 경우가 많았다. 제3장에서 설명한 적 있는 미국 영화의 내용규제와 등급분류 제도 또한 이러한 민간 스스로의 자율규제의 대표적인 모습이다. 메타에서 설치하였지만 독립적 지위를 가지고 '페이스북'과 '인스타그램'의 콘텐츠를 심사하는 감독위원회(Oversight Board)도 자발적 자율규제의 한 유형이다. 시장경제, 특히 경쟁을 통한 시장의 자정기능에 대한 강한 신뢰와 네거티브 규제를 원칙으로 하는 미국의 규제 체계도 이러한 자발적 자율규제의 발전에 적합한 토양이었을 것이고, 강력한 시민사회운동, 집단소송제도, 징벌적 손해배상제도 등은 자율규제의 남용을 막기 위한 안전장치로 기능할 수 있었을 것이다.
 간단한 예를 들어보자. 경영학적 측면에서 플랫폼 운영자의 내부검

열과 같은 선제적 자율규제는 디지털 플랫폼의 성공요건이기도 하다.182) 생태계 내의 '나쁜 녀석들'(bad actors)을 추방하지 않으면 생태계 자체가 무너지기 때문이다. 예컨대, '유튜브'에서 온갖 음란물이 난무한다고 가정해 볼 때, 이를 방치하면 당장은 '유튜브'의 수익이 늘어날 수 있겠지만 이는 얼마 못가 사회적 지탄의 대상이 되고, '일베'나 '메갈리아'와 같이 그러한 서비스를 이용하는 자들에 대한 사회적 낙인이 발생할 수 있으며, 결국에는 서비스 자체가 시장에서 도태될 것이다. 또 다른 예로 '당근마켓'에서 온갖 사기꾼들과 범죄자들이 난립한다고 가정했을 때, 그 운영자가 이를 적절히 제한하지 않는다면 사람들은 점차 '당근마켓'을 이용하지 않게 될 것이고 결국에는 서비스의 경쟁력을 상실할 것이다. 국가가 규제를 통해 개입하지 않더라도 말이다.

　　그런데 유럽에서 발전한 공동규제, 그리고 이와 비슷한 관념으로 독일에서 발전한 규제된 자율규제의 모델은 다소 컨셉이 다르다. 규제된 자율규제에 대한 학술적 정의는 "국가가 공익 또는 공적 과제를 위해 설정한 목적과 범위 내에서 사적 조직 또는 개인이 자율적으로 규정을 정립하여 실행하는 것"인데,183) 그 개념상 국가가 정한 틀 내에서의 제한적 자율이라는 점에서 자발적 자율규제와는 차이가 있다. 이러한 규제된 자율규제에서는 국가와 민간의 협력이 필수적인데, 이러한 점에서 공동규제와 유사하다. 이는 유럽연합의 "선진 입법에 대한 기관간 협정", 즉 IIA(Inter–institutional agreement on Better Law–making between the European Parliament, Council and the European Commission)의 공동규제에 대한 정의, 즉 "유럽공동체법이 입법기관에 의해서 설정된 정책 목표의 달성을 민간의 특정 분야에서 유럽연합에 의해 승인된 집단(경제운영자, 사회적 협력자, 비정부조직 혹은 협회와 같은)에 위임하는 메커니즘"에서도 잘 드러난다.184)

　　공동규제를 과거의 학교로 비유하자면, 교사는 학생들에게 '청결할 것'을 지시하고, 이후 아침에 손톱과 두발을 검사하는 경우와 같다. 교사는 학생들이 구체적으로 어떻게 청결하게 할 것인지는 지정하지 않고, 이는 학생들이 각자 알아서 하는 것이다. 다만, 사후적으로 손톱과 두발을 검사함으로써 학생들이 청결이라는 목표를 잘 이행했는지 감독하는 것인데, 이 경우에도 교사가 학생의 손톱이나 두발을 직접 자르거나 손질하는 것은 아니다. 만약 교사가 학생들에게 '머리를 3cm 이하로 정리하고, 매일 머리를 감을 것'을 지시하는 경우에도 학생들의 자율이 전혀 없지는 않다. 머리를 어떻게 깎을 것인지, 샴푸로 감을 것인지 비누로 감을 것인지, 샴푸는 어떤 것을 쓸 것인지 등에 대해서는 자율이 있기 때문이다. 물론, 이러한 경우에 자율성이 극히 제한되는 것은 분명하며, 자율이라고는 하지만 명령과 통제 방식에 매우 근접하게 된다.

규제된 자율규제나 공동규제라는 컨셉이 나타난 것은 한편으로는 국가의 공적 임무를 그만큼 넓게 보기 때문이고, 다른 한편으로는 자발적 자율규제를 완전히 신뢰하지 못하기 때문이다. 국가의 공적 임무에 관해 조금 이론적인 이야기를 해 보자면, 프랑스의 공역무(le service public) 이론이나 독일의 보장국가론에서는 공익성을 지닌 대상에 대해 국가의 책임성을 강조한다. 이러한 공익성 또는 공적 목표를 달성하기 위한 임무를 국가가 직접 수행해야 하거나 국가가 직접 수행하는 것이 바람직한 경우도 있고(다만, 독일에서는 국가가 반드시 직접 수행해야 하는 필수적 국가임무라는 것이 존재하는 것인가에 대한 회의적인 시각이 많다[185]), 국가가 직접 수행하지 않고 민간을 활용해도 충분한 경우도 있다.[186] 그리고 현대에 들어서 국가는 효율성이나 민간의 자율성·창의성 존중 등의 이유로 공적 임무를 민간에 맡기는 경우가 늘고 있는데, 이를 흔히 '공임무의 사화(私和)'(Privatisierung)라고 부른다. 다만, 이때에도 공공성이나 공적 목표가 민간에 의해 제대로 달성되지 못한다면 국가가 나서서 이를 책임져야 한다. 즉, 국가는 공공에 대한 최후의 보루로서 기능해야 하는데, 이를 보장책임이라고 한다.

규제된 자율규제는 이러한 공임무의 사화와 보장국가론에 따른 보장책임의 관점과 밀접한 연관이 있다.[187] 자율규제가 필요하다는 것은 사회적 해악이 발생하여 이를 교정할 필요성이 있다는 것이고, 이는 공적인 것이기 때문에 궁극적으로는 국가의 공적 임무에 속하는 것이다. 그렇다면 국가는 큰 틀에서는 이를 보장하여야 하기 때문에, 실질적으로 완전히 민간에만 의존하는 자율규제라는 것은 개념적으로 성립하기 어렵다. 그러므로 규제된 자율규제는 공익적 측면에서 완전한 자율규제는 성립하기 힘들다는 인식 하에 발전된 개념이라고 할 수 있다.[188]

또한, 공동규제 또는 규제된 자율규제는 자발적 자율규제만으로는 충분하지 않다는 인식을 전제로 한다. 앞에서 자발적 자율규제와 관련하여 플랫폼 운영자는 스스로 건전한 플랫폼 생태계를 유지할 사업적 유인이 존재한다고 설명하였다. 그러나 이는 비즈니스적 관점에서의 유인이기 때문에 그것이 사회적으로 요구되는 최적점(optimal point)보다는 미흡할 수 있다. 그리고 사업자들이 모여 자율규제를 하더라도 강제력이 없기 때문에 실효성이 떨어질 수 있고, 자율규제의 구조나 내용이 불안정하여 신뢰하기 어려운 경우도 발생할 수 있다. 여기서 공동규제와 규제된 자율규제의 필요성이 발생한다.

그러나 공동규제 또는 규제된 자율규제의 논리가 항상 선명한 것은 아니다. 가장 먼저 의문이 드는 것은 공적인 것이 과연 무엇인가라는 점인데, 이는 철학적으로도 해결하기 어려운 난제이다. 자칫 공익의 개념을 널리 공공성이 있는 것까지도 다 포괄하는 넓은 것으로 본다면 국가의 공적 임무가 아닌 것이 없게 된다. 필자가 가치상대주의를 옹호하는 것은 전혀 아니지만, 사익과 공익의 경계가 불분명한 지점이 분명 존재하고, 정당한 사익의 집합이 공익으로 전화(轉化)될 수도 있는 등 공익성의 외연은 가변적이고 공익 개념도 동태적인 측면이 있다. 공공성과 공익성을 구별한다면, 널리 공공성이 인정되지만 아직 국가가 후견적으로 개입해야 할 정도로 공익적이지는 않은 영역도 분명히 존재한다.

무엇보다, 공적인 것이어서 국가가 보장책임을 져야 한다고 하여 규제된 자율규제가 당연히 긍정되어야 하는가라는 의문을 해결해야 한다. 공익을 위해 국가가 최후의 보루로서 책임을 지는 것은 좋지만, 그렇다고 하여 국가가 항상 큰 틀을 만들어 개입하는 것이 정당화되는 것은 아니기 때문이다. 이는 국가의 과도한 후견주의나 빅 브라더화(化) 등 부정적인 모습으로 인식될 수도 있다. 민간의 주도로 사회적 해악을 제거할 수 있는데 굳이 국가가 나서 민간에 대한 관여와 개입의 발판을 만드는 것이기 때문이다. 조금 거칠게 표현하자면, 자발적 자율규제 모델에서는 '공익성이 인정되는 모든 것에 대해 국가가 다 나설 필요는 없고, 민간이 알아서 하는 곳에서는 멀찍이 떨어져 지켜보고만 있으면 된다'는 것이고, 공동규제 또는 규제된 자율규제 모델에서는 '공익성이 인정되는 것은 궁극적으로는 국가의 책임이므로 이를 민간에 맡기도 국가가 정해 놓은 큰 틀을 벗어나지 않도록 해야 한다'는 것으로 볼 수 있다. 오해하지 말아야 할 것은 자발적 자율규제 모델에서도 민간의 자율규제가 실패하여 사회의 해악이나 시장의 실패가 제거되지 않아 국가가 개입하는 것을 부정하지는 않는다는 것이다. 처음부터 국가가 큰 틀을 형성해 주어야 한다는 '사전' 개입의 필요성·정당성에 회의적인 것일 뿐이다.

이렇게 본다면 공동규제 또는 규제된 자율규제만을 진정한 자율규제라고 할 이유는 없을 것이다. 자발적 자율규제도 유효하게 작동 중인 자율규제의 모습이며, 영국의 인터넷감시기구(Internet Watch Foundation; IWF), 독일의 방송자율통제기구(Freiwillige Selbstkontrolle Fernsehen; FSF) 등 미국 외에서도 자발적 자율규제는 얼마든지 존재한다. 우리나라에서도 자발적 자율규제는 이루어지고 있다. 대표적인 것이 게임정책자율기구(GSOK)의 확률형 아이템 자율규제인데, 이 기구는 문체부와 한국게임산업협회(K-GAMES)가 2018년 3월에 건강한 게임문화 조성과 게임생태계 발전을 위해 체결한 협약을 바탕으로 2018년 11월에 설립되었다. 그리고 각종 광고자율심의기구들도 자발적 자율규제의 유형으로 볼 수 있는데, 방송·인쇄매체 등 광고에 대한 한국광고자율심의기구의 심의, 금융·투자상품광고에 대한 금융투자협회의 심의, 대부광고에 대한 한국대부금융협회의 심의, 보험광고에 대한 생명손해보험협회의 심의, 주류광고에 대한 한국주류산업협회의 심의, 화장품 광고에 대한 대한화장품협회의 심의 등이 그것이다. 업계 자율로 추진되는 각종 기술 표준도 넓게 보면 자발적 자율규제로 볼 수 있다. 이 외에, 인터넷 광고심의를 하고 있는 한국인터넷자율정책기구(KISO)나 게임 과용 방지와 준법감시 활동을 하고 있는 게임이용자보호센터(GUCC)의 경우, 정보통신망법 제44조의4, 게임산업법 시행령 제17조 관련 [별표 2] 제8호 사목에 해당 기구에 관한 간접적 근거가 있기는 하지만, 정부가 직접적인 개입을 하거나 특정 목표를 제시하는 것은 아니기 때문에 이러한 경우에도 자발적 자율규제로 볼 수 있을 것이다.189)

　덧붙여 둘 것은 공동규제나 규제된 자율규제의 경우에는 국가의 개입이 전제되기 때문에 법적 근거가 필요하지만, 자발적 자율규제의 경우에는 그렇지 않다는 것이다. 그러나 어떤 경우든 행동강령·자율강령(code of conduct, code of practices), 자율규제협약, 모범사례(best practices), 가이드라인과 같은 자율규제기준·자율규범을 제정하거나 불만처리시스템을 갖추는 등 자율규제 수단은 비슷할 수 있다. 내용규제의 경우에는 등급분류, 사전·사후심의 등이 활용된다. 다만, 공동규제 또는 규제된 자율규제 모델에서는 정부의 행정지도, 연성규범(정부 가이드라인)이 활용될 가능성이 더 높고, 자율규제기구와 정부 사이의 인터넷 핫라인, 즉 불법 콘텐츠에 대한 정보 제공·공유와 수사·처벌에 대한 협력 절차가 보다 강화될 수 있다.190)

　그리고 자율규제는 개별 사업자 단위로 이루어지기도 하지만(이는 특히 플랫폼 사업자인 경우에 그러하다), 사업자들이 모여서 하는 경우도 많다. 전자를 개별적 자율규제(individual self-regulation), 후자를 집단적 자율규제(collective self-regulation))라고 부르는데, 집단적 자율규제는 사업자

단체나 협회가 행하기도 하고 별도의 자율규제기구를 설립하여 행하기도 한다. 그러나 집단적 자율규제라 하여 그것을 주도하는 기구가 단일해야 하는 것은 아니고, 복수의 자율규제기구가 서로 경쟁하는 모습을 취할 수도 있다.

(3) 자율규제가 성공하려면?

자율규제는 지속적이면서도 급속히 발전·변화하는 영역으로서 정부규제가 신속하게 제정·집행되기 어려운 곳에서 민간의 전문성을 바탕으로 유연하고 효과적으로 작동할 수 있으며,[191] 그렇기 때문에 역동적으로 발전하는 신산업·신기술 영역에 특히 적합한 규제방식이다. 또한, '불법'과 '바람직하지 못한 것'의 구별이 어려운 영역에서 표현의 자유를 보장하기 위한 수단으로서도 적절하며,[192] 표현물에 대해 글로벌 차원에서 민간의 자율규제가 보편적인 시각에서 이루어진다면 사회주의·권위주의 국가에서 표현의 자유를 강화시키는 데에도 도움이 될 수 있다.[193] 자율규제는 신공공관리이론에 따른 규제완화·규제개혁의 수단으로 사용되기도 하며,[194] 사회적 위험이나 해악의 정도에 맞는, 즉 비례원칙에 부합하는 규제를 도입할 때에도 효과적이다.

그러나 자율규제가 만병통치약은 아니다. 자율규제는 사업자들 사이의 담합이나 부정행위의 수단이 될 수도 있는데, 일본의 사업자단체에 의한 자주규제에서 이러한 부정적 모습을 많이 찾아볼 수 있다.[195] 그리고 선도 기업들이나 전문가 집단이 자율규제를 하면서 높은 수준의 의무와 윤리를 요구하는 경우에는 오히려 그것이 시장의 높은 진입장벽이 되어 기존 참여자들만을 보호하는 결과가 될 수도 있다. 민간 스스로 강한 자정작용을 하는 것이어서 사회적으로 바람직하기도 하지만, 최근 변호사업계에서 논란이 되었던 '로톡' 서비스의 사례에서처럼 기존의 자율규범이 신규 진입자의 기회를 차단하거나 새로운 서비스·제품의 등장을 저지하는 결과를 야기할 수도 있다는 점은 주의할 부분이다. 또한, 정부가 자율규제를 법적 통제나 적법절차를 피하기 위한 수단으로 악용할 수도 있고,196) 자율규제로 인해 정부의 책임성이 약화될 수도 있으며, 규제의 품질이 저하될 수도 있다.

당연한 이야기겠지만 자율규제가 성공하려면 장점을 살리고 단점을 줄여야 한다. 일찍이 영국의 법경제학자인 앤서니 오거스(Anthony Ogus)는 자율규제의 세 가지 전제조건을 제시한 바 있는데,197) ① 외부효과, 정보의 비대칭과 같은 시장 실패가 발생하였을 것, ② 사법적(私法的) 수단만으로는 그러한 실패를 교정하기에 불충분할 것, ③ 자율규제가 전통적인 공적 규제에 비해 우월한 해결책일 것이라는 요건들이 바로 그것이다. 이러한 요건들은 현시점에서도 그대로 유효하다. 이하에서는 필자가 보기에 우리나라에서 특히 우려되는 나쁜 자율규제의 모습에 대해 몇 가지 언급해 보려 한다.

첫째, 자율규제도 규제이기 때문에 규제의 필요성이 인정되는 경우에만 적용되어야 한다. 즉, 규제의 필요성이 인정되지 않는 영역은 자율규제의 대상도 아니며, 특히 경제규제에서는 규제의 필요성이 실증적인 방법에 의해 인정되어야 한다.198) 애초부터 사회적 해악이나 위험이 존재하지 않거나 그러한 위험이 시장의 자정기능에 의해 충분히 해소될 수 있는 정도라면 규제가 필요하다고 볼 수 없다. 또한, 기존에 있는 법적 규율로도 충분하다면 여전히 새로운 규제의 필요성은 없는 것이다. 따라서 정부가 규제의 필요성이 실증되지 않은 분야에 대해 자율규제를 하라는 것은 잘못된 것이다. 심지어 정부가 법적 규제의 도입을 시도하고 여기에 민간이 반발하면 그 완화수단 내지 대안으로 자율규제를 거론한다면, 이는 본말이 전도된 것이다. 애초부터 규제를 한다는 것 자체가 부당한 분야에서 법령으로 강제하지 않고 자율규제라도 하게 해 주었으니 민간은 고마워해야 한다는 것인가? 고마워할 일은 아닐 것 같다.

둘째, 자율이 없는 자율규제여서는 안 되며, 자율규제를 강요해서도 안 된다. 우리나라에서는 포지티브 규제 체계가 상당히 강력히 작동하

여 애초부터 국가의 허락 없이 민간이 할 수 있는 것이 많지 않고 민간
의 영역이라는 것이 확실하지 않다보니, 자율규제도 국가가 하던 것을
일부 민간에 맡기는 정도로 여기는 경우가 많다. 자율규제를 하더라도
공동규제나 규제된 자율규제로 흐르기 쉬운데, 그마저도 민간의 자율
이 가급적 존중되는 공동규제 모델이 아니라 정부의 입김이 강한 공동
규제가 채택될 가능성이 높다. 그러나 정부 주도로 자율규제가 형성되
고, 정부 주도로 운영되는 것은 그것이 자율규제인지 여부부터 논란이
된다.[199] 그리고 공동규제라고 하면서 정부가 민관 협력이라는 외형만
갖춘 채 특정 목적이나 특정한 수단·방법을 사실상 강제하는 것은 '장
식적 자율규제'에 불과하다.

　　과거 학교의 예로 돌아가서, 학교가 학생들에게 야간 자율학습 참여
를 사실상 강제하고, 자율학습 시간에는 교사가 밖에서 매를 들고 지키
고 있는 것은 '타율'학습에 불과하다. 다른 예로, 교사가 조회시간에 학
생의 두발 상태를 지적하면서 구체적 내용 없이 그저 "이발하고 와"라

그림 4-7 | 정부 주도의 장식적 자율규제: 구체적 이유제시 없이 잘못되었다고만
　　　　　 외치는 나쁜 광고주와 같은 모습

고 한 다음, 이발을 하고 온 학생에게 "이게 뭐냐? 다시 잘라"라는 지시를 반복한다고 생각해보자. 이는 결국 교사의 마음에 들 때까지 머리를 다시 정돈하라는 것이고 그 기준이 불명확하기 때문에 학생으로서는 혼란에 빠질 수밖에 없다. 그저 막연하게 마음에 안 든다면서 한없이 수정을 요구하는 못된 광고주를 대하는 광고회사 직원처럼 말이다.

최근 이슈가 되고 있는 온라인 플랫폼 규제의 경우에도 이와 같은 타율학습이나 나쁜 광고주 느낌의 장식적 자율규제가 되지 않도록 조심해야 한다. 정부가 공동규제를 시도하려면 온라인 플랫폼 중개거래에 있어 공정성·투명성을 확보할 필요가 있다는 원칙 정도를 제시해야지, 공정성·투명성을 확보하기 위해서는 알고리즘 공개가 필요하다고 단정한 다음, 플랫폼 사업자들에게 알고리즘 공개를 위한 구체적인 방안을 알아서 마련해 올 것을 요구한다면 이는 공동규제로 볼 수 없다. 그럴 바에야 차라리 정부가 직접 법령을 제정하고 그에 대한 책임도 지는 것이 더 떳떳한 일이다. 그 경우, 해당 법령의 내용 자체가 잘못되었다는 비판도 가능하고, 그 위헌·위법성을 대법원과 헌법재판소에서 다투어 볼 수 있으며, 법령에 따른 행정권한의 행사에 대해서는 행정소송이 가능하기 때문이다. 게다가 자율규제는 규제 비용이 민간에 전가되는 효과가 있다. 자율규제 방안을 마련하여 준비하는 것이 그냥 하루아침에 되는 것은 아니기 때문이다. 민간이 자신의 노력과 비용을 들이면서 자율도 없다면 이는 행정권한의 남용일 뿐이다.

무엇보다 중요한 것은 공동규제가 정부의 통제하에 민간에게 보조적인 역할만을 맡기는 것을 의미하지 않는다는 점이다. 공동규제에서도 자율규범의 제정, 적용 및 집행 전반에 걸친 민관의 역할 분담 및 협력이 필요하며, 정부의 주된 역할은 '조정'과 '지원'이다.200) 그리고 자율규제에 따른 인센티브가 분명해야 하며,201) 자율규제를 성실히 수행했음에도 불구하고 민간에게 기존과 동일한 법적 책임이 잔존한다면 자율규제의 유인과 실효성은 저해될 수밖에 없다. 즉, 공동규제를 하더라

도 '자율형 공동규제'를 해야지, '명령·지시형 공동규제'를 해서는 안
된다. 이번 정부 들어서 자율규제가 국정 과제로 강조되고 있는데, 이
러다 보면 부처별로 경쟁적으로 자율규제를 도입하겠다면서 사업자들
을 불러 모으고, 나중에 연간 자율규제 달성 건수를 성과로 내세우는
현상이 발생할 우려가 있다. 그러나 민간이 원하지도 않는데(산업 분야에
따라서는 사업자들도 자율규제를 기피하거나 반기지 않는 경우도 많다) 자율규제 인
센티브도 없이 자율규제를 하자고 불러 모으면, 그 자체가 자율규제의
강요가 될 수 있다.

　셋째, 위의 논의와 연결되는 것인데, 자율규제(특히, 공동규제나 규제된
자율규제)가 행정에 대한 법적 통제를 회피하거나 정부의 권한을 우회적
으로 강화하는 수단이 되어서는 안 된다. 자율규제는 엄격한 법적 근거
를 요하지 않는다. 그렇기 때문에 경우에 따라서는 자율규제가 행정권
한의 실질적 확대를 가져올 수도 있다. 이러한 문제점은 정부 부처간
관할 경쟁이 치열한 영역에서 더욱 두드러질 수 있다. 예컨대, 온라인
플랫폼 중개거래에 관한 규제 법안 제정을 둘러싸고 그간 공정위와 방
통위의 관할권 경쟁이 상당히 치열했었고,202) 여기에 업계의 반대까지
더하여 지면서 결국 어떠한 입법도 이루어지지는 않았다. 그런데 만약
여러 규제기관이나 정부 부처가 온라인 플랫폼에 대해 경쟁적으로 자율
규제 방안을 추진하고 가이드라인을 제정하는 등의 행위를 통해 실질적
으로 규제관할을 넓히게 되면, 이는 결국 입법에 관한 여러 헌법상·법
률상 절차를 우회하는 결과가 될 수 있다.

　또한, 자율규제에서 정부는 사업자나 이들의 협회·단체에 다양한 지
도, 권고, 조언 등을 할 수 있는데, 이와 같은 행정지도는 과거 권위주
의 정부 시절 정부 권력의 남용수단으로 활용된 적이 많기 때문에 자
율규제를 빌미로 행정지도가 남발되거나 정부의 (법적 권한 행사가 아닌)
사실상 통제가 강화되는 것에는 유의할 필요가 있다. 제일 나쁜 모습은
정부가 민간이 주도하는 자율규범에 대해 일일이 관여하여 정부의 목

표를 사실상 강제하면서 그 책임은 민간에 전가하는 것이다.

넷째, 자율규제에 대한 인식의 전환과 정부와 시민사회의 신뢰가 필요하다. 우리나라에서 자율규제에 대한 시민들의 신뢰는 별로 높지 않아 보인다.[203] 앞서 언급한 게임정책자율기구의 경우만 하더라도 확률형 아이템의 확률 공개가 불충분하다는 비판에 직면하면서 출범한지 3년도 채 되지 않아 경성규제의 도입 목소리가 높아졌고, 국회에서는 확률형 아이템에 대한 법적 규제를 도입하는 내용의 게임산업법 개정안이 발의되었다. 이후, 게임정책자율기구의 확률형 아이템 공개 범위가 더 넓어졌지만, 게임 이용자들의 반발은 수그러들지 않았다. 물론, 자율규제가 실효를 거두지 못할 경우 법적 규제를 할 수밖에 없고, 향후 게임산업법 개정안이 언제, 어떠한 내용으로 통과될 것인지 지켜봐야 하겠지만, 국내에 드문 민간의 자발적 자율규제 모델이 아직 제대로 정착하기도 전에 법적 규제로 대체하자는 논의가 이루어지는 것은 누구의 잘잘못을 가리기에 앞서 결과적으로 안타까운 일이다.

또한, 민간이 제대로 안 하면 법적 규제가 도입될 수 있다는 잠재적 위협으로 인해 자율규제의 범위가 넓어지고 업계의 자정 노력이 강화되는 것 자체를 불순하다거나 부정적으로 볼 것은 아니다. 이러한 잠재적 위협은 여러 영역에서 자율규제의 도입·강화 계기가 되어 왔으며,[204] 이러한 긴장을 통해 자율규제의 실효성이 확보된다면 그것 역시 좋은 일이다. 필자는 로스쿨에서 정기적으로 제자들을 면담하는데, 면담에서 지도교수 얼굴 보는 것이 민망하고 부끄러울까 봐 열심히 공부하게 된다는 학생들이 여럿 있다. 나쁘게 볼 필요가 없다.

다섯째, 자율규제를 행하는 사업자(단체)나 협회의 입장에서도 자율규제가 민간의 자의(恣意)를 허용하는 것이 아님을 인지해야 한다. 자율규제는 민간 스스로 '게임의 룰', 즉 시장의 규칙을 정립하는 것이기 때문에, 그러한 규칙 자체가 자의적인 것일 때 그에 대한 비난은 민간의 몫이다. 정부 규제가 실행되면 그러한 규제 자체가 잘못된 것이라는 비판, 정부가 정한 규칙 자체가 비합리적이라는 비판이 많이 이루어진다. 그런데 자율규제에서는 그러한 규칙을 민간이 정하기 때문에 그 분야의 사업자들로서는 규칙 자체가 잘못되었다고 비판하기 어려워진다. 또한, 자율규범을 준수하지 않거나 이를 제대로 집행하지 않아 발생하는 비난도 민간의 몫이 된다. 그러므로 민간도 책임감을 바탕으로 자율규제에 임해야 한다.

(4) 메타버스에서의 자율규제는 어떻게?

메타버스는 여러 다양한 요소들이 복합적으로 작용하여 구성되는 것이기 때문에 메타버스 전체에 대해 일률적으로 자율규제를 논하기보다는 메타버스의 어떤 부분에 대해 자율규제를 적용할 것인지 논의하는 것이 필요하다. 예를 들면, 메타버스 제작 관련 기술 표준은 업계에서 자율적으로 이미 추진 중이기 때문에 자발적 자율규제의 대상으로 두면서 필요하다면 정부가 국내 기업들의 기술 발전과 해외 진출을 지원하는 것으로 충분할 것 같다. 반면, 메타버스 관련 지식재산권 문제나 메타버스에서 활용되는 암호화폐나 NFT에 관해서는 결국은 법 제정을 통해 해결해야 할 부분이 많은데, 그러한 법이 제정되기 전에 자율규제가 먼저 이루어지는 것은 메타버스 생태계 유지를 위해서도 바람직할 뿐만 아니라, 향후 입법 방향을 정하고 과잉규제를 방지하는 데 있어 유용할 수 있다.

메타버스 환경에서 특히 자율규제가 많이 논의될 수 있는 지점은 아마도 메타버스 내에서의 질서 유지에 관한 부분일 것이다. 특히, 소셜형·생활형 메타버스에서는 가상사회·공간 내에서 창작, 공연, 소통, 거래 등 다양한 사회적 활동이 예측불가능한 형태로 발생하고, 관련 기술 및 서비스의 발전 양상도 예측하기 어렵기 때문에 자율규제가 필요할 수 있다. 고도의 개방성과 가변성, 그리고 역동성을 지닌 메타버스 환경에서 매번 적절한 규제를 맞춤형으로 설계하거나 효율적으로 집행하는 것은 현실적으로 매우 어렵고, 획일적인 규제를 강제할 경우 표현의 자유, 통신의 자유, 직업의 자유 등 헌법상 기본권을 침해할 우려도 있기 때문이다. 게다가 '위법일 수 있으나 현실적인 집행이 곤란한 대상' 또는 '위법은 아니되 바람직하지 않은 행위'를 실효적으로 억제하기 위해서는 결국 메타버스 플랫폼 운영자의 건전한 메타버스 생태계 유지를 위한 자정노력에 어느 정도는 기댈 수밖에 없다. 즉, 자율규제를 활용하지 않고서는 현실적인 대안을 찾기 쉽지 않다.

구체적으로는 디지털 성범죄, 사이버 폭력 등 사이버 범죄, 사이버 괴롭힘 등에 대한 모니터링·필터링 등 대응, 선거 개입 방지, 개인정보 보호, 디지털 자산 거래 과정에서의 소비자 보호, 크리에이터가 제작하는 콘텐츠에 대한 내용규제 및 광고 심의 등 여러 측면에서 메타버스 플랫폼 운영자의 자발적 노력과 민관의 협력이 필요할 것으로 보인다. 다만, 앞서 설명한 것처럼 '제페토', '이프랜드', '호라이즌 월드' 등 각 메타버스 플랫폼 운영자에 의해 이미 자발적 자율규제가 일정 부분 이루어지고 있고, 또 정보통신망법, 성폭력처벌법, 개인정보법, 전자상거래법 등 여러 법률에서 필요한 규율을 어느 정도 갖추고 있기 때문에, 지금 당장 정부가 나서서 메타버스 전반에 걸쳐 공동규제나 규제된 자율규제를 너무 급히 논의할 필요는 없다. 특히, 메타버스는 청소년 이용자들이 많아 조금만 건전하지 못한 상황이 발생하면 사회의 비난 여론이 금방 거세지기 때문에, 메타버스 플랫폼 운영자들도 상당한 주의를 기울일 수밖에 없다. 이러한 사회문화적 통제도 자율규제에서는 상당히 유용한 것이다. 민간의 자발적 자율규제에 대한 통제는 반드시 정부나 법에 의해야 하는 것이 아니라, 시민사회의 감시와 비판, 시장 경쟁에 따른 압력에 의해서도 가능한 부분이 많이 있다.

그러므로 자율규제를 하더라도 필요한 부분부터 단계적·점진적으로 진행하는 것이 바람직하다. 즉, 메타버스 발전 정도와 단계에 따라 새로운 사회적 해악이나 위험이 발생하면 그에 맞게 메타버스 이용규칙 변경이나 윤리지침, 행동강령 등의 제정을 논의하고, 필요하다면 법을 제정하면 된다. 그럼에도 불구하고 정부가 자율규제를 정책적으로 추진하겠다면, 이때에는 위에서 설명한 자율규제의 강요나 남용이 발생하지 않도록 많은 주의를 기울여야 할 것이다.

시간이 지나 메타버스가 고도화되면 규제의 필요성도 점차 증가할 것이고, 이에 따라 메타버스의 발전은 규제법적 측면에서는 자율규제의 시험대가 될 것이다. 자율규제가 본격화되면 그 규제 모델 사이에서도 경쟁이 발생할 수 있고, 자율규제기구 사이에서도 경쟁이 발생할 수 있다. 이 과정에서 시민사회와 정부의 역할은 이를 선의의 경쟁으로 유도하는 것이며, 메타버스는 전통적인 명령과 통제 방식의 규제에 익숙한 우리 국민들 입장에서도 규제와 자율의 길항관계에 대한 인식을 전환하는 계기가 될 수 있다. 반면, 자율규제가 오용되거나 남발되면 정부는 물론 사업자와 국민들 모두에게 자율규제에 대한 피로도와 불신이 쌓일 것이고, 그로 인해 궁극적으로는 우리 사회에서 자율규제라는 유용한 수단이 거의 소멸하게 될지도 모른다. 긍정적인 방향으로의 발전을 기대해 본다.

메/타/버/스/와/법

메타버스와 블록체인 기술

메타버스와 블록체인 기술

블록체인과 이를 기반으로 발전 중인 암호화폐, DeFi, NFT 등의 활용 및 성장 가능성에 대해서는 이 글에서 굳이 따로 언급하지 않아도 될 것이다. 이들에 대한 수많은 장밋빛 전망이 쏟아지고 있으며 향후 메타버스의 확장과 발전에 유용한 수단이 될 것으로 생각된다. 그러나 블록체인 기술이 메타버스의 필요조건이나 필요충분조건이라고 단정하기는 어렵다. 그러므로 현 단계에서 메타버스의 미래를 블록체인의 미래, 혹은 암호화폐, NFT, DeFi의 미래와 동일시하는 것은 신중할 필요가 있다. 무엇보다 블록체인 및 그에 기반한 다양한 서비스의 발전에 대한 장밋빛 전망에도 불구하고 신기술 발전 초기 단계에서 발생하기 쉬운 허상과 거품에 대해서도 경계하지 않으면 안 된다. 특히, 정보의 비대칭성과 이로 인한 소비자 피해에 대해 고민하지 않을 수 없는 법·정책의 설계·집행자의 입장에서는 더욱 그러하다.

이번 장에서는 메타버스의 장래를 이끌어 나갈 것으로 기대되는 블록체인 기술과 이를 기반으로 한 여러 서비스에 대해 다소 비판적인

시각에서 서술해 보려 한다. '테라'(Terra), '루나'(Luna) 사태 이후 상황
이 좀 달라지기는 했지만, 블록체인과 암호화폐, DeFi, NFT 등에 대한
긍정적 전망은 쉽게 찾아볼 수 있는 반면, 비판적 시각은 상대적으로
부족해 보이기 때문이다. 게다가 법을 연구하는 사람들에게는 베스트
시나리오보다는 워스트 시나리오가 더 익숙하기도 하다. 그러나 메타
버스의 장래를 부정하고 이를 모두 다 법적 규제의 틀 안으로 한정하
자는 이야기는 아니다. 메타버스와 그에 관한 생태계가 건전하게 발전
하는 데 장애가 되는 요소들이 무엇일지 조금 먼저 고민해 본 것일 뿐
이다.

1. 신기술 발전과 규제의 긴장관계 – '기술은 중립적이지만 비즈니스는 중립적이지 않다'

우리나라는 투자 실패의 책임을 전적으로 개인에게 귀속시키는 데
익숙하지 못하다. 즉, 일반인들이 이해하기 쉽지 않은 복잡한 기술과
고도의 금융기법이 결합한 새로운 상품과 서비스가 출현하고, 과학자
와 엔지니어들이 의도했든 의도하지 않았든 그것을 둘러싼 투자 버블
이 발생하여 나중에 흔히 '개미'라고 불리는 일반 (금융)소비자들이 상당
한 피해를 입게 된 경우, 이들은 자신의 정보수집능력 부족을 탓하거나
투기성 투자에 당연히 수반되는 리스크를 감내하기보다는 정부의 규제
지체를 탓하는 경우가 상당히 많다.

물론, 허위정보, 기만, 불완전판매 등에 대해서는 어떠한 경우든 정
부가 신속히 대처해야 하고, 시장의 건전한 생태계를 형성하고 유효경
쟁을 활성화하기 위해 정부가 적절히 개입하는 것은 분명히 필요한 일
이기 때문에 정부의 규제 자체가 사회악인 것은 결코 아니다. 그러나
한편으로는 신기술·신산업의 발전을 위한 규제완화·규제개혁을 외치
는 목소리가 강하고, 다른 한편으로는 개인의 책임보다는 정부의 책임
을 더 강하게 묻는 사회문화적인 토양이 자리 잡고 있기 때문에, 우리

나라에서는 신기술·신산업의 발전과 규제가 긴장관계에 놓일 수밖에 없다는 점은 지적하지 않을 수 없다.

이러한 현상이 발생하는 것은 기술은 중립적이지만 비즈니스는 중립적이지 않기 때문이다. 당장 주식시장만 보더라도 흔히 말하는 '가치주'라는 것은 실물의 명확한 뒷받침 없이 장래의 가능성에 대한 (희망적) 예측이 포함된 것이기 때문에 그 진정한 가치를 판단하기는 쉽지 않고, 따라서 거품이 형성되기 쉬운 구조를 가지고 있다. 과학자와 엔지니어들은 묵묵히 자신의 일을 다 하면서 언제 올지 모를 세상을 위해 기여하기 위해 노력하지만, 비즈니스 입장에서는 자신의 투자가 언제 회수될 것인지, 얼마나 큰 이익으로 돌아올 것인지가 가장 중요하기 때문에 근본적으로 입장이 다를 수밖에 없다.

그런데 투명성과 공정성, 그리고 거래의 안정성에 관한 다양한 방법과 시장감시기법이 적용되고 있는 주식시장과 달리, 블록체인을 기반으로 한 암호화폐나 NFT 거래에 관해서는 아직은 이러한 안전장치가 제대로 마련되어 있지 않다. 물론 새로운 기술이 인기를 얻게 되면 비록 그것이 광풍이더라도 일단 관련 산업이 크게 성장함에 따라 인력도 늘고 투자도 늘며, 이를 통해 다시 기술이 발전하는 선순환을 가져올 수 있다. 그러나 그 과정에서 정보의 비대칭에 따른 개인들의 피해가 늘고, 일부 얼리-어답터나 벤처투자자 혹은 자본가들에게만 천문학적 이익이 귀속되며, 투자는 투기로 변질되어 '폭탄 돌리기'의 희생자나 '최후의 바보'를 찾는 게임이 되다 보면, 결국 해당 기술에 대한 반감이 조성되고 급기야 강력한 규제 논의로 이어질 수 있다.

이럴 경우, 해당 생태계는 금방 파괴되고 만다. 올해 초에 발생한 '테라', '루나' 사태가 그 좋은 예이다. 작년에도 국내에서는 '아프리카 TV' BJ들의 코인 사기미수 사건이 있었고,[205] 해외에서는 베네수엘라 마두로 대통령이 2018년에 '페트로'(Petro)라는 별 쓸모없는 암호화폐를 발행해 국민들을 농락하기도 했으며,[206] 이 외에도 암호화폐의 투기화

및 각종 허위·과장광고, 너무 쉬운 ICO에 따른 암호화폐의 난립과 폰
지 사기에 가까운 행태들이 수도 없이 지적되고 있다.207) 심지어 햄버
거 체인점을 운용하는 챈티클리어(Chanticleer)의 경우에는 고객들에게
블록체인 기술을 활용한 보상 프로그램(loyalty and rewards program)을 시
작하자마자 주가가 급등하기도 하였다.208) 하지만 블록체인 기술을 사
용하였다 한들 챈티클리어 체인 내에 한정된 보상 프로그램이 일반적
인 쿠폰, 마일리지 프로그램, 상품권 등과 대체 얼마나 큰 차이가 있었
을지 의문이며, 이는 블록체인이라는 말만 들어가면 주가가 급등하던
2018년 당시의 거품209)을 보여주는 사례가 아닐까 싶다.

그림 5-1 | 수많은 암호화폐 종류

　분명한 것은 시장이 과열될 때에는 이를 적절히 진정시키고, 아울러
소비자들, 특히 개인들에게 새로운 기술과 이에 기반한 시장에 대해 충
분한 정보를 제공하여 고위험 – 고수익 투자에 따르는 리스크를 각인시
키며, 시장에서 발생하는 온갖 허위정보와 기만행위, 그리고 남용행위
를 차단하려는 노력이 병행되어야 한다는 점이다. 이러한 상황에서는 일
정한 규제가 불가피하다. 다만, 이 중에는 정부가 직접 나서야 하는 것도

있고, 업계의 자율규제를 통해 진행하는 것이 바람직한 것도 있으며, 경우에 따라서는 사회문화와 교육에 맡겨야 할 부분도 있다. 모든 것을 정부가 다 할 필요도 없고, 모든 것을 명령과 통제 방식으로 하는 것도 한계가 있다는 이야기이다. 현재 국회에는 암호화폐 거래와 관련한 시세조종행위를 포함한 여러 불공정거래행위를 규율하기 위한 여러 법안이 발의되어 있고, 주요 암호화폐 거래소들 또한 불공정거래행위 방지를 위한 다양한 방지책을 활용하고 있는데,210) 향후 귀추가 주목된다.

2. 블록체인의 법적 한계

필자는 기술 분야의 전문가가 아니지만, 블록체인이 향후 발전 가능성이 높은 기술이라는 정도는 이해하고 있다. 그러나 블록체인 기술이 기존의 법과 제도를 바꾸고 대체하는 부분에 대해 너무 낙관하는 것도 우려된다. 이하에서는 블록체인의 비가역성(非可逆性)과 스마트 컨트랙트의 한계, 공공 블록체인에 대한 법과 공권력의 승인 문제, 그리고 상호운용성에 관한 문제를 간단히 언급해보려 한다.

가. 블록체인의 비가역성과 스마트 컨트랙트의 한계

블록체인은 비가역성을 본질로 한다. 그런데 법적 측면에서 이러한 비가역성은 블록체인을 이용한 거래는 향후 그 취소가 불가능하거나 매우 곤란해진다는 것을 의미한다. 그렇기 때문에 계약의 철회·취소·무효가 가능하고, 이에 따른 원상회복이 소급적으로 이루어질 수 있는 법적 의미의 계약과 블록체인은 조화되기 어려운 면이 있다. 사실 소급효라는 것이 법률가의 지혜가 창조해 낸 매우 효과적인 기능을 지닌 픽션이라고 할 수 있는데,211) 자연과학적 인과관계는 소급하여 되돌린다는 것이 원천적으로 불가능하기 때문이다. 여하튼 자연과학의 산물인 블록체인 기술이 법률 세계에서 통용되는 다양한 규범적 개념을 수용하는 것은 쉽지 않은 일이다.

　블록체인의 비가역성으로 인한 문제는 스마트 계약 혹은 스마트 컨트랙트(Smart Contract)의 경우에도 동일하게 나타난다. 스마트 컨트랙트는 진정한 의미의 계약이 아니라 일정한 조건이 성취되면 효과가 발생하는 코드나 프로그램, 또는 계약의 집행을 자동화한 소프트웨어에 불과한 것으로서, 이를 계약으로 부르는 것은 계약에 대한 기술 개발자들의 오해에 불과하다는 점이 여러 학자들에 의해 지적되고 있다.212) 계약은 대립 당사자 사이에 의사표시의 합치를 이루는 행위 자체를 의미하는 것이기 때문이다.

　물론, 스마트 컨트랙트를 자동판매기에서의 음료수 구매와 같은 형태의 계약으로 보거나, 부합계약(附合契約: 계약의 일방이 계약 내용을 미리 결정하고, 그 상대방은 그러한 계약 내용에 그대로 따르는 형태의 계약을 의미한다. 전기회사와 체결하는 전기 공급계약이 대표적인 예이다)에 해당하는 것으로 볼 여지도 없지 않다. 그러나 인간의 다양한 행위와 그와 관련된 법적 의무를 전부 다 코드로 형식화하는 것은 매우 어려운 일이며, 더 나아가 계약의 내용에 대한 신의칙이나 권리남용 금지와 추상적인 내용들을 적용하고, 어떤 계약을 반사회적 계약으로 보아 무효화하는 등 인간의 복합적인 사고와 판단을 요하는 영역은 여전히 코드로 대체되기 어렵다.213)

　게다가, '튜링 완전'(Turing Complete)의 특성을 지닌 '솔리디티'(Solidity) 언어를 기반으로 설계된 이더리움의 경우에도 '솔리디티' 언어의 고도의 난해성으로 인하여 고도의 전문가가 아니면 보안성이 높은 스마트 컨트랙트를 구현할 수 없다는 문제가 있다. 이로 인해 현실에서는 누군가가 만든 스마트 컨트랙트를 복제하는 경우가 많은데, 나중에 원본이 되는 스마트 컨트랙트의 보안에 취약성이 발견되면 이를 복제한 수많은 스마트 컨트랙트에 똑같은 보안상 문제가 동시다발적으로 발생할 수 있다. 문제는 어떠한 스마트 컨트랙트의 보안이 취약한지 여부 자체도 고도의 전문가가 아니면 쉽게 파악하기 어렵다는 점이다. 이처럼 스마트 컨트랙트의 보안성이 이론적으로는 매우 높지만 실제로는 구현하기 어렵다 보니, '더 다오'(The DAO)사건과 같은 대규모 해킹사건이 발생하기도 하였고, 여기서 블록체인의 비가역성으로 인하여 해커의 계좌로 이체된 360만 이더리움을 피해자에게 환급하기 어렵게 되자 탈중앙화의 이념에 배치되는 하드포크(hard fork)가 이루어지기도 하였다.214) 이러한 포크 가능성은 기술적으로는 블록체인의 발전에 유연함을 더해 줄 수 있는 것으로 평가되지만,215) 법적 측면에서의 블록체인의 비가역성이 거래의 종료·해소와 피해자의 구제에 매우 부적합함을 보여주는 것이다.

메타버스에서는 각종 아이템뿐만 아니라 가상 부동산 거래와 같은 것도 활발하게 일어날 수 있고, 여기에 블록체인에 기반한 스마트 컨트랙트가 적용될 수 있다. 그러나 나중에 계약을 되돌리고 원상회복을 하려 할 때, 이를 어떻게 처리할 것인지 필자도 자못 궁금하다.

나. 법과 공권력의 승인이 필요한 공공 블록체인

대개 블록체인이라고 하면 공공 블록체인(public blockchain)을 의미한다. 그런데 공공 블록체인은 많은 경우에 법과 공권력이 그 서비스 내용을 승인하지 않으면 기존 질서를 대체하는 데 한계가 발생한다. 예를 들면, '밴드 네임 볼트'(Band Name Vault)에서는 음악 밴드 이름을 블록체인에 등록할 수 있지만, 그것이 상호나 상표로서 효력을 지니기 위해서는 관할 관청이 그 효력을 법적으로 인정해야만 한다.216) 마찬가지로 부동산 거래 내역을 블록체인에 저장되더라도 그 효력을 법이 인정해주지 않는 한, 현실세계에서의 부동산에 관한 권리가 이전되지는 않는다.

이는 메타버스에서 블록체인이 곧바로 공적 기능에 활용되기에는 난관이 있을 것임을 시사한다. 반면, 'IBM 푸드 트러스트'(IBM Food Trust)는 블록체인 기술을 활용하여 식품 오염 예방과 공급망 개선 효과를 크게 증진시키는 성공을 거둔 이래 물류 분야에서 널리 활용되고 있으며,217) 마이크로소프트의 '애저', 아마존의 '아마존 웹 서비스' 등에서

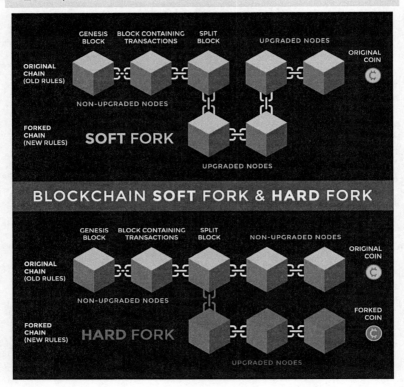

그림 5-2 | 하드포크와 소프트포크

제공되는 클라우드 블록체인(Blockchain as a Service; BaaS) 또한 급속도로
발전하고 있는데,[218] 이러한 전용 블록체인(private blockchain)의 발전은
블록체인 기술의 장래성을 보여주는 것이지만, 다른 측면에서는 블록
체인이 누군가의 통제 하에서 일정한 목적성을 가지고 활용되는 경우
에 오히려 그 장점을 더 살릴 수 있음을 방증하는 것이기도 하다.

다. 블록체인의 상호운용성

또 하나 지적할 부분은 블록체인의 상호운용성 문제이다. 현재 출시
중인 메타버스는 대부분 샌드박스형 플랫폼으로서 다른 메타버스와 상

호연동이 되지 않는다. 그러므로 어떤 메타버스에서 블록체인 기술을 바탕으로 데이터를 분산화(탈중앙화)하고, 각종 NFT를 활용하더라도 이 것이 다른 블록체인을 바탕으로 한 메타버스에서 그대로 사용 가능할 것이라는 보장이 없다. 이처럼 블록체인 사이에 상호운용성이 보장되 지 않을 경우, 탈중앙화의 의미가 퇴색된다.

그나마 암호화폐는 현금화가 가능하고 암호화폐 사이의 스왑 거래도 여러 거래소를 통해 이루어지고 있지만, NFT의 경우에는 그러한 방식 도 적용하기 어렵다. 예컨대, 어떤 게임에서 사용되는 고가의 아이템을 NFT로 만든다 하더라도 그 게임회사가 서비스를 중단하면 이는 더 이 상 게임 아이템으로서는 가치가 없어진다. 기술적으로야 블록체인 사 이의 상호운용이 가능하고[219] 다른 게임에서 NFT화된 아이템의 사용 도 가능할 수 있다지만, 게임회사가 그렇게 해야 할 사업적 유인이 없 다면 그러한 일은 발생하기 어렵다. 그 게임회사가 도산한 경우에는 더 말할 것도 없다. 그 회사를 인수한 다른 게임회사가 기존의 NFT화된 아이템의 사용을 허용해 주어야 할 의무는 없기 때문이다. 오히려 기존 의 아이템은 인정하지 않고 새로운 아이템을 구매하도록 유도하는 것 이 사업적으로는 더 이익이 될 수도 있다. 게다가 사업자별로 메인넷을 독자적으로 구축하는 추세가 강화되고 있기 때문에 향후 상호운용성의 제약에 따른 문제는 더욱 부각될 가능성이 있다.

그러므로 기술적으로 가능하다는 것과 사업적으로 그렇게 해 줄 유 인이 있는지의 문제는 항상 구별되어야 한다. 앞서 언급한 것처럼, 기 술은 중립적일지 몰라도 비즈니스는 중립적이지 않기 때문이다.

3. 암호화폐, DeFi, NFT, 그리고 탈중앙화 - 그 희망과 허상

가. 암호화폐

정보의 비대칭과 투기성 거래, 그리고 거품 형성이 손쉬운 시장구조 는 암호화폐 투자자들이 정보에 기반한 결정, 즉 'informed decision'

을 내리기 매우 어렵게 한다. 어지간한 지식과 열의가 있지 않고서는 블록체인 기술은 물론, 여기서 파생된 다양한 기술과 거래구조를 이해하기 쉽지 않다. 미국에서도 미국처럼 금융 문맹률이 높은 나라에서 암호화폐는 이해하기 너무 어렵다는 지적이 있었는데,[220] 우리나라라고 사정이 크게 다르지는 않은 것 같다.

그럼에도 불구하고 코로나19, 만성적인 청년 실업, 급등하는 부동산 가격과 내 집 마련의 어려움 등이 가중되는 상황에서 언론과 광고에서 접하는 천문학적 고수익 사례들은 암호화폐 투자를 통한 일확천금의 유혹을 거부할 수 없게 만든다. 여기서 정보의 비대칭을 교정하고 블록체인 관련 기술과 산업이 건전하게 발전하기 위해서는 블록체인에 기반한 암호화폐의 부정적 측면에 대해서도 정확히 인지할 필요가 있다. 이하에서 몇 가지만 적어 본다.

(1) 암호화폐가 법정화폐를 대체한다?

우선, 암호화폐, 특히 비트코인이 향후 법정화폐(이를 법화(法貨)라고도 한다)를 대체할 것이라는 생각에 대해 살펴보자. 잘 알려진 것처럼, 비트코인은 4년마다 블록 채굴에 대한 보상이 반감되며, 2140년에 블록 보상은 영(零)이 된다. 비트코인은 2,100만 개가 한계이며, 2030년대 중반이면 비트코인의 99%에 대한 채굴이 완료될 것으로 예측되고 있다.[221] 이와 같은 비트코인의 희소성은 투기 수요를 촉발시킬 뿐만 아니라, 비트코인의 교환수단이 아닌 투자수단으로서의 가치가 더 높아져서 비트코인 소유자들이 이를 유통시키지 않게 만들고, 이에 따라 유통량은 더욱 제한된다.[222]

여기에 개인키(private key) 분실의 문제도 있다. 실제로 비트코인의 개인키를 분실하여 수천 억 원에 달하는 비트코인을 현금화하지 못하는 사태가 발생했는데,[223] 분실이 아니더라도 비트코인 소유자가 갑자기 사망하거나 치매에 걸린다면 해당 비트코인은 영원히 사용할 수 없게 된다. 미국에서 성업 중인 월렛 리커버리 서비스(Wallet Recovery Services)

도 기억 자체를 복구하지는 못한다. 고객의 기억의 편린들을 찾아 고객
이 개인키로 설정했을 확률이 높은 숫자와 문자의 조합을 제시해주는
것일 뿐이다.224) 개인키 복구를 실현하기 위해 많은 노력들이 진행 중
이지만 아직 확실한 솔루션은 등장하지 않고 있다. 이러한 개인키 분실
의 문제는 그렇지 않아도 제한되어 있는 비트코인의 유통량을 더욱 제
한시키는 결과를 가져온다. 그리고 비트코인의 제한적인 생산량과 유통
량은 경기 변동, 인플레이션 등에 대한 대응을 어렵게 하며, 이에 따라
비트코인으로는 통화정책을 수행하는 것이 거의 불가능해진다.

더 근본적인 문제도 있다. 고작 10여 년 전인 2010년에 비트코인 1만
개는 '파파존스' 피자 2판의 가치, 즉 40달러 정도에 불과했다.225) 그러
나 비트코인 시세가 많이 하락한 2022년 7월 말 기준으로 하더라도 비
트코인 가격은 여전히 2만 달러를 상회한다. 그렇다면 비트코인의 가치
는 1개당 0.004달러(0.4센트)에서 약 5백만 배, 즉 5억% 상승한 것이다.
이러한 상황에서 비트코인이 법정화폐를 대체하면 어떻게 될까? 거칠게
말하자면, 비트코인을 보유하지 않은 사람들은 자신의 자산 가치가 5백
만 배 하락하는 결과가 된다. 그렇다면 기존의 자산가들이 이러한 자산
가치 하락을 과연 수용하고 감내할 것인가? 비트코인 소유자들 중 상당
수는 권력자가 아닌 일반 민중인데, 일반 민중에게 절대적으로 유리하고
권력자와 부유층, 기득권층에 불리한 상황이 그렇게 쉽게 도래한단 말인
가? 지난 역사를 아무리 살펴봐도 그런 일은 거의 없었다. 탈중앙화의
이상과 분산원장 기술의 장점만으로 세상이 그렇게 쉽게 뒤집힐까? 비
트코인이 법정화폐를 대체하는 것은 지배층과 기득권층이 충분히 만족
할 만큼의 비트코인을 보유하는 경우에나 가능할 것이다. 혹자는 황금
도 처음엔 돌덩어리에 불과했다고 하지만, 황금은 왕과 귀족이 좋아하
는 돌덩어리였음을 잊어서는 안 된다.

그렇다면 비트코인 말고 새로운 암호화폐를 만들면 되지 않느냐고
질문할 수 있다. 그러나 여기서도 그러한 암호화폐를 왜 써야 하는지에

대한 의문이 남는다. 이미 수많은 알트코인이 난립하는 상황에서 이들 중 어떤 것이 법정화폐에 가까운 기능을 할 수 있을 것인지, 왜 그렇게 되어야 하는지 누가 답할 수 있을 것인가? 만약 정부나 중앙은행이 암호화폐를 발행하여 법정화폐를 대체하자고 한다면 그것은 블록체인 기술을 활용한 중앙집권적인 법정화폐가 나타난 것일 뿐이니 탈중앙화를 근간으로 하는 암호화폐가 법정화폐를 대체할 것이라는 이상과는 거리가 멀다. 애초에 정부 개입 없는 완전한 탈중앙화가 과연 가능한 것인지도 의문이며, 블록체인 기반 암호화폐는 기존의 정부와 은행 시스템을 벗어나기 위한 기술이지만 결국은 기존의 정부와 은행을 통하지 않고서는 성공하기 어렵다는 점은 아이러니가 아닐 수 없다.[226]

이 외에도 문제점들이 있다. 먼저, 블록체인을 통한 분산원장 기술이 거래의 안전성을 보장하는 데 큰 도움을 주는 것은 사실이지만 그것이 절대적인 안전성은 아니다. 이론적으로만 가능할 것이라던 '51% 공격' (정확히 말하면 '50%＋초당 1해시'일 것이다.[227] 주식회사의 과반 의결권이 50%＋1주인 것처럼 말이다)이 이더리움 클래식에서 실제로 발생하기도 했으니 말이다. 또한, 비트코인에는 처리속도 지연이나 높은 수수료로 인한 문제도 있는데, 그렇기 때문에 널리 활용되는 핀테크를 대신해 왜 비트코인을 사용해야 하는 것인지 의문이 발생한다.[228] 물론 이러한 기술적인 문제점들은 비트코인의 단점을 보완하는 알트코인이 등장함으로써 어느 정도 해결될 수 있겠지만, 그렇다 하더라도 앞서 설명한 것처럼 '기존 화폐 대신에 왜 그것을 사용해야 하는가'라는 근본적인 문제는 여전히 남는다.

(2) 스테이블 코인은 대안이 될 수 있는가?

여기서 스테이블 코인(stable coin)에 대해 잠깐 살펴보자. 스테이블 코인은 암호화폐의 변동성이 너무 심하여 교환수단으로 사용하기에 적절하지 않다는 단점을 보완하기 위해 고안된 것이다. 블록체인 기술을 바탕으로 한 메타버스 플랫폼에서 결제수단 또는 교환수단으로서 스테이블 코인은 상당한 장점이 있다. 메타버스 플랫폼 운영자가 다양한 형태의 메타버스 서비스를 지속적으로 개발하여 상호 연동할 경우, 그 가치가 유지되는 스테이블 코인이 여러 메타버스 서비스에서 교환의 매개체로 활용됨으로써 다양한 서비스 간의 자유로운 연계와 네트워크 효과를 높여줄 수 있을 것이기 때문이다. 이를 통해 메타버스 플랫폼 운영자가 생각하는 생태계가 더 쉽게 형성될 것임은 충분히 예상할 수 있다.

그러나 어느 정도 확실한 메타버스 생태계 모델이 없는 상태에서는 스테이블 코인은 그 존재의 이유부터 부정될 수도 있다. 암호화폐의 변동성이 심해 스테이블 코인이 필요하다고 하지만, 그럴 바에는 기존의 핀테크 외에 굳이 왜 스테이블 코인이 필요한지에 대한 의문이 남기 때문이다.

게다가 스테이블 코인이 그 이름처럼 안정적인 것인지에 대해서도 여러 의문이 제기되어 왔다. 예를 들어 '테더'(Tether)의 경우에는 달러(USD)에 페깅(pegging), 즉 연동되어 있는데, 이는 결국 테더가 발행한 '테더'에 상응하는 달러를 보유하고 있어야 함을 의미한다. 그러나 테더의 달러 보유가 충분한지에 대해서는 여러 차례 의혹이 제기되었고, 작년에는 미국 법무부가 금융사기 혐의로 조사를 개시하기에 이르렀다.229) 또한, 스테이블 코인의 가치 유지를 위해 테더가 직접 관여하기 때문에 완벽한 탈중앙화도 아니다. 이 모델에서 테더는 중개인으로서 활동하고 테더의 행동에 따라 안정성이 결정된다는 점에서 탈중앙화와는 거리가 있다.230)

암호화폐를 담보로 하는 스테이블 코인의 경우에도 안정성은 여전히 부족하다. '다이'(Dai)의 경우에는 그 가치가 달러에 연동되지만, 달러를 보유하는 대신에 메이커 다오(Maker DAO) 재단의 암호화폐 대출 시스템인 '메이커'(Maker)를 활용한다. 이 시스템에서는 이더리움을 담보로 '다이'를 빌려 주는데 담보 가치는 수요와 공급에 따라 달라지며, 이더리움의 가치가 급격히 하락하면 자동으로 매각을 통해 청산이 이루어지는 등 보다 탈중앙화된 프로세스가 적용되어 있다.231) 그러나 다이의 경우에는 발행량 이상의 과다 담보를 제공해야 하고, 부채 상한선이 설정되어 있어 공급과 확장성이 제한적이라는 단점이 있으며,[232] 담보로 제공되는 이더리움의 가격도 변동성이 작지는 않아서 전체 시스템의 안정성에 위협이 된다.

그리고 다이의 담보 대출은 스마트 컨트랙트를 기초로 하기 때문에 스마트 컨트랙트 적용이 불가능한 비트코인은 사용할 수 없는데, 변동성 측면에서 이더리움보다 안정적인 비트코인을 담보로 활용하기 위해서는 별도의 장치가 필요하다. 이에 따라 비트코인을 달러처럼 예치한 다음, 예치된 비트코인에 대해 정해진 비율의 이더리움 기반 토큰을 발행하는 '랩트 비트코인'(Wrapped BTC)이 등장하였는데, 이 경우에는 충분한 비트코인을 예치하고 있어야 한다는 점에서 '테더'와 동일한 중앙화 이슈가 발생한다. 이 외에도 비트코인을 입금하면 이를 탈중앙화된 네트워크에 저장하고 그에 연동하여 발행되는 '렌 비트코인'(RenBTC)도 고안되었는데, 경기 침체와 더불어 비트코인의 가치가 폭락한 지금 시점에서 보면 비트코인을 어떤 형태로 끌어들이든 상관없이 담보형 스테이블 코인의 안정성에는 한계가 있어 보인다.

그렇다고 알고리즘에 기반한 스테이블 코인, 즉 비담보 스테이블 코인이 안정적인 것은 더욱 아니다. '테라', '루나' 사태가 이를 잘 보여주었는데, 이미 잘 알려진대로 테라는 그 가치가 달러에 연동되지만, '테라' 가격 하락시 '테라'의 발행량을 줄이고 '테라' 가격 상승시에는 '테라'의 공급량을 늘리는 방식의 알고리즘을 통해 가치를 유지하였고, 이를 위해 자체 암호화폐인 '루나'를 사용하였다. 그러나 이러한 모델은 고유한 기본가치가 부족하기 때문에 수요와 공급이 급격히 변동하는 경우 발생하는 '패닉 셀'(panic sell)과 '뱅크 런'(bank run)에 대응하기 어렵다는 한계가 지적되었고,[233] 이러한 경고를 무시한 테라폼랩스(Terraform Labs)는 '테라'와 '루나'의 가치가 하루아침에 폭락하는 대참사를 피할 수 없었다.

그림 5-3 | 폭락하는 '루나' 가격

   스테이블 코인은 그간의 실패를 경험삼아 앞으로도 새로운 모델이 등장하고 발전할 것이다. 그러나 아직까지는 법정화폐를 매개로 하지 않으면서 안정성을 확보하는 확실한 방법을 찾았다고 보기는 어려운 것 같다. 즉, 강력한 법정화폐가 존재하지 않으면 성공하기 어려운 것이 현재까지의 스테이블 코인이 아닌가 싶다.234) 그렇다면 법정화폐와 핀테크 대신 왜 스테이블 코인을 사용해야 하는지라는 의문이 여전히 남는데, 메타버스 플랫폼에서도 스테이블 코인의 장점과 편의성이 선결되어야 그 활용성이 높아질 것이다.

   마지막으로 언급할 부분은 메타의 '리브라'(Libra)의 실패에 관한 것이다. 메타는 수십억 명의 '페이스북' 이용자들을 기반으로 '페이팔'(PayPal), '비자'(Visa) 등 온라인 결제서비스와 연동하여 전 세계적 규모의 가상화폐 결제시스템을 추진하였으나, 미국과 유럽연합의 강력한 규제 움직임에 결국 사업을 철회하였다.235) 중간에 '디엠'(Diem)으로 이름을 바꾼 이 스테이블 코인의 사례는 어떤 암호화폐가 기존의 통화 질서에 대항하는 것으로 여겨질 때, 즉 통화 주권에 대한 위협으로 인식될 때, 주요 국가들이 얼마나 강력하고 신속하게 개입하여 이를 좌절시킬 수 있는지를 잘 보여주었다.[236] 이러한 사례를 보면, 스테이블 코인이 어떠한 방식으로 발전하더라도 결국 중앙 권력이 정한 법·제도적인 한계를 벗어나기는 어려울 것이라는 생각이 든다.

(3) 범죄에 활용되는 암호화폐

탈중앙화를 근간으로 하는 암호화폐는 각종 범죄에 활용될 수 있다. 해외에서는 비트코인이 성매매에 널리 활용되고 있다고 보도된 바 있고,[237] '크툴루'(Cthulhu)와 같은 청부 살인 서비스나[238] 랜섬웨어(ransomware)에 비트코인이 사용되기도 하였으며,[239] '모네로'와 같은 완전한 익명성을 추구하는 암호화폐는 범죄자·해커들이 선호한다는 점이 지적되기도 하였다.[240] 암호화폐 특유의 보안성이 범죄수익의 거래와 은닉에 적합하기 때문이다.

테러집단이나 마약조직 등이 암호화폐를 이용하여 자금을 세탁하는 것은 국제적으로도 심각한 문제가 될 수 있다.[241] 이에 따라 전 세계적으로 '트래블 룰'(Travel Rule), 즉 자금이동규칙이 논의되고 있으며, 우리나라에서도 국제자금세탁방지기구(FATF)의 요청으로 2020년 3월에 특정금융정보법이 개정되어 자금세탁 규제가 도입되었다. 다만, 이는 가상자산 거래소를 이용하는 경우에만 적용되기 때문에, 암호화폐를 범죄에 활용하는 모든 경우를 차단할 수 있는 것은 아니다. 위 규제에 따라 가상자산사업자는 정보보호관리체계(ISMS) 인증을 받고, 실명확인 입출금 계정을 정하여 금융정보분석원(FIU)에 신고를 해야 하며, 불법재산, 고액 현금거래 등에 대한 보고의무 및 고객별 거래내역을 분리하여 관리할 의무 등을 부담한다. 특히, 시중은행의 실명확인 입출금 계정만을 허용하기 때문에 흔히 '벌집계좌'라고 불리는 암호화폐 거래소에서 직접 만든 가상계좌(암호화폐 거래소가 시중은행으로부터 일반 법인계좌를 발급받아 이 계좌 아래에 고객의 계좌를 운영하는 편법적인 수단이다)만으로는 가상자산사업자 신고를 할 수 없게 되어 관련 업계의 불만이 많다. 그러나 위와 같은 안전장치가 없을 경우 범죄 예방과 처벌에 큰 허점이 생긴

다는 반론도 만만치 않기 때문에 이에 관한 사회적 논란은 쉽게 가라
앉지 않을 것이다.

　여기서 실명확인 입출금 계정과 관련하여 흥미로운 헌법소원 사
건242)이 하나 있어 잠깐 살펴보려 한다. 암호화폐 투자가 과열되자 정
부는 2017년 12월에 관련 대책을 논의하였는데, 그 결과 금융위는
2017년 12월 28일에 은행권에 가상계좌 서비스 신규 제공 중단을 요
청하였고, 2018년 1월 23일에는 실명확인 입출금 계정 서비스가 같은
달 30일부터 시행될 예정임을 밝혔다.243) 그러자 일부 암호화폐 투자
자들이 이러한 금융위의 조치는 국회가 정한 법률에 근거를 두지 않고
국민의 기본권을 제한한 것으로서 헌법상 법률유보원칙에 위반되어 위
헌이라면서 헌법소원심판을 청구하였다.

　이에 대해 헌법재판소의 재판관 5인 다수의견은 이를 각하하였는데,
금융위의 위와 같은 조치는 '공권력의 행사'로 볼 수 없으므로 헌법소
원심판의 대상이 될 수 없다는 이유에서였다. 즉, 금융위는 금융기관의
자발적 순응을 요청한 것이었고(당시 금융위의 보도참고자료 4면에 은행은 "자
율적으로" 가상통화 취급업소와 실명확인 입출금 계정 서비스 관련 계약을 체결할 예정
이라고 강조되어 있기는 하였다), 금융위의 조치 이전부터 은행들도 국내·외
신인도 유지를 위하여 FATF의 지침에 따라 고객확인의무를 강화할 수
밖에 없었기 때문에 금융위의 요청에 자발적으로 호응할 유인이 충분
하였다는 것이다.

　그러나 이에 대해서는 재판관 4인의 반대의견이 있었는데, 비록 금
융위의 조치에 '은행들이 요청에 따르지 아니할 경우 시중 은행들에 대
한 행정상·재정상의 불이익이 따를 것이라거나 상응한 제재조치가 있
을 것이라는 점'이 명시적으로 공표되지는 않았지만, 실제로는 은행들
이 실명확인 입출금 계정 서비스를 시행하는 것 외에 다른 선택의 여
지가 없었으므로 금융위의 조치는 공권력의 행사에 해당한다는 것이
반대 이유였다. 그리고 금융위의 조치는 청구인들의 계약의 자율, 개인

정보 자기결정권 등 주요한 기본권을 중대하게 제한하는 것이고, 따라서 이는 국회를 통해 법률로 규율되어야 할 사항임에도 그러한 법률 없이 금융위가 조치를 취한 것은 법률유보원칙에 위반하여 위헌이라는 의견도 제시하였다.

헌법재판소의 이 결정은 여러 모로 논란거리가 될 것 같다. 암호화폐 투기가 극성을 부려 가상자산에 대한 일정한 규제가 불가피한 상황에서 법률을 제정하여 대책을 세우려면 많은 시일이 소요될 수밖에 없으니 금융당국이 은행에 먼저 요청한 것이고, 이것이 법률적으로 강제된 것은 아니므로 다수의견이 옳다는 견해도 일리가 있고, 아무리 급해도 국민의 기본권 제한은 국회가 정한 법률에 의해야 한다는 법률유보원칙이 손쉽게 우회되어서는 안 되고, 여전히 관치금융의 틀을 벗어나지 못한 우리나라에서 금융위의 위와 같은 조치가 공권력의 행사가 아닌 임의적인 요청에 불과하다고 볼 수는 없다는 견해도 충분히 일리가 있다. 이 결정의 당부에 대해서는 독자들 각자의 판단에 맡긴다.

나. DeFi

DeFi, 즉 탈중앙 금융(Decentralized Finance)은 중앙화된 금융, ICO 및 암호화폐 거래에 있어 거래소에 대한 불신 및 보다 유연한 교환·거래 수단의 필요성에서 비롯되었다. 먼저, 중앙화된 금융의 문제점으로 지적되는 것은 ① 중앙의 통제, ② 제한된 접근성(즉, 많은 시민들이 대출받기 어려워 하고, 이자율도 높음), ③ 비효율성(높은 수수료율, 소액 송금 곤란, 금융 보안 부족), ④ 상호운용성 부족(금융기관 간 상호운용성 미흡), ⑤ 불투명성인데,244) 이러한 점들이 과연 DeFi가 꼭 필요한 이유인지는 다소 의문스럽다. 우선 제한된 접근성이나 불투명성은 금융규제로 상당 부분 해소가 가능한 부분이고, 비효율성, 상호운용성 부족은 우리나라의 경우에는 별로 문제되지 않고 있다. 중앙의 통제라는 것도 그 자체가 죄악시되어야 하는지 의문인데, '테라', '루나' 사건을 보면 금융 시스템의 안정성과 금융소비자 보호를 위해서는 오히려 중앙의 통제가 더 필요하다는 관점도 얼마든지 성립할 수 있다.

다음으로 거래소에 대한 불신에 대해 살펴보면, 그 원인으로는 ① 비리, 암호화폐의 가치 조작과 같은 거래소의 부정, ② 거래소의 검열, ③ 취약한 보안과 해킹 우려, ④ 거래소의 과도한 이익 수취 등이 지적된다.[245] 그리고 DeFi는 기존에 정해진 상품과 재화만이 거래되던 금융시장과 달리, ① 규모에 상관없이 다양한 자산을 토큰화하여 교환·거래를 매개할 수 있고, ② 파생상품 발생을 통한 레버리지 획득이 가능하며, ③ 다양한 자산을 토큰을 통해 합성하여 활용할 수도 있다는 장점이 있다.[246]

이러한 이유로 탈중앙 거래소(Decentralized exchange; DEX)를 바탕으로 한 DeFi가 여럿 등장하였는데, 아직까지는 DeFi가 충분한 대안이 되고 있는지는 확신하기 어렵다. 주식시장을 보면 쉽게 이해할 수 있을 것인데, 금융거래가 발생하기 위해서는 적절한 양의 매도 물량과 매수 물량이 존재해야 하고, 매도자와 매수자가 쉽게 연결되어야 한다. 그러므로 탈중앙 거래소가 제 기능을 하기 위해서는 거래를 원하는 이용자들을 끌어들여 시장에 유동성이 공급되어야 하는데, 이를 위해 자동시장조성자(automated market maker)를 활용하거나 유동성을 공급하는 이용자들

그림 5-4 | DeFi의 특징

에게 일정한 보상을 지급해야 한다. 그러나 탈중앙 거래소가 스스로 암호화폐를 제공하는 방식으로 자동시장조성자가 되는 경우에는 그에 따른 손실 발생 위험을 감수해야 한다.247) 그리고 암호화폐를 예치하여 유동성을 공급하는 이용자들에게 거버넌스 토큰(governance token)을 주거나 거래 수수료를 취득하도록 하는 등의 인센티브를 부여하는 경우에도 이용자가 인센티브만 취득한 뒤 곧바로 암호화폐를 대량 매각하는 '토큰 덤프'나 차익거래봇(arbitrage bots) 등을 활용하여 사적 이익 추구에 더 몰두하는 현상이 발생하게 된다.248)

　이 외에도 실물은 없는 상태에서 가치에만 기반한 가격 상승, 무자본 상태에서 암호화폐 대출 등 금융시스템에 기반한 투자와 지나치게 높은 레버리지 추구, 자산 가격의 높은 변동성 등 감시·감독이 부족한 금융·자본시장에서 발생하는 폐해들이 DeFi에서 나타나고 있다. 그리고 DeFi의 거버넌스와 관련하여서도, 거버넌스 토큰 보유자에게는 일반적인 회사법상의 충실의무(duty of loyalty)가 적용되지 않기 때문에 부도덕하거나 비정상적인 의결권 행사를 막을 수 없고, 그렇다고 거버넌스를 회사나 사람이 제어하는 것은 중앙화된 금융의 문제점을 그대로 안고 가는 것이어서 어느 방법으로도 해결하기 어려운 이슈가 발생할 수 있다.249)

다. NFT

　최근 NFT 시장이 급격히 냉각되기는 했지만, 그 전에도 NFT의 가치에 거품이 끼어 있다는 지적은 지속적으로 제기되어 왔다. 이제는 어느 정도 알려졌지만, NFT는 그 원본이 디지털 저작물인 경우에도 NFT 자체는 링크에 불과한 경우가 많다. 이와 같은 구조로 인하여 NFT 원본의 저장 위치에 따라 그 가치가 달라질 수 있는데,250) NFT의 메타데이터에 기재된 링크를 통해 IPFS(Inter Planetary File System)와 같은 외부의 분산형 저장매체(이 자체는 블록체인은 아니다)에 저장된 저작물에 접근하는 방식이 그나마 안전한 것으로 알려져 있지만,[251] NFT 구매자로서는 원본의 저장 위치를 파악해야 하는 번거로움이 있다.[252]

그리고 NFT의 구매는 그 원본에 대한 소유권 이전을 의미하는 것이 아니고, 저작권 측면에서도 그에 대한 자유로운 이용이 담보되지 않는 경우가 많다. 예컨대, NFT를 구매했으나 공개된 장소에서 이를 전시할 수 없게 될 수 있으며, NFT 구매가 '디지털 원본의 영수증' 구매에 불과할 수 있다는 지적은 시사하는 바가 크다.[253] 법률 전문가가 아닌 이상 저작권과 소유권의 차이, 소유권의 대상으로서의 민법상 물건 개념에 대해 정확히 인지하지 못하는 경우가 대부분이다. 그렇기 때문에 NFT 출현 초창기에 이루어졌던 NFT 구매에는 향후 다양한 법적 분쟁이 노정되어 있었다고 해도 과언이 아니다.

나아가 물리적 실재를 지닌 원본이 있는 경우에는 그것의 디지털화된 이미지나 영상에 불과한 NFT가 어느 정도의 가치를 지닐 것인지, 그 원본이 파훼되거나 소멸할 경우 NFT 단독으로 얼마나 가치가 있을 것인지 등에 대한 의문이나, 작품의 감상에 중점을 두는 소비자들에게는 얼마든지 '더블 민팅'(double minting)이나 복제물 제작이 가능한 NFT가 별다른 가치를 갖기 어렵다는 의문도 제기될 수 있다. 실질의 뒷받침이 없는 상태에서 NFT의 가치가 과대평가되어 투기의 대상이 되고 있다거나, '지루한 원숭이들의 요트 클럽'(Bored Ape Yacht Club)처럼 NFT가 제한된 보유자나 '셀럽'들 사이의 과시 수단, 특정 NFT 보유자 사이의 폐쇄적 커뮤니티 형성 수단으로 사용되는 것[254]에 대한 비판도 있다.

물론, NFT의 활용은 늘어나는 추세이고, 여러 기업들이 앞 다투어 NFT의 미래에 대한 긍정적 비전을 제시하고 있으며, P2E 게임도 단순한 투자 가치만을 추구하는 방식에서 벗어나 이용자가 게임 본연의 즐거움을 누리면서 부수적으로 수익도 발생하는 P&E(Play & Earn) 게임으로 비즈니스 모델이 변모해 가는 등 시장이 성숙하고 있기 때문에,[255] 장기적으로는 NFT 관련 시장이 확대될 것으로 예상할 수 있다. 초창기

그림 5-5 | '지루한 원숭이들의 요트 클럽' NFT

와 달리 NFT의 버블에 대한 경고가 나오는 것도 나쁜 것만은 아니다. NFT를 투기 대상으로 바라보는 것에서 벗어나 그 본연의 효용을 추구할 기회가 될 수 있기 때문이다. 그러므로 정책적 측면에서도 소비자들이 NFT 구매나 투자에 앞서 NFT가 무엇이고, 자신이 구매하는 NFT가 무엇인지 정확히 이해하도록 하는 것은 중요하다.

조금 다른 이야기지만, 상속·증여세의 세율이 높은 우리나라에서는 NFT가 이러한 세금을 회피하기 위한 수단으로 사용될 것이라는 상상을 해 볼 수도 있다. 예컨대, 예술 작품, 공연, 활동, 행위 등에 대한 NFT는 시장가치 내지 공정가치를 정하기 어려운데, 현재 미술 작품의 NFT에 대한 가치가 매우 고평가되어 있는 상황이기 때문에 부유층 부모가 자녀가 제작한 NFT 또는 자녀가 외부에 의뢰하여 제작한 NFT를 고가로 매입함으로써 상속·증여세를 회피할 가능성도 있다(물론, 이 경우에도 자녀는 소득세는 납부해야 하지만 상속·증여세에 비하면 세율이 한참 낮다). 마찬가지 방법으로 계열회사들이 NFT를 현행 공정거래법상 금지되어 있는 부당지원의 수단으로 활용할 여지도 있을 것이다. 이러한 일이 실제로 발생했을 때, 법이 어떤 방향으로 대응할 것인지 궁금해진다.

라. 진정한 탈중앙화는 실현 가능한가?

이상의 내용을 보면, 완벽한 탈중앙화가 실현 가능한 것인지라는 근본적인 의문이 제기될 수 있다. 사실은 그에 앞서 탈중앙화를 왜 해야 하는지에 대한 질문부터 답할 필요가 있을 것인데, 탈중앙화가 장점이 있는 것은 분명하지만 그렇다고 탈중앙화가 교조적인 신념이나 맹목적인 목표가 되어서는 안 될 것이기 때문이다. 그러나 이 글에서는 탈중앙화의 가치에 대해서는 논의를 접어 두고, 탈중앙화가 진정으로 실현되고 있는지에 대해서만 몇 가지 언급해보려 한다.

앞서 설명한 개인키에 대한 해킹 가능성은 탈중앙화의 실현 가능성에 의문을 남기는 첫 번째 사례이다. 개인키 분실로 인한 문제를 대비하려면 이를 암호화폐 거래소에 맡기거나, 오프라인으로 보관해야 한다. 그런데 암호화폐 거래소라고 항상 안전한 것은 아니다. 암호화폐 거래소 해킹 사고는 종종 발생하기 때문이다.[256] 그래서 최근에는 암호화폐 거래소에서 '콜드 월렛'(Cold Wallet)이라고 불리는 개인키 저장 장치를 많이 사용하는데, 이는 인터넷 연결 없이 오프라인에서 실물 형태로 데이터를 보관하는 방식이다. 그러나 블록체인 기반 암호화폐를 사용하기 위하여 개인키를 오프라인에 보관해야 한다면 이것을 완전한 탈중앙화라고 볼 수 있을 것인지 의문이 제기될 수 있다. 여기에 더하여, 암호화폐 거래소가 자금세탁 방지를 위해 각종 기록과 보고의무를 지는 상황 자체가 탈중앙화는 거리가 있는 이야기이다.

보다 근본적인 의문은 흔히 '오라클 문제'라고 불리는 이슈와 관련된다. 앞서 설명한 것처럼 스마트 컨트랙트에 현실세계의 모든 상황을 코드화하는 것은 매우 어려울 뿐만 아니라, 현실세계의 재화(동산, 부동산)와 그에 관한 정보가 스마트 컨트랙트에서 토큰으로 표현될 때, 블록체인 상으로는 그러한 토큰이 해당 재화를 표상한다는 것을 보증해주지 못한다. 그러므로 스마트 컨트랙트의 실행 조건이 되는 외부 현실세계의 정보(오프체인 정보)의 신뢰성을 보장하는 수단이 반드시 있어야 한다.257) 현실세계와 토큰의 연결고리를 보증하는 오라클이 필요한 것인데, 그렇다면 이는 탈중앙화라 부르기 어렵다. 애초에 현실세계의 재화와 정보가 무결하지 않은데 블록체인에서 무결성을 구현한다는 것 자체가 모순일 수 있다.

그리고 앞서 2. 나.항에서 언급한 것처럼, 공공 블록체인이 여러 공적 기능을 하기 위해서는 법과 공권력의 승인이 필요하다는 점을 언급한 적 있다. 또한, 디지털 아트에 대한 NFT의 경우에도 위작 문제를 해결하기 위해 공신력 있는 감정 시스템이 필요하다는 점이 지적되고 있는데,258) 거래의 안전을 위해 제3의 기관이 NFT의 신뢰성을 보장해야 한다면, 이것을 탈중앙화로 부를 수 있을까?

최근에는 중앙화의 상징인 시중은행이 블록체인에 기반한 메타버스를 출시하고 있는데,259) 이처럼 중앙화된 기관이 메타버스를 제작하고 그 생태계를 형성하는 경우 탈중앙화는 부처님 손바닥 안의 손오공과 같은 처지에 놓일 수도 있다. 현실세계가 없는 가상세계가 존재할 수 없는 것처럼, 중앙의 권한이 완전히 소멸한다는 것 또한 애초부터 불가능한 것 아니었을까? 페이스북의 '리브라' 사례에서 드러난 것처럼 국가 권력으로부터 독립한다는 것이 당장 실현 가능한 일이기는 할까? 반대로 시장에서 독점적 지위를 지닌 거대 빅 테크 기업이 국가 권력을 극복하고 암호화폐나 DeFi 시장에 뛰어들어 시장을 장악한다면, 그것이 기술적으로는 탈중앙화에 가까울지 모르지만 시장 구조 측면에서는 더 강력한 중앙화를 야기하는 것 아닐까?

트위터의 창업자인 잭 도시(Jack Dorsey)는 웹 3.0은 벤처캐피탈과 그 투자자의 것이고 이는 다른 차원의 중앙집권일 뿐이라고 비판하여 큰 논란이 되었는데,260) 관점에 따라서는 탈중앙화는 처음부터 달성할 수 없는 꿈같은 희망이었을지도 모른다. 탈중앙화라는 웹 3.0의 이념은 실현되었다고 볼 수 있는가?

4. 가상자산에 대한 규제

암호화폐, DeFi, NFT 등이 특히 논란이 되는 것은 이들이 개인의 재산과 밀접한 연관을 갖는 금융의 성격을 갖고 있기 때문일 것이다. 그러므로 특히 정보의 비대칭이 심각한 시장에서 소비자를 보호하고 거래의 안정성을 확보하는 것은 관련 산업의 성장을 마련하기 위한 필수적인 기반이다. 그러므로 메타버스 전반에 대한 규제는 신중해야겠지만, 가상자산과 관련하여서는 적절한 규제를 도입함으로써 암호화폐, DeFi, NFT 생태계에 긍정적으로 작용할 수 있다.[261] 이하에서는 자금세탁 규제와 가상자산 거래 규제에 대해 간략히 살펴본다.

가. 자금세탁 규제

앞서 잠깐 언급한 것처럼, 우리나라에서도 특정금융정보법 개정을 통해 자금세탁 규제를 시행하고 있다. 위 법 제2조 제3호는 가상자산을 "경제적 가치를 지닌 것으로서 전자적으로 거래 또는 이전될 수 있는 전자적 증표(그에 관한 일체의 권리를 포함한다)"로 정의하고 있는데, 다만 게임 아이템, 전자금융거래법에 따른 전자화폐 등은 제외된다. 특히 "화폐·재화·용역 등으로 교환될 수 없는 전자적 증표 또는 그 증표에 관한 정보로서 발행인이 사용처와 그 용도를 제한한 것"은 가상자산에서 제외되는데, NFT가 이러한 예외에 해당하는지에 대해서는 유의할 필요가 있다. FATF가 2021년 10월에 발표한 "가상자산 및 가상자산사업자 위험기반 접근법 지침서(Virtual Assets and Virtual Asset Service Providers Guidance for a Risk-Based Approach)"에서는 NFT가 '암호화 수집품'(crypto-collectibles)으로서 원칙적으로는 가상자산의 범위에 포함되지 않는다고 하였지만,[262] 국내에서는 NFT는 가상자산에 해당한다거나,[263] 지급·투자 목적의

NFT는 가상자산에 해당하지만 암호화된 수집품의 용도만을 갖는 경우에는 가상자산에 해당하지 않는다는 견해도 유력하다.[264)

　이와 같은 가상자산을 매매·교환하거나 이를 중개·알선·대행하는 행위, 가상자산을 보관·관리하는 행위 등을 영업으로 하는 자는 같은 법 제2조 제1호 하목에 따른 가상자산사업자가 되는데, 다만 P2P 거래, 지갑서비스 플랫폼만을 제공하거나, '콜드 월렛'과 같은 하드웨어 지갑만을 제공하는 경우는 제외된다.[265) 그리고 가상자산사업자가 자금세탁 방지를 위한 여러 의무를 부담하게 됨은 앞서 설명한 대로이다. 다만, 국내의 '트래블 룰'은 가상자산사업자 사이의 가상자산 이전시에만 적용되고 있는데(특정금융정보법 시행령 제10조의10), FATF가 2021년 1월 업데이트한 가이드라인에서는 가상자산사업자와 개인 사이의 가상자산 이전에 대해서도 '트래블 룰'의 적용을 제안하고 있어[266) 향후 국내 입법에도 변화가 예상된다. 이 밖에, '트래블 룰'은 국제적인 협력이 필수적인데, 한국블록체인협회는 2021년 11월에 '트래블 룰' 표준안을 발표하기도 하였다.[267)

　한편, 금융위는 이와 같은 특정금융정보법에 따른 자금세탁 규제가 가상자산의 제도화를 의미하는 것은 아님을 분명히 밝힌 바 있다.[268)

나. 가상자산 거래 규제

　이처럼 아직까지 국내에서 가상자산이나 그 거래가 완전히 제도화되었다고 보기는 어렵다. 그렇다고 규제가 없는 것도 아니다. 위에서 언급한 자금세탁 규제도 있고, ICO도 허용되지 않는다. 최근에는 암호화폐 거래소인 '업비트'를 운영하는 두나무가 자산총액 10조 원을 초과하였다는 이유로 공정거래법상 상호출자제한기업집단(쉽게 말하면 경제력 집중 방지를 위한 각종 제한을 받게 되는 대기업집단을 의미한다)으로 지정되기까지 하였다.[269) 두나무의 경우에는 고객의 예치금이 5조 8천억 원이 넘었는데, 본래 금융·보험회사의 경우에는 예치 중인 고객의 자산은 자산

총액에서 제외하지만 두나무는 한국표준산업분류상 금융·보험업이 아닌 정보 서비스업(블록체인 기반 암호화 자산 매매 및 중개업)을 영위하고 있으므로 고객 예치금을 자산총액에서 제외할 수 없다는 것이 공정위의 논리였다.[270]

그리고 암호화폐는 법정화폐도 아니고(우리나라에서는 한국은행법 제47조, 제48조에 따라 한국은행권만이 법정화폐이다), 가상자산은 전자금융거래법상 전자지급수단도 아니고 자본시장법상 금융투자상품(증권, 파생상품)도 아닌데,[271] 그러면 규제도 적용받지 않겠지만 대신 발행도 허용되지 않는다. 예컨대, 우리나라에서는 2016년 1월 자본시장법 개정을 통해 증권형 크라우드펀딩이 도입된 상태이지만, 2019년에 코인원과 크라우디가 '암호화폐(토큰) 크라우드펀딩'을 추진하였다가 금감원으로부터 유사 ICO라는 지적과 더불어 주의 의견을 받고 중단한 적이 있다.[272] 그러나 ICO가 허용되지 않고 있을 뿐, 현실에서는 수많은 암호화폐 거래소에서 유가증권 거래소와 비슷한 구조로 대량 거래가 이루어지고 있으며,[273] 세계적으로 내부자 거래,[274] 인출 불가 사태[275] 등 각종 논란이 끊이지 않으면서 국내에서도 투자자 보호 필요성이 강력하게 제기되고 있다. 최근에는 국내의 대형 가상화폐 거래소들이 협의체를 구성하여 자율규제를 하겠다고 하였지만 아직까지 별다른 성과를 내지는 못하고 있다.[276]

이제 국내에서도 가상자산과 그 거래에 대한 입법이 불가피한 상황이 된 것 같다. 업계에서도 가상자산 거래에 대해 일정한 규제를 받더라도 가상자산 '업권법(業權法)'이 마련되어 가상자산업이 공식적으로 제도화되기를 바라는 목소리가 높아지고 있다.[277] 현재 국회에는 특정금융정보법 개정안 2건, 전자금융거래법 개정안 4건을 비롯하여, 가상자산에 관한 제정법안 7건이 계류 중인데, 조만간 국내에도 가상자산 거래에 관한 입법이 이루어질 것으로 보이지만 그 내용이 어떻게 구성될 것인지 현재로서는 정확히 파악하기 어렵다. 그러나 해외에서 이미 관련 규제가 도입된 만큼, 그와 유사한 제도가 도입될 것으로 예측할 수 있다.

필자는 금융 분야의 전문가도 아니고 이 글이 가상자산 거래에 관한 법제 전반을 논의하기 위한 것도 아니기 때문에, 여기서는 간단히 몇 가지만 살펴보는 것에 만족하고자 한다. 우선, 미국에서는 1946년 연방대법원 판례로 정착된 '하위 테스트'(Howey Test)[278]를 가상자산에 적용하고 있다. 하위 테스트는 미국 연방 증권법상 투자계약(investment contract)의 요건을 판단하기 위한 기준인데, 공동사업에 따른(in a common enterprise) 금전 투자(an investment of money)로서 다른 사람의 노력에서 비롯되는(to be derived from the efforts of others) 수익에 대한 기대(with the expectation of profit)를 갖춘 것을 의미한다. 미국 증권거래위원회(Securities and Exchange Commission; SEC)는 2017년 7월에 '다오 보고서'(Report of Investigation Pursuant to Section 21(a) of the Securities Exchange Act of 1934: The DAO)에서 가상자산에 대해 하위 테스트를 적용하였으며, 이에 따라 투자계약에 해당하는 경우에는 증권법의 엄격한 절차에 따라 증권형토큰공개(Security Token Offering; STO)를 해야 한다.[279] 다만, 적격투자자(accredited investors)와 거래하는 경우에는 STO가 면제될 수 있으며, 모금 한도 100만 달러 이하에서는 크라우드펀딩(crowdfunding) 규정을 활용할 수 있고, 모금 한도 5,000만 달러 이하인 경우에는 STO가 완화된다.[280]

이후 증권거래위원회는 가상자산이 투자계약에 해당하는 경우와 그렇지 않은 경우에 대한 여러 세부기준을 제시하기는 하였지만,[281] '하위 테스트' 통과 여부는 각각의 가상자산의 실질에 따라 판단되는 것이기 때문에 ICO를 추진하는 사업자로서는 불안정한 지위에 놓이기 된다는 지적도 제기되고 있다.[282] 그러나 앞서 제3장에서 살펴본 게임물과 비게임물을 구별하는 것과 마찬가지로, 여러 사례들과 그에 대한 판단이 축적되다 보면 어느 정도 경계가 정해져 예측가능성이 생길 수 있을 것이다.

한편, 유럽연합에서는 2020년 9월에 'MiCA안'으로 잘 알려진 「암호자산시장규제안」(Proposal for a Regulation of the European Parliament and of the Council on Markets in Crypto-assets)이 제안되어 지난 7월에 합의가 이루어졌는데, NFT는 적용대상에서 제외되었다.283) MiCA에서는 "분산원장기술 또는 이와 유사한 기술을 사용하는 것으로서 전자적으로 이전 및 보관할 수 있는 가치 또는 권리의 디지털 표현"을 암호자산(Crypto-asset)으로 정의하고 있는데,284) 다만 유럽연합에서도 '하위 테스트'와 유사하게 암호자산의 실질적 내용을 살펴 금융상품 해당 여부를 판단하는데, 여기서 금융상품에 해당하면 유럽연합 및 회원국의 기존 금융규제가 적용되므로 MiCA의 적용대상은 아니다.285)

　MiCA에서 암호자산은 일반 암호자산, 자산준거토큰(Asset-Referenced Tokens), 전자화폐토큰(E-Money Tokens)으로 분류되는데, 전자화폐토큰은 법정화폐에 페깅한 스테이블 코인을 지칭하는 것이고, 자산준거토큰은 그 외의 스테이블 코인을 지칭하는 것이다. 암호자산의 발행인은 법인격을 갖춰야 하고 백서 작성 · 통지 및 공시 의무를 부담하는데, 이에 따라 탈중앙 자율조직(DAO)은 법인이 아니므로 암호자산 발행은 불가능하게 된다.286) 그리고 자산준거토큰과 전자화폐토큰의 발행인은 유보자산(reserved assets) 확보 의무와 더불어 다양한 사전 · 사후규제를 적용받으며, 고객 규모나 거래량이 큰 경우에는 더 강화된 규제가 적용된다. 암호자산서비스제공자는 당국의 인가를 받아야 하고, 운영규칙 제정 · 공시, 해킹 피해에 대한 보상의무, 내부자거래 · 시세조종행위와 같은 남용행위가 금지되는 등 여러 사전 · 사후규제가 적용된다.287)

메/타/버/스/와/법

제6장

메타버스 관련 법안들

메타버스 관련 법안들

우리나라에서는 무엇이든 빠르다. 사람들도 빠르고, 기술과 서비스 발전도 빠르며, 사회와 정치의 변화도 빠르고, 때로는 입법도 너무 빠르다. 아직까지 세계적으로 메타버스라는 개념이 보편화된 것도 아니건만, 국내에서는 벌써 여러 메타버스 관련 법안이 국회에 발의되어 있다. 메타버스 관련 제정법안이 3건, 메타버스에서의 성범죄 등을 방지하기 위한 개정법안이 3건이다. 이 외에도 산자부에서 「메타버스 기본법안」을 준비 중이라는 소문도 들린다. 지난 5월에 발표된 국정과제에서 메타버스 특별법 제정 필요성이 강조되면서[288] 법 제정 움직임이 더욱 가속화되고 있다.

메타버스 관련 제정법안 3건은 모두 진흥을 목표로 내세우고 있다. 메타버스는 가상융합기술을 기반으로 게임 이외에도 SNS, 온라인 쇼핑, 전시, 교육 등 전방위적으로 확산되고 있으며, 향후 그 사회문화적 영향력이나 비즈니스 측면에서의 잠재력에 많은 이들이 주목하고 있기 때문에 메타버스를 산업적 측면에서 진흥하고자 하는 노력 자체가 폄

하될 이유는 없다. XR 업계에 대한 설문조사에서도 메타버스 산업 육
성을 위한 맞춤형 정책 수립과 신속한 집행을 위해 특별법이 필요하다
는 응답이 다수를 차지하였다.[289]

그러나 그간의 경험에 비추어 보면, 어떤 법에 진흥이라는 표제가
붙는다고 하여 그 실질이 당연히 진흥이었던 것은 아니다. 대표적인 것
이 게임산업법인데, 앞서 제3장에서 살펴본 것처럼 게임산업법은 '진
흥'이라는 단어가 표제에 포함되어 있음에도 불구하고 게임에 대한 상
당히 강력한 규제적 내용을 담고 있다. 그렇기 때문에 메타버스 관련
진흥법안들이 진흥 목적에서 시작했지만 그 끝이 규제 강화로 이어져
서는 안 된다. 메타버스와 같이 발전 단계에 있는 신기술·신산업에 대
해서는 진흥을 목적으로 하는 법을 만드는 경우라 하더라도 그것이 관
련 생태계 전반에 미치는 영향 등을 비롯한 다각도의 검토가 요구되며,
규제적인 측면이 더해지는 경우라면 더욱 신중해야 한다. 신기술·신산
업의 영역에서는 해당 기술이나 산업이 사회에 현저한 해악이나 위험
을 야기하지 않는 한 규제가 기술·산업 발전에 후행하는 것이 바람직
하기 때문이다. 또한, 정부 부처나 규제기관들 사이에 관할 경쟁을 하
듯 법이 만들어져서도 안 된다.

이하에서는 현재 국회에 계류 중인 메타버스 관련 제정법안 3건을
들여다보려 한다. 「메타버스 기본법안」은 아직 정식으로 발의된 것은
아니어서 논의에서 제외하였다. 이후, 메타버스에서 성범죄 등 방지를
위한 개정법안에 대해서도 그 문제점을 지적해볼 것이다.

1. 메타버스 관련 제정법안

가. 「메타버스산업 진흥법안」

(1) 개요 및 진흥 방안

「메타버스산업 진흥법안」은 올해 1월 11일에 발의된 법안(김영식의원
대표발의)이다. 위 법안은 메타버스 서비스 생태계 전체를 적용대상으로

삼고 있는데, 메타버스 산업을 진흥하기 위한 각종 재정·세제 지원(제 12조, 제15조, 제20조), 연구·개발 지원(제13조), 시범사업(제14조), 전문인력 양성(제18조), 공공데이터 활용(제22조) 등 다양한 방안을 포함하고 있다.

그러나 위 법안에는 규제적인 요소들도 상당히 포함되어 있으며, 이로 인한 문제점은 큰 틀에서 다음과 같이 요약된다. 첫째, 위 법안의 구조상 다른 법령에 따른 기존 규제는 그대로 적용되는 상태에서 위 법안의 규제적 요소가 더해짐에 따라 전체적으로 볼 때 오히려 규제가 강화될 수 있다. 둘째, 위 법안에 따라 도입되는 규제는 그 적용대상에 차등을 두지 않고 있어서, 중소기업 또는 스타트업도 대기업과 동일한 규제를 받게 되어 그 성장·발전에 지장이 초래될 수 있다. 셋째, 위 법안은 메타버스 이용자에 대해서까지 일정한 의무를 부과하여 이용자들의 자유로운 이용을 저해하는 측면이 있다. 넷째, 위 법안은 기존 법체계와 상충되어 혼선을 야기할 수 있다. 이하에서 몇 가지 핵심적인 사항에 대해 좀 더 구체적으로 짚어본다.

(2) 메타버스와 메타버스화폐

우선, 법안의 "메타버스" 개념부터 살펴보자. 법안에서 "메타버스"는 "컴퓨터프로그램 등 정보처리 기술·장치와 정보통신망을 이용하여 입체환경으로 구성된 가상사회에서 가상인물 등을 통하여 다양한 사회적·경제적·문화적 활동을 할 수 있도록 제작된 가상의 공간"으로 정의되어 있는데(제2조 제1호), 여기서 "입체환경"이 정확히 무엇을 의미하는지 명확하지 않지만, 현재 메타버스의 대표 서비스로 소개되고 있는 '제페토'의 경우를 생각해 본다면 이것이 반드시 AR·VR 기술을 활용하는 경우에 한정되지는 않을 것 같다. 또한, "다양한 사회적·경제적·문화적 활동"이라는 표현도 그 범위가 상당히 넓기 때문에, 게임의 경우에도 일정한 커뮤니티 또는 거래 기능을 갖추거나 입체환경이 구축된 게임은 모두 다 포함될 수 있다. 결국, HMD나 AR글래스를 이용하는 경우가 아니더라도 위 법안에서 말하는 메타버스에 해당할 수 있고, '제페토', '호라이즌 월드'와 같은 비게임형 혹은 생활형 메타버스는 물론, 3D 이미지가 구현되어 있는 다수의 게임들도 위 법안의 메타버스 개념에 포함될 수 있게 된다.

　또한, 법안 제2조 제5호는 "메타버스화폐"를 "이전 가능한 금전적 가치가 전자적 방법으로 저장되어 발행된 증표 또는 그 증표에 관한 정보로서 메타버스에서 다음 각 목의 어느 하나에 해당하는 목적으로 사용되는 지급수단"으로 정의하면서, 가목에서 "메타버스에서 메타버스서비스를 이용하거나 메타버스에서 이용되는 저작물 그 밖의 콘텐츠를 구입하는 대가를 지급하기 위하여 사용될 것", 나목에서 "메타버스에서 창작된 저작물 그 밖의 콘텐츠를 금전적 가치로 환산하거나 메타버스상품을 매입하는 대가를 지급하기 위하여 사용될 것"이라고 구체화하고 있다. 그런데 위 법안의 메타버스 개념에 주요 게임들이 포함된다면, 위와 같은 메타버스화폐의 정의에 따라 게임 머니나 아이템도 여기에 속하게 된다. 그리고 '제페토'의 '젬' 같은 경우도 메타버스화폐에 포함될 것이다.

　문제는 법안 제21조 제1항에서 메타버스화폐의 발행·유통에 대해 여러 가지 제한을 부과하고 있다는 점이다. 즉, 메타버스서비스제공자는 "이용자와의 약정에 따라"서만 메타버스화폐를 발행할 수 있고, 이용자 1인당 발행 최고한도에도 제한을 받으며, 메타버스화폐의 환전을 위한 안전한 시스템 구축 의무, 메타버스 내에서 도박 등 사행행위가 일어나지 않도록 보장할 의무, 미성년자들의 거래에 대하여 미성년자 보호를 위한 안전장치를 마련할 의무, 그밖에 메타버스화폐의 건전하고 원활한 유통을 위하여 필요한 조치를 취할 의무를 부과받게 된다.

　더 큰 문제는 법안 제4조에서는 "다른 법률에 특별한 규정이 있는 경우"에는 위 법안이 적용되지 않는다고 명시하고 있다는 점이다. 그러므로 위 법안이 국회를 통과하더라도 기존에 타 법률에 존재하던 규제들은 여전히 적용된다. 즉, 법안 제21조 제3항이 메타버스화폐의 환전을 명시적으로 허용하고 있지만, 이 규정은 법안 제4조에 의해 큰 의미를 갖지 못하게 된다. 예를 들면, 게임형 메타버스에 대해서는 여전히 게임산업법의 규제가 적용되므로 게임산업법에 따른 게임 머니·아이템에 대한 환전 금지 규제도 그대로 유지되고, 따라서 게임형 메타버스에서의 메타버스화폐를 통한 이용자들의 수익 실현은 여전히 불가능하다(즉, '미르4'와 같은 P2E 게임은 여전히 금지된다). 이러한 상황에서 메타버스화폐의 발행·유통에 관한 각종 규제와 제한이 추가되어 게임사업자로서는 오히려 더 불리한 상황에 놓이게 되는 것이다. 그리고 '제페토'와 같은 비게임형 메타버스의 경우에도 '젬'과 같은 메타버스 내 거래수단에 대해 기존의 전자상거래법 등에 따른 규율에 더하여 위 법안에 따른 추가적인 의무를 부담해야 한다.

(3) 행동강령

이용자의 행동강령에 관한 법안 제27조도 논란이 될 수 있다. 이에 따르면, 메타버스서비스제공자는 메타버스 내의 질서유지와 법령 위반 방지를 위해 행동강령을 제정할 의무를 부담하고(제1항), 이용자가 이러한 행동강령에 동의하고 준수하도록 해야 할 의무가 있으며(제2항), 이용자는 행동강령에 따라 메타버스에서 활동할 의무, 행동강령에 위반하는 사실을 발견한 경우에는 메타버스서비스제공자에게 이를 신고할 의무를 부담하고(제3항), 메타버스서비스제공자가 이러한 신고를 받거나 위반사실을 알게 된 경우에는 관계 법령 및 행동강령에 따른 적절한 조치를 취해야 한다(제4항). 그런데 여기서 메타버스서비스제공자는 "메타버스서비스를 제공하는 자"이고(제2조 제7호), 메타버스서비스는 "메타버스에서 정보를 제공하거나 매개하는 서비스"(제3호)로서 그 범위가 매우 넓다. 따라서 이러한 문언만 놓고 보면 메타버스와 관계되는 활동을 하는 영업자는 물론 각종 메타버스 크리에이터들도 여기에 해당할 가능성이 있게 된다. 그렇다면 이상한 일이 발생한다. 메타버스 플랫폼 운영자도 아닌 메타버스 플랫폼에서 영업활동을 하는 영업적 이용자나 메타버스 크리에이터들이 행동강령을 제정할 의무가 발생하기 때문이다. 다만, 법안 제2조 제8호에서 "메타버스서비스제공자가 제공하는 메타버스서비스를 이용하는 자"에 대해서는 별도로 "이용자"로 정의하고 있으므로 메타버스 크리에이터는 메타버스서비스제공자가 아닌 것으로 해석할 여지도 있고, 메타버스 크리에이터는 이용자의 지위와 메타버스서비스제공자의 지위를 겸유하는 것으로 볼 여지도 있다. 어느 경우든 해석에 따른 혼란이 발생하지 않도록 할 필요가 있어 보인다.

만약 법안에서 말하는 메타버스서비스가 메타버스 플랫폼을 의미하는 것이고, 따라서 메타버스서비스제공자가 메타버스 플랫폼 운영자를 지칭하는 것이라 하더라도 제27조는 여전히 문제이다. 행동강령은 협회나 단체 또는 자율규제기구 등을 통해 논의하여 제정할 수도 있는데, 위 조항에 따르면 모든 메타버스 플랫폼 운영자가 각자 별도의 행동강령을 제정해야 하기 때문이다.

나아가 메타버스 이용자들이 행동강령에 동의하는 것을 넘어 이를 준수하도록 해야 한다는 것도 메타버스서비스제공자에게는 과도한 부담이 될 수 있다. 여기서 준수하도록 해야 한다는 것이 메타버스서비스제공자로서 어느 정도의 조치를 취하면 된다는 것인지 막연하기만 하다. 이용자가 행동강령에 위반하는 사실을 발견하는 경우에는 이를 신고해야 한다는 것은 더더욱 이해하기 어렵다. 이용자가 다른 이용자의 행동강령 위반에 대해 대체 왜 '의무적으로' 신고를 해야 한단 말인가? 이 규정을 보고 국가보안법 제10조의 불고지죄가 떠오른다 해도 이상한 일은 아닐 것 같다.

주목할 것은 이 법안에 따라 메타버스서비스제공자가 부담하는 모든 의무는 강제성이 있다는 점이다. 법안 제33조는 과기부장관이 메타버스서비스제공자의 위 법안 위반행위 또는 의무불이행에 대해 시정권고 또는 시정명령을 할 수 있도록 규정하면서, 제34조에서 이러한 시정명령을 이행하지 않은 경우에는 1천만 원 이하의 과태료에 처하도록 하고 있기 때문이다. 그리고 앞서 언급한 것처럼, 이 법안은 대기업, 중소기업, 스타트업을 가리지 않고 메타버스서비스제공자에게 동일한 의무를 부과하고 있다는 점도 염두에 두어야 한다.

한편, 법안은 제2조 제6호에서 "메타버스제작자"라는 개념을 도입하여 "메타버스를 기획하거나 복제하여 설계하고 제작하는 자"를 메타버스제작자로 보고 있는데, 메타버스서비스제공자와 달리 메타버스제작자에게는 행동강령에 관한 어떠한 의무도 없다. 그런데 위와 같은 메타버스제작자의 정의만 놓고 보면 메타버스 플랫폼 운영자는 메타버스제작자에 해당할 여지가 있어 보이는데, 여기서 메타버스 플랫폼 운영자가 메타버스제작자인지, 메타버스서비스제공자인지, 아니면 양자의 지위를 겸유하는 것인지 정확히 파악하기 어렵다.

(4) 자율규제

법안 제30조 내지 제32조의 메타버스에서의 자율규제에 관한 규정들도 납득하기 어렵다. 여기서는 과기부장관이 단체의 구성, 자율규제의 기준 및 절차, 재정 능력 등 요건을 심사하여 메타버스자율규제단체를 지정할 수 있도록 하면서(제30조 제1항, 제3항), 이러한 지정을 받지 못한 자는 자율규제단체의 명칭 또는 그와 혼동하기 쉬운 명칭을 사용하지 못하도록 하고 있다(제4항). 또한, 과기부장관은 자율규제단체의 지정 후에도 지정요건이 적합하지 않게 되거나, 자율규제단체가 행정처분, 형벌, 과태료 등을 받은 경우에는 그 지정을 취소할 수 있고(제5항), 자율규제단체에 대해 각종 감독을 할 수 있다(제32조).

그러나 제4장에서 설명한 것처럼 자율규제는 말 그대로 민간 사업자들이 '자율적으로' 규제를 하는 것이 본질이다. 법안에서는 공동규제 또는 규제된 자율규제 모델을 추구하는 것으로 보이지만, 그렇다 하더라도 법안의 내용은 너무 과하다는 생각이 든다. 메타버스 생태계 전 영역에 대해 공동규제나 규제된 자율규제 모델을 채택해야 하는 것도 아니기 때문이다. 법안 제31조에 규정된 자율규제단체의 업무는 표준운

영규칙 제정·보급, 메타버스서비스에서 고충의 신고 접수·처리, 불법
정보 유통 규제, 분쟁 해결 등인데, 이러한 업무들은 자발적 자율규제
로도 가능할 수 있다. 이처럼 본래 민간이 자율적으로 할 수 있는 것들
에 대해서 정부가 자율규제단체의 지정과 같은 사전규제를 도입하고
이를 기초로 각종 통제권을 갖도록 하는 것은 선뜻 동의하기 어렵다.

게다가, 공동규제나 규제된 자율규제를 하더라도 민간의 자발적 자
율규제가 금지되거나 제한될 이유도 없다. 따라서 정부의 지정을 받지
못하면 '자율규제단체'라는 명칭 자체를 사용하지 못하도록 하여 모든
유형의 자율규제단체에 대해 정부가 통제권을 지니는 것은 자율규제의
본질을 훼손하는 것이다.

(5) 기타

이 밖에, 정부가 추진하는 표준화는 그 의도와 달리 자칫 규제가 될
수도 있으므로 정부에 표준화를 추진해야 할 의무를 부과하면서 제정
된 표준을 고시하여 사업자에게 권고하도록 하는 것(제16조)은 신중할
필요가 있다. 그리고 통계 확보를 위한 실태조사를 "메타버스서비스 전
반"에 걸쳐 "실시하여야 한다"라고 의무화할 필요가 있는지도 의문스
럽다. 또한, 메타버스서비스제공자가 PC 등 정보통신설비의 보수점검,
교체 및 고장, 통신두절 등으로 서비스 제공을 일시 중단하는 경우 사
전통지에 관한 내용(제28조 제1항, 제2항)은 이용약관에서 정하여도 될 것
으로 보이는데 굳이 법률에 규정을 둘 필요는 없어 보인다. 아울러, 영
업양수시 이용자에게 저장정보 이전에 관해 고지할 의무에 관한 내용
(제29조)은 개인정보법 제27조에 유사한 내용이 있으므로 필요하다면
개인정보법을 보완하거나 개정하면 되고, 위 법안에서 별도로 규율할
필요는 없을 것 같다.

나. 「가상융합경제 발전 및 지원에 관한 법률안」

(1) 개요

「가상융합경제 발전 및 지원에 관한 법률안」은 올해 1월 25일에 발의(조승래의원 대표발의)된 것인데, 「메타버스산업 진흥법안」과는 달리 메타버스 서비스 생태계보다는 가상융합기술의 발전 및 지원에 초점이 맞춰져 있다.

이에 따라 법안은 가상융합경제와 가상융합기술을 핵심 개념으로 하면서 메타버스는 가상융합서비스의 한 유형으로 정의하고 있다. 구체적으로 살펴보면, 법안 제2조 제1호와 제2호는 가상융합경제를 "가상융합기술의 활용을 통해 산업 혁신의 동력을 제공하여 새로운 경제성장을 견인하고, 국가·사회의 발전 및 국민생활 전반의 편익을 증진하기 위한 경제산업구조"로, 가상융합기술을 "이용자의 오감을 가상공간으로 확장하거나 현실공간과 혼합하여 인간과 디지털 정보 간 상호 작용을 가능하게 하는 기술"로 각각 정의하고 있다. 그리고 이러한 개념을 바탕으로 제3호와 제4호에서 가상융합기기("가상융합기술을 활용하는데 필요한 장치·기계·기구·부품, 소프트웨어 또는 이와 유사한 것"), 가상융합서비스("가상융합기기 또는 가상융합콘텐츠를 활용한 서비스")에 대해 정의하고 있으며, 가상융합세계(메타버스)는 제5호에서 "가상융합서비스로서 가상융합기술 및 가상융합기기를 이용하여 가상의 존재가 활동할 수 있도록 구현된 가상의 공간 또는 가상과 현실이 결합한 공간"으로 정의하고 있다.

(2) 규제 혁신 프레임워크

이 법안에는 규제 혁신을 위한 제도로 시범사업(제16조), 법령 개선 권고(제29조), 임시기준(제30조)에 관한 규정이 마련되어 있다. 이 중 핵심이 되는 것은 임시기준인데, 이는 새로운 기술·기기나 서비스가 등장하면 그에 맞는 세부 인허가 기준이 없다는 이유로 인허가를 발급하지 않는 현행 실무상의 불합리를 개선하기 위한 것으로서 기존에 개별

제품·서비스별로만 제한적으로 이루어지던 규제샌드박스 제도를 보완
하기 위한 제도이다. 구체적으로 법안 제30조 제1항은 "과학기술정보통
신부장관은 새로운 가상융합기기 또는 가상융합서비스의 개발·제작·
출시·판매·제공·유통 등을 위해 필요한 법령 등이 없거나 불분명한
경우, 직권으로 또는 개인, 가상융합사업자, 협회 또는 단체 등의 제안에
따라 해당 가상융합기기·가상융합서비스 또는 이를 포함한 관련 산업분
야에 임시적으로 적용할 기준 등(이하 "임시기준"이라 한다)의 마련 또는 정
비를 관계 중앙행정기관의 장에게 요청할 수 있다."라고 규정하고 있다.
    이러한 임시기준이 필요한 것은 우리나라의 포지티브 규제 체계와
이를 바탕으로 한 인허가 실무 때문이다. 관광진흥법상 유기시설(遊技施
設) 또는 유기기구(遊技機具)의 예를 들어 보자. 관광진흥법 제3조 제1항
제6호의 유기시설이나 유기기구, 즉 놀이공원의 롤러코스터나 각종 놀
이기구를 이용하여 영업을 하기 위해서는 같은 법 제33조 제1항에 따
른 안전성검사를 받아야 한다. 구체적인 내용은 같은 법 시행규칙 [별
표 11]에 규정되어 있는데, 위 별표 제1호 나목에 열거된 유기시설·기
구는 안전성검사를 받아야 하고, 제2호 나목에 열거된 유기시설·기구
는 안전성검사 대상이 아님을 확인하는 검사를 받아야 한다. 그런데
XR 기술이 발전하면서 이를 활용한 새로운 유기시설·기구가 등장하였
는데, 이러한 새로운 시설이나 기구가 관광진흥법 시행규칙 [별표 11]
에 열거되어 있지 않으면 안전성검사도 받을 수 없고, 안전성검사 대상
에서 면제된다는 확인도 받지 못하는 것이 현실이다. 그러면 새로운 시
설·기구가 등장할 때마다 위 별표 규정을 바꾸어야 한다는 것인데 그
자체가 번거로운 일일 뿐만 아니라 법령 개정이 신속하게 이루어지기
도 어렵다. 결국 사업자 입장에서는 해당 시설·기구를 아예 출시하지
못하는 상황에 놓이게 되는데, 이런 상황에서 기존의 규제샌드박스를
활용할 수도 있지만 규제샌드박스를 통해 임시허가나 실증특례를 받더
라도 그 효력은 신청인에게만 한정되며, 동종·유사 기기에 대해서는

별도로 규제샌드박스를 거쳐야 한다. 이러한 불편을 해소하고 동종·유사 기기나 서비스가 동시에 확산되어 생태계가 조성될 수 있도록 아예 세부적인 인허가 기준을 임시로 정하려는 것이 임시기준 제도이다. 이와 같은 임시기준 제도가 입법화되면 앞서 제3장에서 설명한 '탈 게임 가이드라인'과 같은 연성규범 활용에도 도움이 될 수 있다.

(3) 진흥 방안

이 외에 법안에는 재정·세제 지원(제12조 내지 제15조), 국제협력·해외 진출 지원(제17조), 전문인력 양성(제20조) 등 지원방안을 마련하고 있고, 메타버스사업 영향평가(제27조), 건전한 메타버스 생태계 조성에 대한 원칙 선언(제28조)에 관한 규정도 두고 있다. 그리고 표준화(제19조)의 경우에도 정부는 표준화에 관한 사업을 추진할 수 있고, 민간이 추진하는 표준화에 필요한 지원을 할 수 있도록 하였을 뿐, 정부에 표준화 추진 의무나 책무를 부여하지는 않고 있으며, 자칫 규제로 변질될 수 있는 인증제는 도입하지 않고 있다.290) 자율규제(제24조)도 추상적 수준에서 협회를 통한 자율규제의 근거만 있을 뿐, 구체적인 의무 규정은 없어 자발적 자율규제 모델에 가깝다. 실태조사(제11조)의 경우에도 강제력이 없는 임의조사로 규정되어 있다. 이상에서 보는 것처럼, 이 법안은 규제적 요소가 거의 없는 편이다.

다. 「메타버스콘텐츠 진흥에 관한 법률안」

(1) 개요 및 진흥 방안

「메타버스콘텐츠 진흥에 관한 법률안」은 올해 6월 27일에 발의(김승수의원 대표발의)된 것으로서 콘텐츠산업법과 상당히 유사한 내용을 담고 있다. 이 법안은 앞서 두 법안이 과기부를 소관 부처로 하고 있는 것과 달리 문체부를 소관 부처로 하고 있으며, 그렇기 때문에 메타버스콘텐츠에 초점을 맞추고 있다.

법안에서 메타버스는 "정보통신 기술을 활용하여 이용자 및 사물 또는 둘 이상의 집단 간 상호작용이 가능하도록 하는 인터넷 홈페이지 및 이에 준하는 전자적 시스템"으로 정의되고 있으며(제2조 제1항 제1호), 메타버스콘텐츠는 "인간의 감각적 반응을 일으킬 수 있는 요소를 포함한 자료 및 정보로서 메타버스를 구성하거나, 메타버스 내에서 생산·유통·이용되는 것 또는 이들의 복합체"로 정의되고 있다(제2호). 이는 앞서 제3장에서 살펴본 콘텐츠산업법과 문화산업법에서 규정하고 있는 콘텐츠의 정의에 기초한 것이다.

이 법안에도 메타버스콘텐츠 제작 지원(제11조), 공공데이터 이용(제12조), 연구·개발 지원(제13조, 제14조), 전문인력 양성(제16조), 창업 및 재정·세제 지원(제18조, 제19조, 제22조), 국제협력·해외진출 지원(제21조), 이용자 교육·홍보 지원(제35조)과 같은 진흥 방안이 마련되어 있고, 규제 신속확인(제26조)과 같은 규제샌드박스 제도와 더불어 규제 개선 권고 제도(제38조)도 도입하고 있다.

그러나 메타버스를 진흥하는 것과 메타버스콘텐츠를 진흥하는 것이 실제에서는 구별이 되지 않는 경우가 상당히 많을 것이다. 그렇기 때문에 위와 같은 진흥 방안들은 과기부를 소관 부처로 하는 제정법안들의 진흥 방안들과 상당 부분 중복될 수 있다. 따라서 만약 입법이 이루어진다 하더라도 그에 앞서 법안들 간의 중복조항에 대한 조율과 통합에 대해 고민할 필요가 있다. 게다가, 규제 신속확인의 경우에는 행정규제기본법 제109조의3, 산업융합법 제10조의2에 각기 신기술 서비스·제품과 산업융합 신제품·서비스에 대한 규제 신속확인 제도가 이미 존재하기 때문에 메타버스콘텐츠에 대한 규제 신속확인 제도가 왜 별도로 필요한지에 대한 논의가 우선되어야 한다.

그리고 이 법안에도 여러 규제적 요소가 담겨 있다. 물론 건전한 메타버스 생태계 형성을 위해 일정한 규제가 필요한 것은 사실이다. 그러나 콘텐츠 영역을 규율한다는 것은 결국 메타버스 서비스의 핵심 영역을 규율하는 것인데, 현재 메타버스가 콘텐츠와 서비스 측면에서 그에 특화된 규율, 특히 규제적 요소의 규율이 꼭 필요한 상황인지는 의문이다. 게다가 위 법안은 "메타버스콘텐츠에 대한 지원과 규제의 특례에 관하여" 다른 법률에 우선하여 적용되는데(제5조 제1항), 법안 자체에서 기존의 다른 규제를 대체하는 특례적인 내용이 많지 않기 때문에 기존의 규제는 거의 그대로 적용될 수밖에 없다. 그러므로 기존의 규제에 위 법안의 규제까지 더해져 규제가 늘어날 가능성이 있다.

이하에서는 법안의 규제적 요소에 대해 몇 가지 살펴보기로 한다. 참고로, 법안 제39조에 따르면 이 법의 규정에 위반하거나 이 법에 따른 의무를 이행하지 않을 경우 문체부장관이 시정명령을 할 수 있고, 이에 불응하면 제40조 제1항 제2호에 따라 과태료를 부과할 수 있기 때문에 법안에 따른 제반 의무는 법률상 강제된다.

(2) 실태조사

법안 제9조의 실태조사는 그에 불응할 경우 제40조 제1항 제1호에 따라 과태료가 부과될 수 있기 때문에 임의조사가 아닌 권력적 조사에 해당한다. 조사를 위한 자료를 직접 취득할 수는 없고 과태료 부과를 통해 간접적으로 강제하기 때문에 이는 간접강제조사로 부를 수 있다. 그러나 실태조사는 법 위반행위에 대한 조사가 아니라 시장의 현황을 파악하고 정책 수립의 근거로 삼기 위한 'market study'에 해당하며, 그 범위에 제한도 없다. 법안 제9조 제1항에서도 실태조사의 목적이 "메타버스콘텐츠 정책의 효과적인 수립·시행에 필요한 메타버스콘텐츠 및 메타버스콘텐츠산업의 현황과 통계 등을 확보"하기 위한 것임을 분명히 하고 있다. 그러므로 이와 같은 성격의 일반적인 조사는 임의조사여야 하고, 이를 권력적 조사로 규정하는 것은 찬성하기 어렵다.[291) 참고로, 전기통신사업법 제34조의2에 따른 부가통신사업자에 대한 서면실태조사의 경우에도 과태료 규정 없이 임의조사로 되어 있다.

그리고 메타버스콘텐츠는 온라인 환경을 바탕으로 하기 때문에 관련

사업자는 거의 대부분 전기통신사업법상 부가통신사업자에 해당할 가
능성이 높다. 그러므로 만약 이 법안이 과기부 소관 제정법안과 함께
입법될 경우, 여러 법안에 실태조사 규정이 중복될 가능성이 있다. 그
러나 임의조사가 반복되는 것도 사업자로서는 번거롭고 부담스러운 일
이다. 이러한 경우를 대비하여 행정조사기본법 제4조 제3항은 "행정기
관은 유사하거나 동일한 사안에 대하여는 공동조사 등을 실시함으로써
행정조사가 중복되지 아니하도록 하여야 한다."라고 규정하고 있는데,
실무에서는 그다지 잘 준수되지 않고 있다. 기본적으로는 조사 규정이
중복되는 것 자체를 피해야겠지만, 그게 아니라면 행정조사기본법에
명시된 공동조사를 적극 활용하여야 할 것이다.

(3) 메타버스 콘텐츠 유통 질서 확보

법안 제27조는 대통령령으로 정하는 기간통신사업자가 합리적 이유
없이 메타버스콘텐츠사업자에게 정보통신망 등 중개시설의 제공을 거
부해서는 안 되고(제1항), 기간통신사업자나 부가통신사업자 중 대통령
령으로 정하는 자, 메타버스콘텐츠 상품의 제작·판매·유통 등에 종사
하는 자는 합리적인 이유 없이 메타버스콘텐츠에 관한 지식재산권의
일방적인 양도 요구 등 그 지위를 이용하여 불공정한 계약을 강요하거
나 부당한 이득을 취득하여서는 안 된다(제2항)고 규정하고 있다. 그러
나 이와 같은 행위는 공정거래법상 시장지배적지위 남용행위(제5조)나
불공정거래행위(제45조)에 따라 금지되는 것들이고, 전기통신사업법에서
공정 경쟁이나 이용자 이익 저해행위를 금지하는 규정(제50조)를 두고
있다. 그러므로 굳이 이 법안에서 위와 같은 규정을 둘 필요는 없다.

법안 제28조는 문체부장관이 관계 중앙행정기관과의 협의를 거쳐 표
준계약서를 마련하고 이를 사업자에게 사용하도록 권고할 수 있으며,
이에 관한 업무는 한국콘텐츠진흥원 등에 위탁할 수 있도록 규정하고
있다. 그러나 표준계약서는 연성규제이기는 하지만 사전규제의 성격이
있으며,[292] 자칫 정부가 특정한 사업 모델이나 거래질서를 직접 형성

하는 것이 될 수 있어 주의할 필요가 있다. 그러므로 정부와 규제기관이 주도하여 표준계약서를 만들어 권장하기보다는 이를 자율규제에 맡기는 것이 메타버스의 다양한 콘텐츠·서비스 형식에 유연하게 대응하면서 규제의 비효율성을 제거하는 방안이 될 수 있을 것이다.[293]

법안 제29조는 업계가 자율적으로 준수할 수 있는 이용자보호지침을 정부가 민간의 의견을 들어 "마련하여야 한다"고 규정하고 있으며, 문체부장관은 법안 제34조 제3항에 따라 사업자들에게 이용자보호지침의 준수를 권고할 수 있다. 이용자보호지침과 관련하여 정부 주도의 공동규제 방식을 명시하고 있는 것인데, 업계가 자율적으로 준수할 수 있는 지침을 정부가 주도하는 것에 대해서는 재고할 필요가 있다. 메타버스 콘텐츠를 둘러싼 생태계가 민간 주도의 자율규제를 허용할 수 없을 정도로 현재 심각한 위기라고 하기는 어려울 것이기 때문이다.

(4) 이용자 보호 및 신뢰성 확보

법안 제31조는 이용자에게 메타버스콘텐츠에 대한 설명요구권, 이의제기권, 거부권을 부여하면서(제1항), 이용자가 메타버스콘텐츠를 이용하는 과정에서 부당한 차별을 받은 경우 사업자에게 관련 자료를 요청할 수 있고, 이때 사업자는 법률에 특별한 규정 또는 정당한 사유가 없는 한 관련 자료를 제공해야 한다고 규정하고 있다(제2항). 그리고 메타버스콘텐츠제작자는 미성년자와 메타버스콘텐츠에 관한 계약을 체결할 때 법정대리인이 그 계약에 동의하지 않으면 계약을 취소할 수 있다는 내용을 미성년자에게 고지해야 한다는 규정도 두고 있다(제3항). 그런데 메타버스콘텐츠에 대한 설명요구권이라는 것이 어떠한 설명이라는 것인지 명확하지 않고, 이의제기나 거부라는 것도 무엇에 대한 이의제기이고 거부인지 불분명하다. 그리고 부당한 차별을 받았을 때 제공해야 하는 '관련 자료'라는 것도 상당히 막연하다. 또한, 미성년자가 법정대리인 동의 없이 체결한 계약은 민법에 따라 당연히 취소할 수 있는 것인데, 사업자가 이를 굳이 고지하도록 의무를 부과해야 하는 것인지는 의문이다.

법안 제32조 제2항은 문체부장관이 "메타버스콘텐츠 신뢰성에 관한 기준(관리적·기술적 조치를 포함한다)을 정하여 고시하고, 메타버스콘텐츠제작자에게 그 기준을 지킬 것을 권고"할 수 있도록 규정하고 있는데, 여기서 신뢰성에 관한 기준이라는 것이 너무나 막연하다. 콘텐츠의 신뢰성이 대체 무엇을 의미하는 것인지 쉽게 파악하기 어려우며, 관리적·기술적 조치라는 것도 상당히 모호하다. 그 적용대상에 제한도 없다. 이 제도는 비록 문체부장관의 권고사항으로 되어 있기는 하지만 시장과 산업에 미치는 영향은 적지 않을 것이기 때문에 도입 여부부터 신중할 필요가 있을 것이다. 이와 같은 기준이나 조치는 메타버스 산업 발전과 더불어 업계와 정부의 협력과 의사소통을 통해 점진적으로 만들어가는 것이 바람직하다.

법안 제33조는 청소년 유해 콘텐츠에 대한 자율규제에 대해 규정하고 있다. 법안에 따르면, 사업자 단체는 자율적으로 메타버스콘텐츠의 청소년 유해 여부를 결정하고 결정한 내용의 확인을 문체부장관에게 요청할 수 있으며(제2항), 문체부장관 또는 그 위탁을 받은 청보위는 이를 확인하여 해당 단체에 통지해야 하고(제3항), 이러한 통지를 받은 단체는 사업자에게 청소년보호메타버스콘텐츠 확인 표시 또는 청소년유해메타버스콘텐츠 확인 표시를 하도록 통지해야 한다(제4항). 그리고 사업자 단체는 청소년 유해 판단을 받은 메타버스콘텐츠에 대하여 청소년유해표시 기준을 정하고, 이에 대한 표시의무를 사업자에게 부과하며, 해당 의무 불이행시 그에 대한 제재 기준을 마련해야 한다(제5항). 그리고 정부는 자율규제 활성화를 위하여 사업자 단체에 청소년 유해 메타버스콘텐츠 심의 기준 등에 관한 교육 및 관련 정보와 자료를 제공할 수 있다(제6항).

그런데 청소년유해매체물에 대해서는 이미 청소년보호법에서 상세한 규제를 두고 있다. 또한, 앞서 제3장에서 설명한 것처럼 우리나라에서 콘텐츠는 대개 매체물을 의미하기 때문에, 메타버스콘텐츠도 그것이 청소년에게 유해한 것이라면 거의 예외 없이 청소년보호법상 청소년유해매체물에 해당할 것이다. 그리고 청소년보호법에는 이에 관한 여러 규제가 마련되어 있으며, 특히 제11조 제1항은 "매체물의 제작자·발행자, 유통행위자 또는 매체물과 관련된 단체는 자율적으로 청소년 유해 여부를 결정하고 결정한 내용의 확인을 청소년보호위원회나 각 심의기관에 요청할 수 있다."라고 규정하고 있다. 게다가, 청소년유해매체물은 정보통신망법 제44조의7에 따른 불법정보로서 그 유통이 금지되고, 청소년유해매체물의 표시 의무(제42조), 광고금지(제42조의2) 등도 이미 정보통신망법에 관련 규정이 마련되어 있다. 따라서 법안 제33조와 같은 규정을 굳이 새로이 제정법에 두어야 할 필요가 없을 뿐만 아니라, 메타버스콘텐츠에 일반적인 매체물과 달리 취급해야 할 특수성이 있다고 한다면 청소년보호법이나 정보통신망법을 개정하여 필요한 규정을 추가하는 것이 법체계에 맞다.

그리고 법안 제33조의 내용은 기존의 법적 규제를 집행하는 과정에서 민간의 협력을 요구하는 것으로서 자율준수를 요구하는 것에 가깝다. 물론 이러한 자율준수도 넓게 보면 자율규제의 한 유형이기는 하지만, 자율규범의 제정 단계에서부터 민간이 주도하거나 관여하는 일반적인 자율규제와는 다소 결이 다르다. 이러한 자율준수는 대개 인센티브를 통해 유도하는 경우가 많은데, 법안 제33조의 자율규제는 인센티브 규정을 두고 있지도 않아서 일반적인 자율준수 프로그램하고도 또 구별된다. 정확히 말하자면 법안 제33조나 청소년보호법 제11조의 자율규제는 자율규제라기보다는 청소년유해매체물에 대해 사업자의 협조의무를 부과하는 것에 가깝다. 사실, 청소년유해매체물 규제는 꼭 필요한 내용규제이며, 세계적으로도 보편적인 규제이다. 그러므로 정부가 청소년유해매체물에 관한 법적 의무를 창설하고, 법적으로 사업자나 사업자 단체에 그 준수를 위한 협력을 강제하는 것도 충분히 정당화될 수 있다. 그러나 이러한 경우는 법적 규제의 틀에서 제한적으로만 이루어지는 자율준수이기 때문에 일반적인 자율규제와는 구별하여 인식하는 것이 타당하다.

2. 메타버스 성범죄 방지 법안

최근 들어 메타버스에서 발생하는 사이버 성범죄가 문제되면서[294] 성폭력처벌법 개정안 1건과 정보통신망법 개정안 2건이 발의되었다. 이하에서 간략히 살펴본다.

가. 성폭력처벌법 개정안

가장 먼저 발의된 것은 올해 5월 2일 발의된 성폭력처벌법 개정안(민형배의원 대표발의)이다. 이 개정안에서는 "가상공간에서의 가상인물을 통한 음란행위"라는 표제로 제13조의2를 신설하였는데, 제1항에서 "자기 또는 다른 사람의 성적 욕망을 유발하거나 만족시킬 목적"으로 정보통신망을 이용하여 가상공간에서 ① 아바타를 통해 다른 사람이 생성한 아바타의 구강·항문 등 신체 내부에 아바타의 성기를 넣는 행위, ② 아바타를 이용해 다른 사람이 생성한 아바타의 성기·항문에 손가락 등 아바타의 신체의 일부나 도구를 넣는 행위를 금지하고, 이러한 행위를 한 사람을 2년 이하의 징역 또는 2천만 원 이하의 벌금에 처하도록 규정하고 있다. 그리고 제2항에 청소년성보호법상의 아동·청소년에 대하여 같은 죄를 범한 때에는 형을 2분의 1까지 가중하는 규정을 두었다.

그러나 현행 성폭력처벌법 제13조는 "자기 또는 다른 사람의 성적 욕망을 유발하거나 만족시킬 목적으로 전화, 우편, 컴퓨터, 그 밖의 통신매체를 통하여 성적 수치심이나 혐오감을 일으키는 말, 음향, 글, 그림, 영상 또는 물건을 상대방에게 도달하게 한 사람"을 통신매체 이용 음란행위죄로 동일한 형벌에 처하고 있으므로 개정안 제13조의2와 같은 규정이 별도로 필요한 것인지는 의문이다. 게다가 아바타에 항문이나 성기와 같은 구체적인 신체구조가 있는지는 더더욱 의문이다. 어떤 메타버스에서 아바타에 항문이나 성기가 구체적으로 표현되고 거기에 성기나 손가락 등 신체 일부, 도구 등을 넣을 수 있도록 제작되어 있다면, 애초부터 그러한 메타버스는 시장에 출시되기도 전에 청소년유해매체물이나 불법정보로 청소년보호법이나 정보통신망법에 의해 차단될 것이고, 그것이 게임물이라면 등급분류를 받을 수 없을 것이다. 그에 앞서 사회적인 비난에 의해서라도 그와 같은 메타버스는 금방 매장되고 말 것이다.

나. 정보통신망법 개정안

정보통신망법 개정안 2건은 모두 올해 6월 14일에 발의되었다. 이 중 강선우의원이 대표발의한 개정안에서는 제44조의7 제1항 제1호의2를 신설하여 "성적 욕망 또는 만족을 위한 목적으로 상대방에게 성적 언동(사람의 인격을 표상하는 캐릭터, 계정 등 디지털 데이터에 접근하는 방식을 포함한다)을 하는 내용의 정보"를 불법정보에 포함시켰으며, 제74조 제1항 제2호의2를 신설하여 위와 같은 불법정보를 유통한 자를 형사처벌하고 있다. 그리고 신현영의원이 대표발의한 개정안에서도 제44조의7 제1항 제3호의2를 신설하여 "상대방의 의사에 반하여 성적 욕망 내지 만족을 위한 목적으로 상대방에게 성적 언동(사람의 인격을 표상하는 캐릭터, 계정 등 디지털 데이터에 접근하는 방식을 포함한다)을 하는 내용의 정보"를 불법정보에 포함시켰고, 제74조 제1항 제3호의2를 신설하여 위 신설 규정에서 금지하는 정보를 유통한 자를 형사처벌하고 있다.

그런데 현행 정보통신망법 제44조의7 제1항 제1호는 "음란한 부호・문언・음향・화상 또는 영상을 배포・판매・임대하거나 공공연하게 전시하는 내용의 정보"를 불법정보로 명시하고 있기 때문에 위와 같은 개정 조항들이 금지하고자 하는 행위는 상당 부분 여기에 포섭될 수 있어 보인다. 예컨대, '호라이즌 월드'에 '4피트 룰'이 적용되기 전에 문제되었던 아바타가 다른 아바타에 접근하여 성적 언동을 하는 행위는 현행 정보통신망법 제44조의7 제1항 제1호의 "음란한 부호·문언·음향·화상 또는 영상"을 공공연하게 전시하는 행위로 볼 수 있다. 물론 개정 조항이 신설되면 이와 같은 행위가 불법정보에 포함된다는 점이 확실해지기는 할 것이다. 다만, 개정 조항은 성적 언동을 전제로 하기 때문에 아바타가 아바타를 성적 언동 이외의 방법으로 스토킹하는 경우는 해당되지 않으며, 이 경우에는 현행 정보통신망법 제44조의7 제1항 제3호의 "공포심이나 불안감을 유발하는 부호·문언·음향·화상 또는 영상을 반복적으로 상대방에게 도달하도록 하는 내용의 정보"로서 처벌 가능성이 있을 뿐이다.

그러나 개정 조항이 신설되더라도 아바타에게 특정 행위를 시키는 경우, 예컨대 언론에 보도된 '중학생 여자 캐릭터에게 속옷을 제외한 전신을 탈의하게 한 뒤 위에서 반복적으로 앉거나 하는 자세 등을 취하게 한 행위'와 같은 경우[295]는 그 가벌성이 여전히 불확실하다. 어떤 아바타가 메타버스 내의 제한된 공간에서 다른 아바타가 원하는 성적 언동을 했다면 이는 다른 아바타의 의사에 반하는 것이 아니고, 또한 제한된 공간에서 그러한 행위를 했다면 이를 음란한 화상이나 영상을 '공공연하게' 한 것으로 볼 수 있는지 애매하기 때문이다. 그렇다면 현행 정보통신망법 제44조의7 제1항 제9호의 "범죄를 목적으로 하거나 교사·방조하는 내용의 정보"에 해당한다고 볼 수 있는지도 불명확하다. 이와 같은 행위를 형벌로 다스릴 것인지에 대해서는 먼저 사회적 합의가 있어야겠지만, 만약 처벌해야 한다면 현재 발의된 개정안으로는 충분하지 않을 것 같다.

한편, 신현영의원안에서는 제44조의7 제4항에 "방송통신위원회는 수사기관의 장의 요청이 있는 경우에는 제1항제3호의2의 정보 및 제1항 제9호의 정보 중 「성폭력범죄의 처벌 등에 관한 특례법」 제14조에 따른 촬영물 또는 복제물(복제물의 복제물을 포함한다)에 대하여는 정보통신서비스 제공자에게 해당 정보 및 해당 정보를 유통한 자에 관한 사항 등 대통령령으로 정하는 자료를 보존하고 해당 정보에 대한 접근을 차단할 수 있는 기술적 조치를 취하도록 명할 수 있다. 이 경우 해당 정보가 제44조의2 제1항에 따른 요청으로 삭제되어 존재하지 아니하는 경우에는 정보통신서비스 제공자가 해당 사실을 입증하여야 한다."라는 규정을 신설하고 있다. 이 조항이 신설되면, 방통위는 메타버스 플랫폼 운영자에게 성범죄 정보에 대한 자료를 보존하고 해당 정보에 대한 접근을 차단할 수 있는 기술적 조치를 취하도록 명할 수 있게 되는데, 다만 이러한 기술적 조치의 대상은 촬영물 또는 복제물에 한정된다.

그런데 기존에도 정보통신망법 제44조의7 제3항에 따라, 정보통신서비스 제공자는 성폭력처벌법 제14조에 따른 촬영물·복제물에 대해 수사기관의 장의 요청이 있으면 그 처리를 거부·정지하거나 제한해 왔다. 그리고 위 개정안에 따라 신설되는 불법정보는 촬영물·복제물의 형태가 아닌 아바타의 순간적인 행동에 관한 것이다. 그렇다면 개정안 제44조의7 제4항과 같은 규정이 과연 얼마나 실효를 거둘 것인지는 의문이다.

아직까지는 메타버스 내 성범죄는 대부분 기존 규정으로도 처벌과 제재가 가능하다. 비록 메타버스가 등장하면서 몇 가지 틈새가 생기기는 하였지만, '제페토'나 '호라이즌 월드'와 같은 주요 메타버스 플랫폼에서는 모니터링과 신고 기능을 강화하는 등 대책을 스스로 제시하고 있기 때문에 지금부터 너무 급하게 생각하지는 않아도 될 것 같다. 오히려 문제되는 것은 국내법에 처벌·제재 규정이 부족하다는 것이 아니라 글로벌 인터넷 환경에서 불법을 저지르는 해외 사업자에 대한 법집행의 어려움이다. 증거 수집도 곤란하지만, 국내법을 잘 준수하지 않는 해외 사업자들이 종종 있기 때문이다(제3장 2. 나.항 참조).

메/타/버/스/와/법

마치며

마치며

메타버스는 가상세계를 바탕으로 하거나 가상세계가 접목된 토털 패키지형 융합 서비스를 발전할 것으로 보이며, 가상사회이자 열린 생태계라는 메타버스의 특징으로 인하여 기존의 규범 체계는 상당한 도전을 받게 될 것으로 예측된다. 그러나 메타버스는 아직은 미개척 상태이며, 향후 HMD, AR글래스와 같은 가상융합기기와 음성인식 및 인공지능 기술이 충분히 결합하고, 아바타를 통한 활동이 유희적인 수준을 넘어서며, 디지털 자산 거래가 장기지속적인 관점에서 안정적으로 이루어지는 등의 단계에 이르러야 메타버스 고유의 법적 이슈들이 현실화될 것으로 생각된다.

현 단계에서 장래의 메타버스 환경에서 법이 어떻게 작용할 것인지 정확히 예측하고 파악하기는 매우 곤란하다. 법적 쟁점을 발굴한다 하더라도 그에 대한 섣부른 규제는 발전하는 시장과 기술에 대한 동력을 가로막는 장애물이 될 수 있다. 미래에 발생할 일을 예측하고 미리 대비하는 것 자체를 나쁘게 볼 것은 아니지만, 장래에 대한 예측은 언제나 불확실하기 때문에 메타버스에 대한 규제 필요성이 예측되더라도 사회적 해악이 드러나기 전까지는 규제 도입에 신중해야 한다. 일단은 이용자가 메타버스를 마음껏 이용하고, 즐기고, 누리는 것이 우선이다. 과학자와 기술자들은 열심히 기술을 개발하고, 사업자들이 다양한 서비스를 고민할 것이다. 기술 발전은 새로운 서비스를 창출할 것이고, 이용자의 니즈는 기술과 서비스의 발전을 촉진할 것이다.

이러한 상황에서 법의 역할은 메타버스 발전의 장애물을 제거하는 것이다. 메타버스 제작과 활용에서 당장 문제가 되는 지식재산권 및 개인정보에 관한 합리적 규율을 마련하고, 메타버스 서비스 생태계에 위협이 되는 과도한 게임 규제를 완화하며, 메타버스의 산업적 활용에 장애가 되는 요소가 있다면 과감히 제거할 필요가 있다. 가상자산의 경우에는 시장의 과열과 버블로 인하여 개인들이 불측의 피해를 입고 시장 자체가 불신의 대상이 되지 않도록 정보의 비대칭을 해소하고 공정한 경쟁 질서를 확립할 필요가 있을 것이다. 인앱 결제 강제와 같이 빅 테크 기업에 의해 모바일 환경에서 메타버스 생태계가 형성되는 것이 위협받는 경우에는 경쟁법을 통해 남용행위를 억제해야 하고, 필요하다면 구조적 접근도 고민해야 한다. 여기서 새로운 규율을 마련해야 할 부분과 기존의 규제를 완화하거나 개혁해야 할 부분을 잘 구분하여 접근해야 한다.

그러나 이와 같은 몇 가지 경우 외에는 메타버스 생태계 전반에 대한 법제화, 특히 규제는 아직 불필요하다. 그러므로 규제를 시도하기 전에 규제의 필요성을 실증적인 방법으로 확인해야 하고, 기존의 규정을 통해 해소될 수 있는 문제들을 마치 메타버스로 인해 당장 무슨 큰일이라도 나는 것처럼 호들갑을 떨 필요도 없다. 새로운 사회적 해악이나 위험이 발생하거나 발생할 우려가 현저하다면 당연히 규제를 마련해야겠지만, 그것이 시급하지 않다면 정부가 시장에 직접 개입하여 특정 결과를 강제하기보다는 시장의 자정기능을 신뢰하면서 민간의 자율과 창의를 존중하는 것이 바람직하다. 자율규제도 정부가 특정 목표를 사실상 강제하는 장식적인 것이 되지 않도록 노력해야 한다. 입법을 하더라도 기술 중심의 진흥에 초점을 맞춰야지 메타버스 서비스 생태계 전반을 일단 법의 테두리에 가둬 두는 접근은 지양할 필요가 있다.

　마지막으로 강조하고 싶은 것은 메타버스의 이용과 관련하여 법과 제도를 설계하는 어른들의 관점이 관련 법제에 지나치게 투영되어서는 안 된다는 점이다. 오랜 기간 동안의 사회화의 영향이겠지만, 어른들은 아무래도 본인들이 생각하는 사회적 효용과 편익을 기준으로 행동하고 판단하는 경향이 강하다. 그래서 산업에 활용되는 XR 기술이나 메타버스에 대해서는 그 필요성을 쉽게 공감하면서도, '제페토', '이프랜드' 등 소셜형 메타버스 서비스를 경험한 어른들 사이에서는 '이것을 왜 하는지 모르겠다', '재미가 없다', '오래 가기 어려울 것이다' 등의 비관적인 이야기들이 쉽게 흘러나온다. 다른 측면에서는 '지금도 게임에 빠져 사는데 메타버스까지 나오면 어떻게 될지 걱정이다', '누가 이런 걸 개발해서 애들 공부를 방해하는지 모르겠다'와 같은 우려도 종종 접하게 된다. 이처럼 어른들에게 무용한 것을 사회적 해악으로 보는 순간 규제가 도입되어 작동하게 된다. '머리는 좋으나 노력은 안 하는 아이'와 '일 시켜도 말을 안 듣는 젊은 애들'에 대해 '탓할 거리'를 찾고 싶은 어른들에게 이와 같이 쓸모없어 보이는 것들은 그야말로 좋은 핑계거리이고 먹잇감이다.

　하지만 현재의 MZ 세대를 비롯하여 그보다 어린 청소년들은 어른들이 볼 때 무용한 것에 열광한다. 그러므로 어른들에게 무용하다고 하여 젊은 세대에게 효용이 없다거나 무가치하다고 단정해서는 안 된다. PC 게임이 보편화되기 전에도 오로지 공부만 하는 학생들은 소수였고, 과거에도 당구, 만화, 비디오 등은 성행했다. 학원 다니느라 친구 사귈 시간도 운동할 시간도 부족하고, 학교에서도 집에서도 공부하라는 잔소리에 지친 청소년들이 메타버스에 시간을 좀 보낸다고 메타버스를 탓하는 것은 온당치 않다. 스마트폰이나 PC로 메타버스에 과몰입하는 경우가 발생하더라도 그것은 현상일 뿐, 그 원인은 다른 곳에 있을 수 있다. 소통의 기회가 단절된 청소년과 젊은 층이 그나마 메타버스에서 잠시 숨이라도 쉬고 있었던 것은 아닌지 정확한 진단이 필요하다.

인기드라마 '미스터 션샤인'에서 조선 제일 갑부의 독자(獨子)였던 김희성은 "내 원체 이리 아름답고 무용(無用)한 것들을 좋아하오."라고 하였다. 메타버스가 그러한 것일지 모른다. 40대 중반을 넘긴 필자에게도 현재 출시된 소셜형 메타버스들이 딱히 열광할 만한 대상은 아니다. 그러나 젊은 세대가 즐거워하는 것을 내가 즐기지 못한다면 그것은 내가 기성세대가 되었다는 증거일 뿐, 그것이 규제를 정당화하는 것은 아니다.

참고문헌

1. 국내문헌

[단행본]

게임물관리위원회, 『2021 게임물 등급분류 및 사후관리 연감』, 2021. 11.

권오승, 『경제법』, 제13판, 법문사, 2019

김상균, 『메타버스: 디지털 지구, 뜨는 것들의 세상』, 플랜비디자인, 2020

김재진/최인석, 『가상자산 법제의 이해』, 박영사, 2022

김철용 편, 『특별행정법』, 박영사, 2022

류철균, 『가상세계형 SNS 개발 컨셉 설계』, KTF 전략보고서, 2007

박재윤, 『독일 공법상 국가임무론과 보장국가론』, 경인문화사, 2019

박종현/서종희, 『게임법연구 1 - 게임규제에 대한 공법적·사법적 검토』, 정독, 2022

손상민, 『프랑스 영화와 법』, 행인출판사, 2021

위정현, 『메타버스는 환상인가?』, 한경사, 2022

이승민/김진웅/홍민정, 『VR 등 실감 콘텐츠 등급분류 제도화 방안 연구』, 영상
   물등급위원회, 2020. 9.

이영대/오병철/이승민/박창준/최민식/전지민/이광세/정진규/노소라, 『실감콘
   텐츠(VR 등) 규제 개선 및 온라인동영상서비스(OTT) 법적 지위 연구』,
   한국모바일산업연합회, 2019. 11.

전학선/정필운/심우민/윤진희, 『글로벌 플랫폼사업자의 자율규제 실태 및 협
   력방안 연구』, 방송통신심의위원회, 2020. 12.

조혜정/박선이/양아정, 『세계의 영화 등급분류 쟁점과 청소년 보호』, 나무와 숲, 2013

최유성/서재호/유지영/최무현, 『공동규제(Co-regulation) 활용방안에 관한
　　연구』, 한국행정연구원, 2008. 12.

황승흠, 『영화·게임의 등급분류』, 커뮤니케이션북스, 2014

황승흠, 『인터넷 자율 규제와 법』, 커뮤니케이션북스, 2014

황승흠/황성기/김지연/최승훈, 『인터넷 자율규제』, 커뮤니케이션북스, 2004

[논문, 발표문, 기고문 등]

강준모, "메타버스와 프라이버시", 법연, 제74호(2022. 봄)

고선영/정한균/김종인/신용태, "메타버스의 개념과 발전 방향", 정보처리학회지,
　　제28권 제1호(2021. 3.)

곽상빈, "대체불가능토큰(NFT) 거래 관련 법적 쟁점에 관한 소고", 지급결제
　　학회지, 제13권 제2호(2021. 12.)

권용진, "거의 모든 디파이(DeFi; 탈중앙 금융)의 역사", 네이버 프리미엄콘
　　텐츠, 2022. 2. 3.

기노성, "가상자산 거래의 법적 쟁점과 규제 방안 — 시장의 신뢰성 확보를
　　위한 방안을 중심으로", 금융법연구, 제17권 제1호(2020. 4.)

기묘한, "메타버스는 알겠는데, 메타커머스는 뭔가요?", 모비인사이드, 2022. 7. 22.

김계원/서진완, "청소년의 인터넷 중독 수준과 사이버범죄의 상관관계 분석",
　　한국치안행정논집, 제9권 제2호(2012. 8.)

김상균, "메타버스 미디어 플랫폼과 관련 표준화 동향", 방송과 미디어, 제26권
　　제3호(2021. 7.)

김승주, "NFT 원본은 어디에 있는 걸까?", 코인데스크 코리아, 2022. 2. 17.

김용민, "WHO 게임 이용 장애 질병 코드화의 의미와 과제", 법학연구, 제23
　　권 제1호(2020. 3.)

김현경, "NFT콘텐츠 거래의 법적 쟁점에 대한 고찰", 성균관법학, 제33권 제3호
　　(2021. 9.)

류철균/윤현정, "가상세계 스토리텔링의 이론", 디지털스토리텔링연구, 제3권
     (2008. 1.)

박경신, "NFT 아트를 둘러싼 저작권 쟁점들에 대한 검토 – 미술저작물을
     중심으로", 계간 저작권, 제34권 제3호(2021. 9.)

박병욱, "경찰질서행정에서의 규제패러다임의 전환", 행정법학, 제9호(2015. 9.)

박정훈, "규제 및 규제개혁의 의의와 규제의 피드백", 규제개혁정책토론회
     ("규제개혁의 참된 의미와 올바른 방향") 자료집, 2013. 6. 19.

법제처 법제조정법제관실, "가상자산 거래 관련 입법 동향", 최근 입법동향
     (2021. 9.)

서보국, "독일 공법상 규제된 자율규제제도 – 우리의 지방공기업법과 지방자
     치법과의 관련성에 대하여", 지방자치법연구, 제19권 제1호(2019. 3.)

선지원, "규제 방법의 진화로서 자율규제의 실질화를 위한 연구", 행정법연구,
     제64호(2021. 3.)

선지원, "데이터 경제 시대의 정보법제에 대한 소고 – 데이터 경쟁법 개념에
     대한 고찰을 중심으로", 법학논총, 제36집 제2호(2019. 6.)

서성은, "메타버스 개발동향과 발전전망 연구", 한국HCI학술대회 자료집
     (2008. 2.)

손승우, "메타버스의 현실과 미래 – 기술발전과 법의 대응", 한국데이터법정
     책학회 자료집(2021. 6. 15.)

손형섭/김정규, "WHO의 게임이용 장애 질병코드 부여 관련 법정책의 방향",
     언론과 법, 제19권 제1호(2020. 4.)

송도영, "메타버스 관련 개인정보, 형사사법 이슈", 메타버스 범정부 협의체
     1차 회의 발표자료(2022. 3. 4.)

송도영, "메타버스 관련 제정법안의 주요 내용", 법연, 제74호(2022. 봄)

시정곤, "인간은 본질적으로 놀이를 원한다 – 메타버스와 디지털 커뮤니케이
     션의 미래", 『포스트 메타버스 – 다음 세상이 온다』, 포르체, 2022

신정규, ""게임 이용행위"의 질병적 취급에 대한 헌법적 검토", 법과 정책연

구, 제19집 제4호(2019. 12.)

신현주/전대양, "온라인게임 중독 규제에 대한 이슈와 자율규제방안에 관한
연구", 경찰학논총, 제9권 제2호(2014. 7.)

오정석, "블록체인 관련 규제", 『2021 인터넷산업규제 백서』, 한국인터넷기
업협회, 2022. 3.

윤종수/표시형, "디지털 저작물의 NFT가 갖는 함의와 법적 보호", 법조, 제
70권 제6호(2021. 12.)

윤현정, "가상세계의 목적지향적 서사구조 연구", 한국컴퓨터게임학회논문지,
제14호(2008. 9.)

이기범, "확장현실(XR)의 개념과 기술 동향", 발명특허, 제461호(2017. 6.)

이기혁, "메타버스 생태계 활성화에 필요한 6대 과제", 지디넷 코리아, 2022. 1. 24.

이동연, "2000년대 이후 게임 과몰입 규제 정책의 패러다임 I", 문화과학, 제
103호(2020. 가을)

이동은/함고운, "시나리오 기법을 활용한 증강현실 서비스 발전 전망", 인문
콘텐츠, 제17호(2010. 3.)

이승민, "VR 규제의 현황과 개선 방향 – VR 콘텐츠 규제를 중심으로", 방송
과 미디어, 제24권 제3호(2019. 7.)

이승민, "VR/AR 산업 활성화를 위한 법·제도 개선방안 – 의료·교육·영
상 관련 실감 콘텐츠 규제를 중심으로", 경제규제와 법, 제13권 제1호
(2020. 5.)

이승민, "온라인 플랫폼에 대한 중복규제 방지 방안", 경쟁법연구, 제45권
(2022. 3.)

이승민, "온라인 플랫폼에 대한 합리적 규제방안", 행정법연구, 제64호(2021. 3.)

이승민, "인앱 결제 강제 방지를 위한 개정 전기통신사업법의 배경, 의의, 한계
및 대응방안―앱 마켓에 대한 시장분석을 바탕으로", 행정법연구, 제67호
(2022. 3.)

이승민, "한국에서의 온라인 플랫폼 규제의 현황과 쟁점", 경제규제와 법, 제

15권 제1호(2022. 5.)

이승화, "메타버스 시대 삶의 변화와 미래", 제4차 디지털 국정과제 연속 현
  장 간담회 발표자료(2022. 7. 15.)

이원우, "규제국가의 전개와 공법학의 과제", 경제규제와 법, 제14권 제2호
  (2021. 11.)

이재명, "상영등급분류제도의 헌법적 검토", 중앙법학, 제21집 제4호(2019. 12.)

이희정, "인터넷상 부가서비스 규제에 대한 일고", 경제규제와 법, 제8권 제1호
  (2015. 5.)

임형주, "메타버스와 IP", 2021 가상융합경제 활성화 포럼 제2차 세미나 발
  표자료(2021. 10. 5.)

정원준, "데이터 이동권 도입의 실익과 입법적 방안 모색", 성균관법학, 제32
  권 제2호(2020. 6.)

장철준, "잊힐 권리와 프라이버시 - 유럽사법재판소의 잊힐 권리 판결과 미국
  의 대응을 중심으로", 정보법학, 제18권 제3호(2014. 12.)

정진근, "NFT 등 블록체인 플랫폼 제공자의 온라인서비스제공자 책임", 신산
  업규제법제리뷰, 제22-1호(2022. 2. 28.)

정호경/송시강, "온라인 게임 규제의 문제점과 개선방안 - 소위 고포류 게임
  의 사행성 논란을 중심으로", 경제규제와 법, 제4권 제2호(2011. 11.)

차민식, "기능사화와 국가책임에 관한 소고", 행정법연구, 제29호(2011. 4.)

최서지, "NFT의 가상자산 적용 논의에 관한 해외 입법동향", 최신 외국입법
  정보, 제2021-28호(2021. 11. 9.)

최성락/이혜영/서재호, "한국 자율규제의 특성에 관한 연구 - 자율규제 유
  형화를 중심으로", 한국공공관리학보, 제21권 제4호(2007. 12.)

최철호, "행정법상의 자율규제의 입법형태에 관한 연구", 법학논총, 제23집
  (2010. 2.)

최현태, "스마트계약의 계약법적 쟁점과 과제", 법과 정책연구, 제21집 제1호
  (2021. 3.)

최희수/김상헌, "역사교육을 위한 메타버스 콘텐츠 연구", 글로벌문화콘텐츠, 제26호(2017. 2. 28.)

치킨코인, "다오(DAO)사건으로 알아보는 이더리움 클래식(ETC)의 탄생과 특징 — 역사상 가장 유명한 블록체인 해킹", 네이버 블로그, 2020. 11. 30.(https://blog.naver.com/smbo112/222152575790)

한상암/이효민, "온라인 게임중독과 청소년범죄의 관계", 한국범죄심리연구, 제2권 제1호(2006. 4.)

한혜원, "메타버스 내 가상세계의 유형 및 발전방향 연구", 한국디지털콘텐츠 학회 논문지, 제9권 제2호(2008. 6.)

황경화/정주연/권오병, "가상세계형 메타버스 지속방문의도에 영향을 미치는 요인 연구", 한국경영정보학회 학술대회 자료집(2021. 6. 17.)

황승흠, "게임 등급분류의 특례와 자율규제 — 영화 등급분류와 비교하여", 법학논총, 제26권 제3호(2014. 2.)

[기사, 보도자료 등]

AI타임스, 기사, "암호화폐 급락… 코인베이스 인출 불가 사태 논란까지 겹쳐", 2022. 5. 13.

CCTV뉴스, 기사, "메타버스 속 성범죄, 이대로 둬도 괜찮을까?", 2022. 4. 11.

IT조선, 기사, "법원, P2E '무돌삼국지' 등급분류 취소 소송 기각…"현행 법 위반 맞다"", 2022. 4. 15.

경향신문, 기사, ""재개정 하겠다"는 'N번방 방지법', 국회 통과 당시 야당 50여명 찬성표", 2021. 12. 11. 지디넷 코리아, 기사, "페이스북, 5년 내 SNS서 '메타버스' 기업 선언", 2021. 7. 25.

공정거래위원회, 보도자료, "2022년도 공시대상기업집단 76개 지정 — 5대 집단 내 순위 변동, 해운·건설·정보기술 집단 순위 상승 및 PEF 전업집단 제외", 2022. 4. 27.

관계부처 합동, "가상융합경제 발전 전략", 2020. 12. 10.과학기술정보통신부, 보도자료, "확장가상세계(메타버스), 민간이 앞장선다!", 2021. 5. 17.

글로벌경제신문, 기사, "'폭락사태' 가상화폐시장에 이번엔 내부자거래 논란", 2022. 5. 22.

글로벌경제신문, 기사, "P2E 대장주 '엑시인피니티', 3일 만에 37% 급등⋯ 도대체 왜?", 2022. 2. 7.

금융위원회, 보도자료, "가상자산 관련 「특정금융정보법 시행령」 개정안 입법 예고(11.3.~12.14.)", 2020. 11. 3.

금융위원회, 보도참고자료, "가상통화 투기근절을 위한 특별대책('17.12.28) 중 금융부문 대책 시행", 2018. 1. 23.

노컷뉴스, 기사, "트레이 영의 불만 "내 능력치가 89점? 일 똑바로 해"", 2021. 8. 19.

뉴스1, 기사, "1억 연봉 간호사, 성매매로 15억 수입⋯ "비트코인으로 결제"", 2022. 2. 6.

뉴스1, 기사, "400원 → 40원⋯ 돈버는 게임 대장 '엑시인피니티'에 무슨 일이?", 2021. 12. 16.

디지털투데이, 기사, "[디지털피디아] 콜드월렛(Cold Wallet)", 2021. 1. 24.

동아일보, 기사, "'텔레그램 n번방 방지법' 국회 통과⋯ 인터넷사업자 의무 강화 방점", 2020. 5. 20.

매일경제, 기사, "'원숭이'로 기업가치 4조⋯ 크립토펑크 '꿀꺽'", 2022. 4. 29.

매일경제, 기사, ""153조원 날아갈 판"⋯ 비트코인 370만개 비밀번호 몰라 못 찾는다", 2021. 1. 13.

매일경제, 기사, "OTT영상물 자체등급분류제 도입⋯ 5대 핵심 과제로", 2022. 6. 13.

매일경제, 기사, "유튜브? 시대에 뒤처졌군요, 난 제페토 인플루언서", 2022. 1. 7.

문화체육관광부/한국저작권보호원/한국저작권위원회, 『NFT 거래 시 유의해야 할 저작권 안내서』, 2022. 6.

물류신문, 기사, "식품 안전 걱정 해소할 솔루션으로 '블록체인' 주목", 2021. 3. 24.

방송통신위원회, 보도자료, "방통위, 「메타시대 디지털 시민사회 성장전략」 추진단 출범", 2022. 1. 26.

서울경제, 기사, "유럽의 가상자산 규제안 MiCA, 2년 간의 여정 끝에 합의 도달", 2022. 7. 1.

세계일보, 기사, ""이젠 XR시대"… 빅테크기업 앞다퉈 도전장", 2022. 5. 16.

시사저널e, 기사, "[체험기] 직방 글로벌 가상오피스 '소마'로 출근해보니… 소통 강화 돋보여", 2022. 6. 17.

시장경제, 기사, "가상화폐 자율규약 실효성 논란… 업비트 "코인 검증은 투자자 몫"", 2022. 7. 5.

아시아경제, 기사, "NFT 작품 샀어도 소유권 넘어온 거 아냐, 저작권도 마찬가지", 2022. 1. 19.

아주경제, 기사, "초등생에 몸 보여달라?…'메타버스 성폭력' 등장에도 처벌 한계", 2022. 2. 7.

엑스포츠뉴스, 기사, ""90 받으려면 어떻게?" 뤼디거, 게임 능력치에 불만", 2021. 9. 16.

연합뉴스, 기사, "'자산10조' 두나무, 상호출자제한기업집단 지정… 동일인 송치형", 2022. 4. 27.

연합뉴스, 기사, "메타버스 경제 활성화 민관 TF 출범… 특별법·윤리원칙 논의", 2022. 7. 15.

연합뉴스, 기사, "신종범죄·정보격차·메타페인 등 메타버스 역기능 대비해야", 2021. 7. 7.

연합뉴스, 기사, "신한은행, 메타버스 서비스 개시… 편의점 이용까지", 2022. 3. 14.

이데일리, 기사, "사이버 범죄에 비트코인 대신 '모네로 코인'… "왜?"",

2021. 6. 22.

전자신문, 기사, "애플·구글 자체등급분류 남용… 기준 정비 시급", 2021. 12. 12.

조선비즈, 기사, "'메타버스 시대' 기틀 짜는 메타… 개방형 표준 확립, 연구 지원 확대", 2022. 7. 2.

조선일보, 기사, "10억어치 팔린 에르메스 NFT… 에르메스가 뿔났다", 2021. 12. 15.

조선일보, 기사, ""메타버스 성희롱 막아라" 아바타도 1.2m 거리두기", 2022. 2. 7.

조선일보, 기사, ""비트코인 1만개에 피자 두판" 기념 피자데이… 올해는 분위기 '썰렁'", 2021. 5. 21.

조선일보, 기사, "위메이드, 위믹스 대량 매도 논란에 "장기적 가치 위해… 정보공개 투명하게 할 방침"", 2022. 1. 11.

중앙일보, 기사, "IT기업·거래소, 블록체인−클라우드 결합서비스 잇단 출시", 2021. 5. 24.

지디넷 코리아, 기사, "국내 암호화폐 크라우드펀딩 시도 좌절… 크라우디 사업 포기", 2019. 4. 25.

지디넷 코리아, 기사, "메타 사상 최대 주가 폭락, 진원지는 애플", 2022. 2. 4.

지디넷 코리아, 기사, "애플, AI기업 최대 사냥꾼… "5년새 25개 인수"", 2021. 3. 27.

테크42, 기사, "구글이 AR·MR놓지않고 더 강화… 거액에 마이크로 LED 회사 '랙시엄' 인수", 2022. 3. 23.

테크42, 기사, "尹정부, 디지털 자산 기본법·메타버스 특별법 제정한다", 2022. 5. 3.

토큰포스트, 기사, "미 햄버거 체인, 블록체인 이용한 고객 보상 프로그램 발표에 주가 50% ↑", 2018. 1. 3.

토큰포스트, 기사, "암호화폐 통한 자금 세탁 30% 늘어나… "일부 거래소,

자금세탁용"", 2022. 1. 27.

토큰포스트, 기사, "페이스북, 결국 리브라 접는다… 실버게이트에 최종 매각", 2022. 2. 2.

파이낸셜뉴스, 기사, "올해 가상자산 업권법 논의 본격화… 내실경쟁 원년 될 것[블록人터뷰]", 2022. 2. 2.

팍스넷뉴스, 기사, "P2E에서 P&E로, 빈말은 아니겠죠", 2022. 3. 15.

한겨레, 기사, "입법조사처 "메타버스는 게임 아냐"… 로블록스 '게임법 적용' 피할까", 2021. 8. 3.

한국경제, 기사, "[유광종의 시사한자] 規(법 규) 制(마를 제)", 2018. 1. 14.

한국경제, 기사, "게임위, 국내 유통 P2E게임 32종 무더기 취소통보", 2022. 6. 9.

한국경제, 기사, "코인원, 토큰 크라우드 펀딩 중단… "유사 ICO"", 2019. 4. 24.

한국보험신문, 기사, "NH농협은행, 메타버스 플랫폼 '독도버스' 1차 오픈", 2022. 3. 7.

한국블록체인협회, 보도자료, "한국블록체인협회, 한국 최초 '트래블 룰 표준안' 발표 – 조속한 시일 내 가상자산에 특화된 전문 양식, 체크리스트 공개 예정", 2021. 12. 21.

한국연예스포츠신문, 기사, "코인의 사각지대를 보여주는 '아프리카 코인게이트' 무엇이 문제일까?", 2021. 7. 15.

2. 국외문헌(번역된 문헌 포함)

Adeline Hulin, 『Autorégulation et liberté des medias en Europe: Impact, perspectives et limites』, Édition Panthéon–Assas, 2015

Anthony Ogus, "Rethinking self–regulation", Oxford Journal of Legal Studies, vol. 15–1(1995)

Bangemann Group, 『Europe and the global information society:

Recommendations of the high−level group on the information society to the Corfu European Council』, Office for Official Publications of the European Communities, 1994

Benjamin Powers, "잃어버린 암호화폐 개인키 찾아드립니다; 월렛 리커버리 서비스", 코인데스크 코리아, 2021. 2. 14.

Bloomberg, "Tether Executives Said to Face Criminal Probe Into Bank Fraud", 2021. 7. 26.

Campbell R. Harvey/Ashwin Ramachandran/Joey Santoro, 송교직/안성필/이동엽 譯, 『디파이와 금융의 미래(DeFi and the Future of Finance)』, 신영사, 2022

CNBC, "Tiny company which owns some Hooter's restaurants says it will use blockchain for rewards program, boosting stock by 50%", 2018. 1. 2.

Debasis Mohanty/Divya Anand/Hani Moaiteq Aljahdali/Santos Gracia Villar, "Blockchain Interoperability: Towards a Sustainable Payment System", Sustainability 2022, 14(2)(2022. 1.)

Douglas C. Dow, "Motion Picture Ratings", The First Amendment Encyclopedia

Henri Issac, "L'irresistible montée en puissance des super−plateformes numériques", 『Questions internationales』, °n 109, 2021. 9.−10.

Herbert Hovenkamp, "Antitrust and Platform Monopoly", The Yale Law Journal, vol. 130(2021. 6.)

Jacques Crémer/Yves−Alexandre de Montjoye/Heike Schweitzer, 『Competition policy for the digital era』, Publications Office of the European Union, 2019

Jean Pia Mifsud Bonnici, 『Self−Regulation in Cyberspace』, T・M・C・Asser Press, 2008

Julien Nocetti, "Les GAFAM, nouveaux acteurs controversés des

relations internationales", 『Questions internationales』,°n 109, 2021.
9. − 10.

Katharina Pistor, 전준범/정현진 정리, "페이스북 '리브라' 실패의 교훈", 이
코노미 조선, 2021. 6. 7.

Michael A. Cusumano/Annabelle Gawer/David. B. Yoffie, 『The Business
of Platforms』, HarperCollins, 2019

Michael Cousin, "Concurrence dans l'économie digitale: à qui doit
profiter le doute sur la nocivité d'un comportement ou d'une
concentration?", Actualités du droit, Woltes Kluwer, 2019. 4. 29.

Monroe E. Price/Stefaan G. Verhulst, 『Self−Regulation and the Internet』,
Kluwer Law International, 2005

Neel Mehta/Aditya Agashe/Parth Detroja, 정미진 譯, 『코인 좀 아는 사람
(Blockchain Bubble or Revolution: The Future of Bitcoin,
Blockchains, and Cryptocurrencies)』, 월북, 2022

Neel Mehta/Aditya Agashe/Parth Detroja, 김고명 譯, 『IT 좀 아는 사람
(Swipe to Unlock: The Primer on Technology and Business Strategy)』,
월북, 2021

OECD, 『An Introduction to Online Platforms and Their Role in the
Digital Transformation』, 2019

Oonagh B. Breen/Alison Dunn/Mark Sidel, 『Regulatory waves:
comparative perspectives on state regulation and self−regulation
policies in the nonprofit sector』, Cambridge University Press, 2017

PBS, "Hollywood Censored: Movies, Morality & the Production Code"

PBS, "Howard Hawks' Scarface and the Hollywood Production"

Sanika Doolani/Callen Wessels/Varun Kanal/Christos Sevastopoulos/Ashish
Jaiswal/Harish Nambiappan/Fillia Makedon, "A Review of Extended
Reality (XR) Technologies for Manufacturing Training", Technologies v.

8(4)(2020. 12. 10.)

Shoshana Zuboff, 『The Age of Surveillance Capitalism』, Public Affairs, 2019

John Smart/Jamais Cascio/Jerry Paffendorf, 『Metaverse Roadmap: Pathways to the 3D Web』, Acceleration Studies Foundation, 2007

Ulrike Schaede, 『Cooperative Capitalism: Self－Regulation, Trade Associations, and the Antimonopoly Law in Japan』, Oxford University Press, 2000

Zhiyuan Sun, "'You don't own Web 3.0,' says Jack Dorsey, criticizing its centralized nature", Cointelegraph, 2021. 12. 21.

미주

1) John Smart/Jamais Cascio/Jerry Paffendorf, 『Metaverse Roadmap: Pathways to the 3D Web』, Acceleration Studies Foundation, 2007.
2) 서성은, "메타버스 개발동향과 발전전망 연구", 한국HCI학술대회 자료집 (2008. 2.); 한혜원, "메타버스 내 가상세계의 유형 및 발전방향 연구", 한국 디지털콘텐츠학회 논문지, 제9권 제2호(2008. 6.) 등 참조.
3) 과학기술정보통신부, 보도자료, "확장가상세계(메타버스), 민간이 앞장선다!", 2021. 5. 17.
4) 방송통신위원회, 보도자료, "방통위, 「메타시대 디지털 시민사회 성장전략」 추진단 출범", 2022. 1. 26.
5) 연합뉴스, 기사, "메타버스 경제 활성화 민관 TF 출범… 특별법·윤리원칙 논의", 2022. 7. 15.
6) 지디넷 코리아, 기사, "페이스북, 5년 내 SNS서 '메타버스' 기업 선언", 2021. 7. 25.
7) 관계부처 합동, "가상융합경제 발전 전략", 2020. 12. 10., 1면.
8) 황경화/정주연/권오병, "가상세계형 메타버스 지속방문의도에 영향을 미치는 요인 연구", 한국경영정보학회 학술대회 자료집(2021. 6. 17.), 44면.
9) 과학기술정보통신부, 앞의 보도자료, 1면.
10) "the convergence of 1) virtually enhanced physical reality and 2) physically persistent virtual space. It is a fusion of both, while allowing users to experience it as either". J. Smart et al., *op. cit.*, pp. 4−5.
11) 김상균, 『메타버스: 디지털 지구, 뜨는 것들의 세상』, 플랜비디자인, 2020, 23면.
12) 서성은, 앞의 글, 601면.
13) 고선영/정한균/김종인/신용태, "메타버스의 개념과 발전 방향", 정보처리학회지, 제28권 제1호(2021. 3.), 8면.
14) 황경화 외 2인, 앞의 글, 43면.
15) 한혜원, 앞의 글, 319면.

16) Sanika Doolani/Callen Wessels/Varun Kanal/Christos Sevastopoulos/Ashish Jaiswal/Harish Nambiappan/Fillia Makedon, "A Review of Extended Reality (XR) Technologies for Manufacturing Training", Technologies v. 8(4)(2020. 12. 10.), p. 3.

17) 자세한 내용은 이승민, "VR/AR 산업 활성화를 위한 법·제도 개선방안 – 의료·교육·영상 관련 실감 콘텐츠 규제를 중심으로", 경제규제와 법, 제13권 제1호(2020. 5.), 77 – 78면 참조.

18) 한혜원, 앞의 글, 318 – 319면.

19) 황경화/정주연/권오병, 앞의 글, 45면.

20) 김상균, 앞의 책, 212면 참조.

21) 서성은, 앞의 글, 602면.

22) Michael A. Cusumano/Annabelle Gawer/David. B. Yoffie, 『The Business of Platforms』, HarperCollins, 2019, pp. 12 – 13.

23) Herbert Hovenkamp, "Antitrust and Platform Monopoly", The Yale Law Journal, vol. 130(2021. 6.), p. 1957.

24) OECD, 『An Introduction to Online Platforms and Their Role in the Digital Transformation』, 2019, p. 21

25) 예컨대, 김상균, 앞의 책, 213 – 214면.

26) J. Smart et al., *op. cit.*, p. 5.

27) *Id.*

28) *Id.*

29) *Id.*

30) *Id.*

31) *Id.*

32) *Id.,* p. 6.

33) *Id.*

34) *Id.,* p. 8.

35) *Id.*

36) *Id.*

37) *Id.,* p. 9.

38) 김상균, 앞의 책, 156면.

39) J. Smart et al., *op. cit.*, pp. 9 – 10.

40) *Id.,* p. 10.

41) *Id.,* pp. 10 – 11.

42) 김상균, 앞의 책, 174면.

43) 김상균, 위의 책, 192면; 이상우, "메타버스가 온다", N콘텐츠, 제18호(2021. 3.), 28면 참조.

44) J. Smart et al., *op. cit.*, p. 11.

45) *Id.*

46) *Id.*

47) 송도영, "메타버스 관련 개인정보, 형사사법 이슈", 메타버스 범정부 협의체 1차 회의 발표자료(2022. 3. 4.), 4-15면; 강준모, "메타버스와 프라이버시", 법연, 제74호(2022. 봄), 8-9면.

48) J. Smart et al., *op. cit.*, p. 12.

49) 김상균, 앞의 책, 44면.

50) 이동은/함고운, "시나리오 기법을 활용한 증강현실 서비스 발전 전망", 인문콘텐츠, 제17호(2010. 3.), 4면.

51) 최희수/김상헌, "역사교육을 위한 메타버스 콘텐츠 연구", 글로벌문화콘텐츠, 제26호(2017. 2. 28.), 209면.

52) 김상균, 앞의 책, 84-85면.

53) 이승환, "메타버스 시대 삶의 변화와 미래", 제4차 디지털 국정과제 연속 현장 간담회 발표자료(2022. 7. 15.), 23-25면.

54) 김상균, 앞의 책, 71면.

55) 김상균, 위의 책, 71면.

56) J. Smart et al., *op. cit.*, p. 12.

57) *Id.*, p. 13.

58) *Id.*

59) 이동은/함고운, 앞의 글, 190-192면.

60) *Id.*, p. 14.

61) 김상균, 앞의 책, 94면.

62) 김상균, 위의 책, 96면, 113-114면 참조.

63) 김상균, 위의 책, 137면.

64) J. Smart et al., *op. cit.*, pp. 15-16.

65) *Id.*, p. 16.

66) *Id.*

67) Shoshana Zuboff, 『The Age of Surveillance Capitalism』, Public Affairs, 2019, pp. 513-516.

68) *Id.*, p. 17.

69) 김상균, 앞의 책, 254면.

70) 김상균, 위의 책, 266-268면.

71) 류철균/윤현정, "가상세계 스토리텔링의 이론", 디지털스토리텔링연구, 제3권(2008. 1.), 6-7면.

72) 고선영 외 3인, 앞의 글, 10-11면.

73) 윤현정, "가상세계의 목적지향적 서사구조 연구", 한국컴퓨터게임학회논문지, 제14호(2008. 9.), 192-193면.

74) 류철균, 『가상세계형 SNS 개발 컨셉 설계』, KTF 전략보고서, 2007. 한혜원,

앞의 글, 321면에서 재인용(위 전략보고서가 외부에 공개되어 있지 않아 부득이 재인용하였음).

75) 시사저널e, 기사, "[체험기] 직방 글로벌 가상오피스 '소마'로 출근해보니··· 소통 강화 돋보여", 2022. 6. 17.

76) 손승우, "메타버스의 현실과 미래 – 기술발전과 법의 대응", 한국데이터법정 책학회 자료집(2021. 6. 15.), 11－13면; 임형주, "메타버스와 IP", 2021 가 상융합경제 활성화 포럼 제2차 세미나 발표자료(2021. 10. 5.), 47－48면.

77) 김상균, 앞의 책, 124면.

78) 임형주, 앞의 글, 35－43면.

79) 조선일보, 기사, "10억어치 팔린 에르메스 NFT··· 에르메스가 빨났다", 2021. 12. 15.

80) 문화체육관광부/한국저작권보호원/한국저작권위원회, 『NFT 거래 시 유의해 야 할 저작권 안내서』, 2022. 6., 4－15면.

81) 기묘한, "메타버스는 알겠는데, 메타커머스는 뭔가요?", 모비인사이드, 2022. 7. 22.

82) 위정현, 『메타버스는 환상인가?』, 한경사, 2022, 147－157면.

83) 윤종수/표시형, "디지털 저작물의 NFT가 갖는 함의와 법적 보호", 법조, 제70권 제6호(2021. 12.), 230－231면.

84) 김현경, "NFT콘텐츠 거래의 법적 쟁점에 대한 고찰", 성균관법학, 제33권 제3호(2021. 9.), 393면.

85) 박경신, "NFT 아트를 둘러싼 저작권 쟁점들에 대한 검토 － 미술저작물을 중심으로", 계간 저작권, 제34권 제3호(2021. 9.), 31－34면; 김현경, 위의 글, 414－417면; 윤종수/표시형, 앞의 글, 234－236면.

86) 위정현, 앞의 책, 136－141면.

87) 동아일보, 기사, "'텔레그램 n번방 방지법' 국회 통과··· 인터넷사업자 의무 강화 방점", 2020. 5. 20. 참조.

88) 경향신문, 기사, ""재개정 하겠다"는 'N번방 방지법', 국회 통과 당시 야당 50여명 찬성표", 2021. 12. 11. 참조.

89) 경찰청 홈페이지 "경찰통계자료" 중 "사이버수사" 현황(https://www.police. go.kr/www/open/publice/publice0204.jsp) 참조.

90) 헌재 1996. 10. 4.자 93헌가13 결정 참조.

91) 이에 관한 자세한 논의는 이승민, "인앱 결제 강제 방지를 위한 개정 전기통 신사업법의 배경, 의의, 한계 및 대응방안 — 앱 마켓에 대한 시장분석을 바탕으로", 행2정법연구, 제67호(2022. 3.) 참조.

92) 영화 사전심의제도 위헌 결정(헌재 1996. 10. 4.자 93헌가13 결정), 음반 사 전심의제도 위헌 결정(헌재 1996. 10. 31.자 94헌가6 결정, 1997. 3. 27.자 97헌가1 결정), 비디오물 사전심의제도 위헌 결정(헌재 1998. 12. 24.자 96 헌가23 결정; 2000. 2. 24.자 99헌가17 결정).

93) 영화 등급분류보류제도에 대한 위헌 결정(헌재 2001. 8. 30.자 2000헌가9 결정), 비디오물 등급분류보류제도에 대한 위헌 결정(헌재 2008. 10. 30.자 2004헌가18 결정).

94) 외국비디오물 수입추천제도에 대한 위헌 결정(헌재 2005. 2. 3.자 2004헌가8 결정), 외국음반 국내제작 추천제도에 대한 위헌 결정(헌재 2006. 10. 26.자 2005헌가14 결정), 제한상영가 영화에 대한 불명확한 정의규정에 대한 위헌 결정(헌재 2008. 7. 31.자 2007헌가4 결정).

95) 황승흠, 『영화·게임의 등급분류』, 커뮤니케이션북스, 2014, 1면 참조.

96) 조혜정/박선이/양아정, 『세계의 영화 등급분류 쟁점과 청소년 보호』, 나무와 숲, 2013, 16 - 17면; 황승흠, "게임 등급분류의 특례와 자율규제 - 영화 등급분류와 비교하여", 법학논총, 제26권 제3호(2014. 2.), 362 - 366면 참조.

97) 헌재 2007. 10. 4.자 2004헌바36 결정.

98) PBS, "Howard Hawks' Scarface and the Hollywood Production"(https://www.pbs.org/wgbh/cultureshock/beyond/hollywood.html); "Hollywood Censored: Movies, Morality & the Production Code"(https://www.pbs.org/wgbh/cultureshock/beyond/hollywood.html) 참조.

99) Douglas C. Dow, "Motion Picture Ratings", The First Amendment Encyclopedia (https://www.mtsu.edu/first - amendment/article/1247/motion - picture - ratings).

100) *Id.*

101) 손상민, 『프랑스 영화와 법』, 행인출판사, 2021, 125 - 126면.

102) 손상민, 앞의 책, 130 - 132면.

103) 손상민, 위의 책, 129면. 프랑스의 상영허가 관련 분쟁에 관한 자세한 내용은 같은 책, 133 - 149면 참조.

104) 이승민, 앞의 글(VR/AR), 91 - 92면 참조.

105) 게임물관리위원회, 『2021 게임물 등급분류 및 사후관리 연감』, 2021. 11., 135 - 137면.

106) 이승민, 앞의 글(VR/AR), 90 - 92면 참조.

107) 매일경제, 기사, "OTT영상물 자체등급분류제 도입⋯ 5대 핵심 과제로", 2022. 6. 13. 참조.

108) 2020. 9. 8. 발의된 「영상진흥기본법 전부개정법률안」(이광재의원 대표발의), 2021. 11. 25. 발의된 「영화 및 비디오물의 진흥에 관한 법률 일부개정법률안」(박정의원 대표발의), 2022. 3. 4. 발의된 「영화 및 비디오물의 진흥에 관한 법률 일부개정법률안」(이상헌의원 대표발의) 등 참조.

109) 연합뉴스, 기사, "신종범죄·정보격차·메타페인 등 메타버스 역기능 대비해야", 2021. 7. 7. 참조.

110) 전자신문, 기사, "애플·구글 자체등급분류 남용⋯ 기준 정비 시급", 2021. 12. 12. 참조.

111) IT조선, 기사, "법원, P2E '무돌삼국지' 등급분류 취소 소송 기각… "현행 법 위반 맞다"", 2022. 4. 15. 참조.

112) 한국경제, 기사, "게임위, 국내 유통 P2E게임 32종 무더기 취소통보", 2022. 6. 9. 참조.

113) 뉴스1, 기사, "400원 → 40원… 돈버는 게임 대장 '엑시인피니티'에 무슨 일이?", 2021. 12. 16. 참조.

114) 글로벌경제신문, 기사, "P2E 대장주 '엑시인피니티', 3일 만에 37% 급등… 도대체 왜?", 2022. 2. 7. 참조.

115) 조선일보, 기사, "위메이드, 위믹스 대량 매도 논란에 "장기적 가치 위해… 정보공개 투명하게 할 방침"", 2022. 1. 11. 참조.

116) 김상균, 앞의 책, 30 - 32면 참조.

117) 시정곤, "인간은 본질적으로 놀이를 원한다 - 메타버스와 디지털 커뮤니케이션의 미래", 『포스트 메타버스 - 다음 세상이 온다』, 포르체, 2022, 121 - 122면

118) https://www.merriam-webster.com/dictionary/game.

119) https://www.oxfordlearnersdictionaries.com/definition/english/game_1?q=game.

120) 황승흠, 앞의 책(등급분류), 24 - 25면 참조.

121) 헌재 2001. 8. 30.자 2000헌가9 결정.

122) 이재명, "상영등급분류제도의 헌법적 검토", 중앙법학, 제21집 제4호(2019. 12.), 39면.

123) 박종현/서종희, 『게임법연구 1 - 게임규제에 대한 공법적·사법적 검토』, 정독, 2022, 276 - 277면 참조.

124) 헌재 2014. 4. 24.자 2011헌마659등 결정

125) 이에 관한 자세한 내용은 박종현/서종희, 앞의 책, 2022, 3 - 36면 참조.

126) 한상암/이효민, "온라인 게임중독과 청소년범죄의 관계", 한국범죄심리연구, 제2권 제1호(2006. 4.), 235면.

127) 김계원/서진완, "청소년의 인터넷 과몰입 수준과 사이버범죄의 상관관계 분석", 한국치안행정논집, 제9권 제2호(2012. 8.), 35면.

128) 이동연, "2000년대 이후 게임 과몰입 규제 정책의 패러다임 I", 문화과학, 제103호(2020. 가을), 191면 참조.

129) 김용민, "WHO 게임 이용 장애 질병 코드화의 의미와 과제", 법학연구, 제23권 제1호(2020. 3.), 169 - 170면.

130) 정호경/송시강, "온라인 게임 규제의 문제점과 개선방안 - 소위 고포류 게임의 사행성 논란을 중심으로", 경제규제와 법, 제4권 제2호(2011. 11.), 26면, 37 - 38면.

131) 신현주/전대양, "온라인게임 중독 규제에 대한 이슈와 자율규제방안에 관한 연구", 경찰학논총, 제9권 제2호(2014. 7.), 166 - 167면.

132) 이에 대한 분석은 이승민, "VR 규제의 현황과 개선 방향 – VR 콘텐츠 규제를 중심으로", 방송과 미디어, 제24권 제3호(2019. 7.), 93면; 이영대/오병철/이승민/박창준/최민식/전지민/이광세/정진규/노소라, 『실감콘텐츠(VR 등) 규제 개선 및 온라인동영상서비스(OTT) 법적 지위 연구』, 한국모바일산업연합회, 2019. 11., 12 – 23면 참조.

133) "통계청장은 통계작성기관이 동일한 기준에 따라 통계를 작성할 수 있도록 국제표준분류를 기준으로 산업, 직업, 질병·사인(死因) 등에 관한 표준분류를 작성·고시하여야 한다. 이 경우 통계청장은 미리 관계 기관의 장과 협의하여야 한다."

134) 신정규, "'게임 이용행위'의 질병적 취급에 대한 헌법적 검토", 법과 정책연구, 제19집 제4호(2019. 12.), 237 – 238면.

135) 김용민, 앞의 글, 170 – 176면.

136) 손형섭/김정규, "WHO의 게임이용 장애 질병코드 부여 관련 법정책의 방향", 언론과 법, 제19권 제1호(2020. 4.), 262 – 268면.

137) 연합뉴스, 앞의 기사(2021. 7. 7.) 참조.

138) 참고로, 보건복지부는 「신의료기술의 안전성 ·유효성 평가결과 고시(보건복지부 고시 제2019 – 202호, 2019. 9. 19.)」를 통해 최초로 '가상현실 기반 인지행동치료'를 신의료기술로 인정한 바 있다.

139) 이승민/김진웅/홍민정, 『VR 등 실감 콘텐츠 등급분류 제도화 방안 연구』, 영상물등급위원회, 2020. 9., 31면 참조.

140) 반면, 실감형 시뮬레이터와 같이 유기기구 형태를 지닌 경우에는 이용자의 적극적인 기기 조작이 필요하다는 것이 오락성의 징표가 될 여지가 있다. 이승민/김진웅/홍민정, 위의 책, 31 – 32면 참조.

141) 한겨레, 기사, "입법조사처 "메타버스는 게임 아냐"… 로블록스 '게임법 적용' 피할까", 2021. 8. 3. 참조.

142) 이상의 논의는 OTT 크리에이터에 대해서도 적용될 수 있을 것이다.

143) 이는 디지털상의 것이기 때문에 현재 민법상으로는 물건이라고 보기 어려운 경우가 많을 것이다.

144) 매일경제, 기사, "유튜브? 시대에 뒤처졌군요, 난 제페토 인플루언서", 2022. 1. 7. 참조.

145) M. A. Cusumano et al., *op. cit.*, pp. 66 – 101.

146) *Id.*, pp. 18 – 19, 98 – 100.

147) Jacques Crémer/Yves – Alexandre de Montjoye/Heike Schweitzer, 『Competition policy for the digital era』, Publications Office of the European Union, 2019, pp. 6 – 7.

148) 지디넷 코리아, 기사, "메타 사상 최대 주가 폭락, 진원지는 애플", 2022. 2. 4. 참조.

149) 세계일보, 기사 ""이젠 XR시대"… 빅테크기업 앞다퉈 도전장", 2022. 5. 16.

150) 이기범, "확장현실(XR)의 개념과 기술 동향", 발명특허, 제461호(2017. 6.).

151) 테크42, 기사, "구글이 AR·MR놓지않고 더 강화⋯ 거액에 마이크로 LED 회사 '랙시엄' 인수", 2022. 3. 23.

152) 지디넷 코리아, 기사, "애플, AI기업 최대 사냥꾼⋯ "5년새 25개 인수"", 2021. 3. 27.

153) J. Crémer et al., *op. cit.*, pp. 5–6.

154) 정원준, "데이터 이동권 도입의 실익과 입법적 방안 모색", 성균관법학, 제 32권 제2호(2020. 6.), 73–74면.

155) J. Crémer et al., *op. cit.*, p. 58; 선지원, "데이터 경제 시대의 정보법제에 대한 소고 – 데이터 경쟁법 개념에 대한 고찰을 중심으로", 법학논총, 제 36집 제2호(2019. 6.), 108–109면; 정원준, 위의 글, 82–83면.

156) J. Crémer et al., *op. cit.*, pp. 58–59.

157) *Id.*, p 9.

158) Michael Cousin, "Concurrence dans l'économie digitale: à qui doit profiter le doute sur la nocivité d'un comportement ou d'une concentration?", Actualités du droit, Woltes Kluwer, 2019. 4. 29.

159) *Id.*, p. 59.

160) Bangemann Group, 『Europe and the global information society: Recommendations of the high–level group on the information society to the Corfu European Council』, Office for Official Publications of the European Communities, 1994, pp. 17–18

161) 이기혁, "메타버스 생태계 활성화에 필요한 6대 과제", 지디넷 코리아, 2022. 1. 24.

162) 조선비즈, 기사, "'메타버스 시대' 기틀 짜는 메타⋯ 개방형 표준 확립, 연 구 지원 확대", 2022. 7. 2. 참조.

163) 김상균, "메타버스 미디어 플랫폼과 관련 표준화 동향", 방송과 미디어, 제 26권 제3호(2021. 7.), 43–48면.

164) 이에 관한 자세한 내용은 이승민, 앞의 글(인앱 결제) 참조.

165) J. Smart et al., *op. cit.*, p. 8.

166) J. Crémer et al., *op. cit.*, pp. 6–7.

167) *Id.*, pp. 2–3.

168) Henri Issac, "L'irresistible montée en puissance des super–plateformes numériques", 『Questions internationales』,˚n 109, 2021. 9.–10., p. 34.

169) Julien Nocetti, "Les GAFAM, nouveaux acteurs controversés des relations internationales", 『Questions internationales』,˚n 109, 2021. 9.–10., pp. 23–26.

170) 이 판결의 내용은 장철준, "잊힐 권리와 프라이버시 – 유럽사법재판소의 잊 힐 권리 판결과 미국의 대응을 중심으로", 정보법학, 제18권 제3호(2014.

12.), 29－30면 참조.

171) Neel Mehta/Aditya Agashe/Parth Detroja, 김고명 譯, 『IT 좀 아는 사람 (Swipe to Unlock: The Primer on Technology and Business Strategy)』, 월북, 2021, 264면.

172) N. Mehta et al., 김고명 譯, 위의 책, 263－264면.

173) 노컷뉴스, 기사, "트레이 영의 불만 "내 능력치가 89점? 일 똑바로 해"", 2021. 8. 19.; 엑스포츠뉴스, 기사, ""90 받으려면 어떻게?" 뤼디거, 게임 능력치에 불만", 2021. 9. 16. 등 참조.

174) 조선일보, 기사, "'메타버스 성희롱 막아라' 아바타도 1.2m 거리두기", 2022. 2. 7.

175) 박정훈, "규제 및 규제개혁의 의의와 규제의 피드백", 규제개혁정책토론회 ("규제개혁의 참된 의미와 올바른 방향") 자료집, 2013. 6. 19., 3면.

176) 한국경제, 기사, "[유광종의 시사한자] 規(법 규) 制(마를 제)", 2018. 1. 14. 참조.

177) 한국경제, 위의 기사.

178) 권오승, 『경제법』, 제13판, 법문사, 2019, 65면.

179) 이원우, "규제국가의 전개와 공법학의 과제", 경제규제와 법, 제14권 제2호 (2021. 11.), 9면.

180) Jean Pia Mifsud Bonnici, 『Self－Regulation in Cyberspace』, T·M·C· Asser Press, 2008, p. 10; Ulrike Schaede, 『Cooperative Capitalism: Self－Regulation, Trade Associations, and the Antimonopoly Law in Japan』, Oxford University Press, 2000, pp. 255－256.

181) Monroe E. Price/Stefaan G. Verhulst, 『Self－Regulation and the Internet』, Kluwer Law International, 2005, p. 3.

182) M. A. Cusumano et al., *op. cit.*, p. 200.

183) 서보국, "독일 공법상 규제된 자율규제제도 － 우리의 지방공기업법과 지방 자치법과의 관련성에 대하여", 지방자치법연구, 제19권 제1호(2019. 3.), 172면.

184) 공동규제의 정의에 관한 위 번역은 최유성/서재호/유지영/최무현, 『공동규 제(Co－regulation) 활용방안에 관한 연구』, 한국행정연구원, 2008. 12., 38－39면에 따른 것이다.

185) 박재윤, 『독일 공법상 국가임무론과 보장국가론』, 경인문화사, 2019, 85면; 박병욱, "경찰질서행정에서의 규제패러다임의 전환", 행정법학, 제9호 (2015. 9.) 참조.

186) 차민식, "기능사화와 국가책임에 관한 소고", 행정법연구, 제29호(2011. 4.), 66－67면; 박재윤, 앞의 책, 98－100면.

187) 서보국, 앞의 글, 168－169면.

188) 서보국, 위의 글, 172면, 174－176면 참조.

189) 반면, 한국인터넷자율정책기구의 인터넷 광고심의는 공동규제에 포함된다
　　는 견해(최유성 외 3인, 앞의 책, 124면)도 있다.

190) 자율규제의 다양한 수단에 관해서는 황승흠/황성기/김지연/최승훈, 『인터
　　넷 자율규제』, 커뮤니케이션북스, 2004, 22−39면 참조.

191) J. P. M. Bonnici, op. cit., pp. 72−73; 전학선/정필운/심우민/윤진희, 『
　　글로벌 플랫폼사업자의 자율규제 실태 및 협력방안 연구』, 방송통신심의위
　　원회, 2020. 12., 29−30면.

192) M. E. Price et al., op. cit., p. 9; 선지원, "규제 방법의 진화로서 자율규
　　제의 실질화를 위한 연구", 행정법연구, 제64호(2021. 3.), 111−112면.

193) Adeline Hulin, 『Autorégulation et liberté des medias en Europe:
　　Impact, perspectives et limites』, Édition Panthéon−Assas, 2015, p. 19.

194) 최성락/이혜영/서재호, "한국 자율규제의 특성에 관한 연구 − 자율규제 유
　　형화를 중심으로", 한국공공관리학보, 제21권 제4호(2007. 12.), 89−90면.

195) U. Schaede, op. cit., p. 7, p. 10, pp. 16−21 참조.

196) 최철호, "행정법상의 자율규제의 입법형태에 관한 연구", 법학논총, 제23집
　　(2010. 2.), 8−9면 참조.

197) Anthony Ogus, "Rethinking self−regulation", Oxford Journal of Legal
　　Studies, vol. 15−1(1995), p. 14.

198) 규제의 필요성에 대한 실증분석을 강조하는 견해로는 이승민, "온라인 플
　　랫폼에 대한 합리적 규제방안", 행정법연구, 제64호(2021. 3.), 137−138
　　면 참조.

199) 최성락 외 2인, 앞의 글, 83면, 91면.

200) 황승흠 외 3인, 앞의 책, 195면.

201) 황승흠, 『인터넷 자율 규제와 법』, 커뮤니케이션북스, 2014, 서문 8−10면.

202) 온라인 플랫폼 규제를 둘러싼 관할 경쟁의 문제점과 대응방안에 관해서는
　　이승민, "온라인 플랫폼에 대한 중복규제 방지 방안", 경쟁법연구, 제45권
　　(2022. 3.) 참조.

203) 김철용 편(이원우/김태오 집필 부분), 『특별행정법』, 박영사, 2022, 507면.

204) Oonagh B. Breen/Alison Dunn/Mark Sidel, 『Regulatory waves: comparative
　　perspectives on state regulation and self−regulation policies in the
　　nonprofit sector』, Cambridge University Press, 2017, pp. 16−18; 최성락 외
　　2인, 앞의 글, 83−85면

205) 한국연예스포츠신문, 기사, "코인의 사각지대를 보여주는 '아프리카 코인게
　　이트' 무엇이 문제일까?", 2021. 7. 15. 참조.

206) Neel Mehta/Aditya Agashe/Parth Detroja, 정미진 譯, 『코인 좀 아는 사
　　람(Blockchain Bubble or Revolution: The Future of Bitcoin,
　　Blockchains, and Cryptocurrencies)』, 윌북, 2022, 225−229면.

207) N. Mehta et al., 정미진 譯, 위의 책, 191−192면, 232−235면.

208) N. Mehta et al., 정미진 譯, 위의 책, 188-189면; CNBC, "Tiny company which owns some Hooter's restaurants says it will use blockchain for rewards program, boosting stock by 50%", 2018. 1. 2.

209) 토큰포스트, 기사, "미 햄버거 체인, 블록체인 이용한 고객 보상 프로그램 발표에 주가 50% ↑", 2018. 1. 3. 참조.

210) 오정석, "블록체인 관련 규제", 『2021 인터넷산업규제 백서』, 한국인터넷기업협회, 2022. 3., 151-154면 참조.

211) 언제인지 정확히 기억나지는 않지만, 필자의 스승이신 박정훈 교수님께서 사용하셨던 표현을 기억나는 대로 옮겨 본 것이다.

212) 김현경, 앞의 글, 409-410면; 최현태, "스마트계약의 계약법적 쟁점과 과제", 법과 정책연구, 제21집 제1호(2021. 3.), 388면; 윤종수/표시형, 앞의 글, 237면 등 참조.

213) 곽상빈, "대체불가능토큰(NFT) 거래 관련 법적 쟁점에 관한 소고", 지급결제학회지, 제13권 제2호(2021. 12.), 176면.

214) 이 사건에 관한 상세는 N. Mehta et al., 정미진 譯, 앞의 책, 151-154면; 치킨코인, "다오(DAO)사건으로 알아보는 이더리움 클래식(ETC)의 탄생과 특징 - 역사상 가장 유명한 블록체인 해킹", 네이버 블로그, 2020. 11. 30.(https://blog.naver.com/smbo112/222152575790) 참조.

215) N. Mehta et al., 정미진 譯, 위의 책, 141면; Campbell R. Harvey/Ashwin Ramachandran/Joey Santoro, 송교직/안성필/이동엽 譯, 『디파이와 금융의 미래(DeFi and the Future of Finance)』, 신영사, 2022, 83면.

216) N. Mehta et al., 정미진 譯, 위의 책, 192-194면.

217) N. Mehta et al., 정미진 譯, 위의 책, 230-208면; 물류신문, 기사, "식품 안전 걱정 해소할 솔루션으로 '블록체인' 주목", 2021. 3. 24. 참조.

218) 중앙일보, 기사, "IT기업·거래소, 블록체인-클라우드 결합서비스 잇단 출시", 2021. 5. 24. 참조.

219) Debasis Mohanty/Divya Anand/Hani Moaiteq Aljahdali/Santos Gracia Villar, "Blockchain Interoperability: Towards a Sustainable Payment System", Sustainability 2022, 14(2)(2022. 1.), pp. 15-17 참조.

220) N. Mehta et al., 정미진 譯, 앞의 책, 273면.

221) N. Mehta et al., 정미진 譯, 위의 책, 60-62면.

222) N. Mehta et al., 정미진 譯, 위의 책, 79-83면.

223) 매일경제, 기사, ""153조원 날아갈 판"… 비트코인 370만개 비밀번호 몰라 못 찾는다", 2021. 1. 13. 참조.

224) Benjamin Powers, "잃어버린 암호화폐 개인키 찾아드립니다; 월렛 리커버리 서비스", 코인데스크 코리아, 2021. 2. 14. 참조.

225) 조선일보, 기사, ""비트코인 1만개에 피자 두판" 기념 피자데이… 올해는 분위기 '썰렁'", 2021. 5. 21. 참조.

226) N. Mehta et al., 정미진 譯, 앞의 책, 286면, 293면.

227) N. Mehta et al., 정미진 譯, 위의 책, 45면, 130면.

228) N. Mehta et al., 정미진 譯, 위의 책, 89－90면.

229) Bloomberg, "Tether Executives Said to Face Criminal Probe Into Bank Fraud", 2021. 7. 26.

230) N. Mehta et al., 정미진 譯, 앞의 책, 162면; C. R. Harvey et al., 송교직 외 2인 譯, 앞의 책, 40면.

231) 권용진, "거의 모든 디파이(DeFi; 탈중앙 금융)의 역사", 네이버 프리미엄 콘텐츠, 2022. 2. 3.

232) C. R. Harvey et al., 송교직 외 2인 譯, 앞의 책, 40－41면.

233) C. R. Harvey et al., 송교직 외 2인 譯, 위의 책, 41면; 권용진, 앞의 글.

234) N. Mehta et al., 정미진 譯, 앞의 책, 293면.

235) 토큰포스트, 기사, "페이스북, 결국 리브라 접는다… 실버게이트에 최종 매각", 2022. 2. 2.

236) Katharina Pistor, 전준범/정현진 정리, "페이스북 '리브라' 실패의 교훈", 이코노미 조선, 2021. 6. 7. 참조.

237) 뉴스1, 기사, "1억 연봉 간호사, 성매매로 15억 수입… "비트코인으로 결제"", 2022. 2. 6. 참조.

238) N. Mehta et al., 정미진 譯, 앞의 책, 94－96면.

239) N. Mehta et al., 김고명 譯, 앞의 책, 149면.

240) N. Mehta et al., 정미진 譯, 앞의 책, 169－171면; 이데일리, 기사, "사이버 범죄에 비트코인 대신 '모네로 코인'… '왜?'", 2021. 6. 22. 참조.

241) 토큰포스트, 기사, "암호화폐 통한 자금 세탁 30% 늘어나… "일부 거래소, 자금세탁용"", 2022. 1. 27. 참조.

242) 헌재 2021. 11. 25.자 2017헌마1384 등 결정.

243) 금융위원회, 보도참고자료, "가상통화 투기근절을 위한 특별대책('17.12.28) 중 금융부문 대책 시행", 2018. 1. 23., 1－4면.

244) C. R. Harvey et al., 송교직 외 2인 譯, 앞의 책, 15－18면.

245) 권용진, 앞의 글.

246) C. R. Harvey et al., 송교직 외 2인 譯, 앞의 책, 154면.

247) C. R. Harvey et al., 송교직 외 2인 譯, 위의 책, 68－72면.

248) 권용진, 앞의 글; C. R. Harvey et al., 송교직 외 2인 譯, 위의 책, 154－157면 참조.

249) C. R. Harvey et al., 송교직 외 2인 譯, 위의 책, 147－148면.

250) 김현경, 앞의 글, 424면.

251) 정진근, "NFT 등 블록체인 플랫폼 제공자의 온라인서비스제공자 책임", 신산업규제법제리뷰, 제22－1호(2022. 2. 28.), 12－13면 참조.

252) 김승주, "NFT 원본은 어디에 있는 걸까?", 코인데스크 코리아, 2022. 2.

17. 참조.

253) 아시아경제, 기사, "NFT 작품 샀어도 소유권 넘어온 거 아냐, 저작권도 마
     찬가지", 2022. 1. 19. 참조.

254) 매일경제, 기사, "'원숭이'로 기업가치 4조… 크립토펑크 '꿀꺽'", 2022. 4.
     29. 참조.

255) 팍스넷뉴스, 기사, "P2E에서 P&E로, 빈말은 아니겠죠", 2022. 3. 15. 참조.

256) N. Mehta et al., 정미진 譯, 앞의 책, 101−104면; C. R. Harvey et al.,
     송교직 외 2인 譯, 앞의 책, 158면; 디지털투데이, 기사, "[디지털피디아]
     콜드월렛(Cold Wallet)", 2021. 1. 24. 참조.

257) C. R. Harvey et al., 송교직 외 2인 譯, 위의 책, 38면.

258) 박경신, 앞의 글, 25면.

259) 한국보험신문, 기사, "NH농협은행, 메타버스 플랫폼 '독도버스' 1차 오픈",
     2022. 3. 7.; 연합뉴스, 기사, "신한은행, 메타버스 서비스 개시… 편의점
     이용까지", 2022. 3. 14. 등 참조.

260) Zhiyuan Sun, "'You don't own Web 3.0,' says Jack Dorsey, criticizing
     its centralized nature", Cointelegraph, 2021. 12. 21. 등 참조.

261) N. Mehta et al., 정미진 譯, 앞의 책, 281−282면; C. R. Harvey et al.,
     송교직 외 2인 譯, 앞의 책, 164−166면.

262) 최서지, "NFT의 가상자산 적용 논의에 관한 해외 입법동향", 최신 외국입
     법정보, 제2021−28호(2021. 11. 9.), 3면.

263) 곽상빈, 앞의 글, 181−182면.

264) 최서지, 앞의 글, 3면; 김재진/최인석, 『가상자산 법제의 이해』, 박영사,
     2022, 274−275면.

265) 김재진/최인석, 위의 책, 262−264면; 금융위원회, 보도자료, "가상자산 관
     련 「특정금융정보법 시행령」 개정안 입법예고(11.3.~12.14.)", 2020. 11.
     3., 8면.

266) 김재진/최인석, 위의 책, 332면.

267) 한국블록체인협회, 보도자료, "한국블록체인협회, 한국 최초 '트래블 룰 표
     준안' 발표− 조속한 시일 내 가상자산에 특화된 전문 양식, 체크리스트 공
     개 예정", 2021. 12. 21. 참조.

268) 금융위원회, 앞의 보도자료, 9면.

269) 연합뉴스, 기사, "'자산10조' 두나무, 상호출자제한기업집단 지정… 동일인
     송치형", 2022. 4. 27.

270) 공정거래위원회, 보도자료, "2022년도 공시대상기업집단 76개 지정 − 5대
     집단 내 순위 변동, 해운·건설·정보기술 집단 순위 상승 및 PEF 전업집
     단 제외", 2022. 4. 27., 11면 참조.

271) 법제처 법제조정법제관실, "가상자산 거래 관련 입법 동향", 최근 입법동향
     (2021. 9.), 22면.

272) 한국경제, 기사, "코인원, 토큰 크라우드 펀딩 중단… "유사 ICO"", 2019. 4. 24.; 지디넷 코리아, 기사, "국내 암호화폐 크라우드펀딩 시도 좌절… 크라우디 사업 포기", 2019. 4. 25. 참조.

273) 기노성, "가상자산 거래의 법적 쟁점과 규제 방안 – 시장의 신뢰성 확보를 위한 방안을 중심으로", 금융법연구, 제17권 제1호(2020. 4.), 81–84면.

274) 글로벌경제신문, 기사, "'폭락사태' 가상화폐시장에 이번엔 내부자거래 논란", 2022. 5. 22. 참조

275) AI타임스, 기사, "암호화폐 급락… 코인베이스 인출 불가 사태 논란까지 겹쳐", 2022. 5. 13. 참조

276) 시장경제, 기사, "가상화폐 자율규약 실효성 논란… 업비트 "코인 검증은 투자자 몫"", 2022. 7. 5. 참조.

277) 파이낸셜뉴스, 기사, "올해 가상자산 업권법 논의 본격화… 내실경쟁 원년 될 것[블록人터뷰]", 2022. 2. 2. 참조.

278) SEC v. W. J. Howey Co., 328 U.S. 293 (1946).

279) N. Mehta et al., 정미진 譯, 앞의 책, 238면; 김재진/최인석, 앞의 책, 119–120면.

280) N. Mehta et al., 정미진 譯, 위의 책, 238–241면.

281) 자세한 내용은 김재진/최인석, 앞의 책, 120–121면 참조.

282) N. Mehta et al., 정미진 譯, 앞의 책, 241–242면; 김재진/최인석, 위의 책, 122–124면.

283) 서울경제, 기사, "유럽의 가상자산 규제안 MiCA, 2년 간의 여정 끝에 합의 도달", 2022. 7. 1. 참조.

284) 암호자산의 정의에 관한 번역은 최서지, 앞의 글, 4면과 김재진/최인석, 앞의 책, 180–181면을 따른 것이다.

285) 김재진/최인석, 위의 책, 181–183면.

286) 김재진/최인석, 위의 책, 192면.

287) 자세한 내용은 김재진/최인석, 위의 책, 186–218면 참조.

288) 테크42, 기사, "尹정부, 디지털 자산 기본법·메타버스 특별법 제정한다", 2022. 5. 3.

289) 송도영, "메타버스 관련 제정법안의 주요 내용", 법연, 제74호(2022. 봄), 21면.

290) 송도영, 위의 글, 18면.

291) 이승민, "한국에서의 온라인 플랫폼 규제의 현황과 쟁점", 경제규제와 법, 제15권 제1호(2022. 5.), 107–108면.

292) 이희정, "인터넷상 부가서비스 규제에 대한 일고", 경제규제와 법, 제8권 제1호(2015. 5.), 161면; 이승민, 앞의 글(중복규제), 58–59면.

293) 이승민, 앞의 글(플랫폼에 대한 합리적 규제), 147면 참조.

294) 아주경제, 기사, "초등생에 몸 보여달라?… '메타버스 성폭력' 등장에도 처벌

한계", 2022. 2. 7.;   CCTV뉴스, 기사, "메타버스 속 성범죄, 이대로 둬도 괜
찮을까?", 2022. 4. 11. 등 참조.
295) 아주경제, 위의 기사 참조.

이승민

서울대 법학과, 동 대학원에서 학사, 석사 및 박사학위를 취득하였고, 하버드 로스쿨에서 LL.M.을 취득하였다. 제46회 사법시험에 합격 후 육군 법무관, 법무법인(유) 율촌 변호사, 프랑스 Bredin Prat 로펌 파견근무, 건국대·서울대·서울시립대 법학전문대학원 강사를 거쳐 현재 성균관대 법학전문대학원에서 부교수로 재직 중이며, 디지털 산업과 법·정책 연구회를 운영하고 있다. 다양한 ICT/TMT 및 미디어 분야(디지털 콘텐츠, OTT, 디지털 플랫폼, 메타버스 등)를 비롯하여 경찰행정, 의료제약, 건설부동산, 환경에너지 등 여러 분야에서 행정법과 규제, 특히 경제규제에 대한 연구를 진행하고 있다. 비교법적으로는 주로 미국과 프랑스 행정법을 연구 중이다.

메타버스와 법 – 그 물음표(?)와 느낌표(!)

초판발행	2022년 8월 25일
지은이	이승민
펴낸이	안종만·안상준
편 집	양수정
기획/마케팅	정연환
표지디자인	이소연
제 작	고철민·조영환
펴낸곳	(주) 박영사
	서울특별시 금천구 가산디지털2로 53, 210호(가산동, 한라시그마밸리)
	등록 1959. 3. 11. 제300-1959-1호(倫)
전 화	02)733-6771
f a x	02)736-4818
e-mail	pys@pybook.co.kr
homepage	www.pybook.co.kr
ISBN	979-11-303-4290-0 93360

* 파본은 구입하신 곳에서 교환해 드립니다. 본서의 무단복제행위를 금합니다.
* 저자와 협의하여 인지첩부를 생략합니다.

정 가   18,000원